グローバル化に対応した新教職論

児童生徒にふさわしい教師・学校とは

竹田敏彦 監修・編
Toshihiko Takeda
衛藤吉則 編
Yoshinori Eto

ナカニシヤ出版

はじめに

——児童生徒にふさわしい教師・学校とは——

ルソーは，よい教師の資格を「金で買えない人間」として捉え，教師を「金のためにということではできない職業」，「金のためにやるのではそれにふさわしい人間でなくなるような高尚な職業」と定義した。教師たる者はそれほどまでに「崇高な人」，「人間以上の者」でなければならないというのである。ルソーのいう「教師は生徒にふさわしく教育されていなければならない」との指摘は説得力がある(1)。

教師や学校は，児童生徒にとってふさわしい存在でなければならない。しかし，今日の教師や学校のありようは，危うい状況にある。2020年2月25日の朝日新聞の社説は，神戸市立東須磨小学校で起きた教員間の暴力や暴言を取り上げ，外部の弁護士からなる調査委員会の報告書の一部を次のように示した。

> 「くず」「死ね」といった罵倒と，体当たりやひざ蹴り。激辛カレーを顔に塗りつけ，食べさせる——。採用3年目の男性教諭（25）の尊厳を傷つけ，教壇に立てなくなるまでに追い詰めた先輩教諭4人によるハラスメントとして，調査委は120を超える行為を認定した。前校長についても被害教諭への2件のハラスメントを指摘した。

4人の加害側教諭は，総じて「ふざけやからかい」と考えていたようであるが，言語道断である。それ以上に問題なのは，周囲の者（同僚の教師及び管理職）がなぜ早期に止められなかったのか，である。子供のいじめにも共通する構図ができていた実態が想定される。見て見ぬふりは，いじめの4層構造の「傍観者」に当たる。東須磨小学校の不祥事は，いじめの4層構造にいう加害者・被害者・観衆・傍観者のいずれもが教員であり，校長なのである。

このことは，朝日新聞が指摘するように，「子どものいじめを察知し，指導・予防することを求められている先生の間に，それと同じ構図ができていた」ことを意味しており，それだけに事態は深刻である。また，朝日新聞の「先生同士の関係がおかしくなった学校で，子どもたちが楽しく学び，生活できるはずがない。他の学校もひとごとと片付けず，現状をみつめ，問題の解決に努めてほしい。」とのコメントは，至極妥当のことであり，教師や学校が児童生徒にとってふさわしい存在になっていないことを突き付けたものとして捉えられる。本書の出版の最大の理由はここにある。

すなわち，児童生徒にとってふさわしい教師とはいったいどのような教師なのか，ふさわしい学校とはどのような学校なのかについて問い，答えることである。

また，本書は，主題として掲げた「グローバル化に対応した新教職論」からもわかるように，教職科目「教職論」の教科書として活用することを意図して作成した。教職を目指している学生や現職の教員（小・中学校，高等学校の教員）及び教職科目を担当している大学の教員の必読の書として活用されることを願っている。

（竹田　敏彦）

〈注〉

(1)　ルソー（1962）『エミール　上』今野一雄訳，岩波文庫，p.56，pp.58-59，p.202.

目　　次

グローバル化に対応した新教職論

——児童生徒にふさわしい教師・学校とは——

第 7 章

新学習指導要領の理念と改訂の方向性

1　新学習指導要領の理念

(1) 学習指導要領とは

そもそも学習指導要領とは何であろうか。日本では文部科学省が，学校教育法等の法律に基づき，各学校で教育課程（カリキュラム）を編成する際の基準を定めている。この基準を「学習指導要領」という。学習指導要領では，小学校，中学校，高等学校等ごとに，それぞれの教科等の目標や大まかな教育内容を定めている。また，これとは別に，学校教育法施行規則で小・中学校の教科等の年間の標準授業時数等を定めている。各学校においては，学習指導要領や年間の標準授業時数等を踏まえ，地域や学校の実態に応じて，教育課程や具体的な時間割を決めている。日々子供たちが使っている教科書も学習指導要領に基づいて作られている（文部科学省 2011）。学習指導要領があることによって，子供たちは全国のどの地域で教育を受けても，一定水準の教育を受けることができるのである。したがって，教師・学校は，学習指導要領の理念や内容を十分に理解し，示された内容を子供たちが確実に身に付けられるよう，日々努力しなければならない。

(2) 学習指導要領の変遷

学習指導要領は，戦後すぐの 1947（昭和 22）年に，試案の形で作成された。現在のような大臣告示の形で定められたのは 1958（昭和 33）年である。それ以降は，およそ 10 年ごとに改訂されている。以下，改訂の主な流れを見てみよう。

○1958～1960（昭和 33～35）年改訂
教育課程の基準としての性格の明確化
（道徳の時間の新設，基礎学力の充実，科学技術教育の向上等）（系統的な学習を重視）
○1968～1970（昭和 43～45）年改訂
教育内容の一層の向上（「教育内容の現代化」）
（時代の進展に対応した教育内容の導入）（算数における集合の導入等）
○1977～1978（昭和 52～53）年改訂
ゆとりある充実した学校生活の実現＝学習負担の適正化
（各教科等の目標・内容を中核的事項に絞る）
○1989（平成元）年改訂
社会の変化に自ら対応できる心豊かな人間の育成（生活科の新設，道徳教育の充実）
○1998～1999（平成 10～11）年改訂
基礎・基本を確実に身に付けさせ，自ら学び自ら考える力などの「生きる力」の育成
（教育内容の厳選，「総合的な学習の時間」の新設）
○2003（平成 15）年一部改正
学習指導要領のねらいの一層の実現（例：学習指導要領に示していない内容を指導できることを明確化，個に応じた指導の例示に小学校の習熟度別指導や小・中学校の補充・発展学習を追加）
○2008～2009（平成 20～21）年改訂
「生きる力」の育成，基礎的・基本的な知識・技能の習得，思考力・判断力・表現力等の育成のバランス（授業時数の増，指導内容の充実，小学校外国語活動の導入）
○2015（平成 27）年一部改正
道徳の「特別の教科」化
「答えが一つではない課題に子供たちが道徳的に向き合い，考え，議論する」道徳教育への転換
○2017～2018（平成 29～30）年改訂

「生きる力」の育成を目指し資質・能力を三つの柱*で整理，社会に開かれた教育課程の実現

＊「知識及び技能」，「思考力，判断力，表現力等」，「学びに向かう力，人間性等」（「主体的・対話的で深い学び」（アクティブ・ラーニング）の視点からの授業改善，カリキュラム・マネジメントの推進，小学校外国語科の新設等）

このように，学習指導要領は時代や社会の流れに対応する形で改訂が繰り返されてきた（文部科学省 2011；2019）。では，今回の改訂は，どのような理念で実施されたのか。以下，中央教育審議会の答申（2017）をもとに，改訂の背景と基本的な理念を整理していく。

(3) 学習指導要領の改訂の背景

21世紀は知識基盤社会といわれ，その傾向は今後も続くと予測されている。Society 5.0の到来とともに，これからの社会では人工知能（AI）が人間に代わって多くの判断を行ったり，インターネットがより普及したりする等，一層の変化が進むと考えられる。Society 5.0とはサイバー空間（仮想空間）とフィジカル空間（現実空間）を高度に融合させたシステムにより，経済発展と社会的課題の解決を両立する，人間中心の社会（Society）のことである。これは，情報社会（Society 4.0）に続くもので，わが国が目指すべき未来社会の姿とされている（内閣府 2020）。

子供たちが未来社会を明るく豊かに生きていくために，これからどのような教育が必要になるのか。いかに進化した人工知能（AI）であっても，社会や人生をよりよくするための「目的」を創造できるのは，やはりわれわれ人間である。そう考えたとき，子供たちには，予測困難な変化に対しても主体的に向き合い，よりよい社会や幸福な人生の創り手となるための感性と力を身に付ける必要がある。

では，子供たちの現状はどうだろう。学力については近年改善傾向にあるとされている。また，子供たちの9割以上が学校生活を楽しいと感じ，保護者の約8割が総合的に見て学校に満足している。これらは，学習指導要領に基づくこれまでの学校教育の成果といえる。

一方で，判断の根拠や理由を明確にしながら自分の考えを述べる力，学習したことを生活や社会の中の課題解決に生かしていこうとする力，様々な情

報の意味を吟味する力，文章構成や内容を的確にとらえ理解するいわゆる読解力等には，いまだ課題があると指摘されている。

以上のような社会背景と子供たちの現状を踏まえ，今回の改訂においては，これまで目指してきた「生きる力」の育成の理念を引き継ぎながらも，指摘されている課題解決に向けて，教育課程の枠組みを抜本的に見直すこととなった。

(4)「生きる力」の育成と教育課程の課題

改訂にあたっては，まず「生きる力」の育成によって目指す子供の姿を具体化することから始められた。それらは，以下の通りである。

○　社会的・職業的に自立した人間として，我が国や郷土が育んできた伝統や文化に立脚した広い視野を持ち，理想を実現しようとする高い志や意欲を持って，主体的に学びに向かい，必要な情報を判断し，自ら知識を深めて個性や能力を伸ばし，人生を切り拓いていくことができること。

○　対話や議論を通じて，自分の考えを根拠とともに伝えるとともに，他者の考えを理解し，自分の考えを広げ深めたり，集団としての考えを発展させたり，他者への思いやりを持って多様な人々と協働したりしていくことができること。

○　変化の激しい社会の中でも，感性を豊かに働かせながら，よりよい人生や社会の在り方を考え，試行錯誤しながら問題を発見・解決し，新たな価値を創造していくとともに，新たな問題の発見・解決につなげていくことができること。社会的・職業的広い視野，高い志を持って，主体的に学びに向かい，必要な情報を判断し，個性や能力を伸ばし，人生を切り開いていくことができること。

そして，これまではとかく「教員が何を教えるか」や，指導の目的が「何を知っているか」に意識が置かれすぎていた点を課題とした。そして，今後は各教科等の学びを通じて子供が「何ができるようになるか」に着目し，教育課程を再編成する必要があるとした。

また，地域と学校が認識を共有し，さらなる連携・協働を進めること，一人一人の子供たちが障害の有無やその他の個々の違いを認め合い共に学べるようにすること，社会的・職業的自立に向けて必要となるキャリア教育を重視すること，学習評価の改善・充実や条件整備等を実施していくこと等も教育課程を再編成する際の重要点として挙げられた。

2　新学習指導要領の改訂の方向性

(1)「社会に開かれた教育課程」の実現

今回の改訂のキーワードの一つが「社会に開かれた教育課程」である。変化の著しい社会情勢から，学校教育はこれまで以上に社会と連携していくことが求められている。そのためには，学校教育の目標を社会と共有すること，これからの子供たちに求められる資質・能力とは何かを，わかりやすく明確に示すこと，学校内だけでなく，地域・社会と連携しながら教育課程を実施していくこと等が重要だとされた。

また，「社会に開かれた教育課程」を実現するための具体的な方策として，「学習指導要領の枠組みの見直しと「学びの地図」としての新たな枠組みづくり」，「主体的・対話的で深い学び」の実現，「カリキュラム・マネジメント」の実現等が示された。

(2) 学習指導要領の枠組みの見直しと「学びの地図」としての新たな枠組みづくり

新しい学習指導要領では，これまでの枠組みを抜本的に見直し，子供たちが身に付けるべき資質・能力や学ぶ内容等の全体像を見渡せる新たな枠組みを「学びの地図」として示した。**表1**の①～⑥は「学びの地図」の枠組みづくりに必要とされた六つの事項である。これにより，学習指導要領総則の位置付けも抜本的に見直され，この①～⑥に沿った章立てに組み替えられた。以下，これら六つを順次見ていこう。

①何ができるようになるか（育成を目指す資質・能力）

学校で育成すべき資質・能力は，三つの柱で整理された。①「何を理解しているか，何ができるか（生きて働く「知識・技能」の習得)」，②「理解していること・できることをどう使うか（未知の状況にも対応できる「思考力・判断力・表現力等」の育成)」，③「どのように社会・世界と関わり，よりよい人生を送るか（学びを人生や社会に生かそうとする「学びに向かう

表１「学びの地図」の枠組みづくりと六つの必要事項

①何ができるようになるか（育成を目指す資質・能力）
②何を学ぶか（教科等を学ぶ意義と，教科等間・学校段階間のつながりを踏まえた教育課程の編成）
③どのように学ぶか（各教科等の指導計画の作成と実施，学習・指導の改善・充実）
④子供一人一人の発達をどのように支援するか（子供の発達を踏まえた指導）
⑤何が身に付いたか（学習評価の充実）
⑥実施するために何が必要か（学習指導要領等の理念を実現するために必要な方策）

力・人間性等」の涵養《かんよう》）」の三つである（図１）。この三つの柱は，学力の三要素である「知識・技能」，「思考力・判断力・表現力等」，「主体的に学習に取り組む態度」を基盤とするもので，各教科等の目標や内容を貫く基本理念とされている。

また，この他にも，教科等を越えたすべての学習の基盤となる力として，言語能力，情報活用能力，問題発見・解決能力等を挙げ，各学校段階を通じてそれらを体系的に育んでいくことが重要だとした。

②何を学ぶか（教科等を学ぶ意義と，教科等間・学校段階間のつながりを踏まえた教育課程の編成）

今回は学びの質と量を重視する観点から，学習内容は削減せず，教科・科目等の見直しが図られた。主なものとして，小学校から「外国語科」や「プログラミング教育」が位置付けられたこと，小・中学校において道徳が教科化され「特別の教科　道徳」となったこと（平成27年学習指導要領一部改正による），高等学校において新科目「公共」が設置されたこと，幼稚園において「幼児期の終わりまでに育ってほしい姿（10項目）」が示されたこと等が挙げられる。また，教科等間や学校段階間の接続がスムーズになるよう，各教科等で育む資質・能力を明確化するとともに，目標や内容を構造的に示す工夫もなされた。

③どのように学ぶか（各教科等の指導計画の作成と実施，学習・指導の改善・充実）

アクティブ・ラーニングの視点に基づく「主体的・対話的で深い学び」は，今回の改訂のキーワードの一つである。子供たちは，主体的に，対話的に，深く学んでいくことによって，学習内容を人生や社会の在り方と結びつけて深く理解できるようになる。それにより，未来を切り拓くために必要な資質・

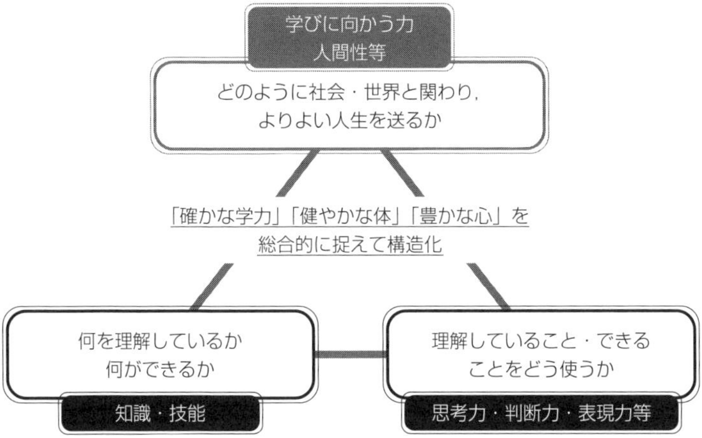

（出所）文部科学省（2017：16）

図１　「何ができるようになるか」育成を目指す資質・能力の三つの柱

能力を身に付け，生涯にわたって能動的（アクティブ）に学び続けることが可能になる。「主体的・対話的で深い学び」は，１単位時間の授業の中で実現・完結するものではない。各教科等の単元や題材のまとまりという少し長いスパンの中で，教科固有の「見方・考え方」を軸とした学びと連動させながら，進められるものである。なお，「主体的・対話的で深い学び」の詳細については，以下のように解説されている。

○　主体的な学びとは，学ぶことに興味や関心を持ち，自己のキャリア形成の方向性と関連付けながら，見通しを持って粘り強く取り組み，自己の学習活動を振り返って次につなげる学びである。
○　対話的な学びとは，子供同士の協働，教職員や地域の人との対話，先哲の考え方を手掛かりに考えること等を通じ，自己の考えを広げ深める学びである。
○　深い学びとは，習得・活用・探究という学びの過程の中で，各教科等の特質に応じた「見方・考え方」を働かせながら，知識を相互に関連付けてより深く理解したり，情報を精査して考えを形成したり，問題を見いだして解決策を考えたり，思いや考えを基に創造したりすることに向かう学びである。

表２　子供一人一人の発達を支援するための必要事項

○学習活動や学校生活の基盤となる学級経営の充実
○学習指導と関連付けた生徒指導の充実
○特別活動を中核としたキャリア教育（進路指導を含む）の充実
○一人一人の発達や成長をつなぐ個に応じた指導の充実
○教育課程全体を通じたインクルーシブ教育システムの構築を目指す特別支援教育の充実
○子供の日本語の能力に応じた支援の充実

今回は目標や学ぶ内容に加え，どのように学ぶかという「学び方」についても踏み込み，指導計画作成や授業改善等の視点を明確にした。この点も改訂の特徴の一つといえる。

④子供一人一人の発達をどのように支援するか（子供の発達を踏まえた指導）

各資質・能力の育成に当たっては，子供の興味や関心，発達や学習の課題等を踏まえ，一人一人の個性に応じた学びを引き出していくことが重要である。**表２**は，子供一人一人の発達を支援するための必要事項である。教師・学校はこれらを踏まえたうえで，各教科等の指導に当たることが求められる。

表２にあるインクルーシブ教育システムとは，共生社会の形成に向けて，自由な社会に効果的に参加することを可能とするという目的の下，障害のある者と障害のない者が共に学ぶ仕組みのことである。インクルーシブ教育では，障害のある者が教育制度一般から排除されないこと，自己の生活する地域において初等中等教育の機会が与えられること，個人に必要な「合理的配慮」が提供されること等が必要とされている（中央教育審議会 2012a）。

⑤何が身に付いたか（学習評価の充実）

学習を通して何が身に付いたかを明らかにするのが評価である。学習評価は教育課程や学習・指導方法の改善との一貫性を図りながら，教育活動全体の中で進められねばならない。評価に際しては，各単元や授業の評価基準を作成し，Plan（計画）―Do（実践）―Check（評価）―Action（改善）を循環させる「PDCA サイクル」を用いることが求められている。

観点別評価の観点については，小・中・高等学校の各教科を通じて，「知識・技能」「思考・判断・表現」「主体的に学習に取り組む態度」の３観点で整理された。

「学びに向かう力・人間性等」のうち，感性や思いやり等は，観点別学習状況の評価にはなじまないものであることから，一人一人の良い点や可能性等を，日々の教育活動や指導要録の総合所見等の文章表記を通じて，積極的に子供に伝えることが求められている。例えば，「特別の教科道徳」における評価（文章表記による評価）等がこれに当たる。

⑥実施するために何が必要か（学習指導要領等の理念を実現するために必要な方策）

学習指導要領の実施に当たっては，その理念を実現するための諸条件を整備することが必要不可欠である。「社会に開かれた教育課程」や「カリキュラム・マネジメント」，「主体的・対話的で深い学び」等を実現するための条件としては，例えば研修を通じて教師の資質・能力の向上を図ること，教師以外の専門スタッフ等も参画する「チームとしての学校」の実現を図ること，コミュニティ・スクールや様々な地域人材との連携等を通じて，学校運営を地域で支えていくこと等が挙げられている。コミュニティ・スクールとは，学校と保護者や地域の皆さんがともに知恵を出し合い，学校運営に意見を反映させることで，一緒に協働しながら子供たちの豊かな成長を支え「地域とともにある学校づくり」を進める法律（地教行法第 47 条の 5）に基づいた仕組みである。今後は，全公立学校がコミュニティ・スクールを目指すべきとされている（文部科学省 2016）。

図２は，学習指導要領における「カリキュラム・マネジメント」のイメージを示したものである。カリキュラム・マネジメントとは，各学校が学校教育目標を実現するために，子供たちの姿や地域の実情等を踏まえて，教育課程を編成し，それを実施・評価し改善していく組織的・計画的な営みのことである。カリキュラム・マネジメントの確立は，新学習指導要領の理念を実現するための重要な要素といえる。

3　新学習指導要領とこれからの教師・学校の役割

「教師・学校の役割とは何か？」この問いに，皆さんはどのようにお答えになるだろうか。様々な答え方があるだろうが，一言でいえば，平和な未来を形成することのできる豊かな人材を育成することではないだろうか。学校教育の在り方等については，わが国の法律でも細かく定められ，多くの公費も投入されている。その意味で，教師・学校は国民全体や未来に対する重い

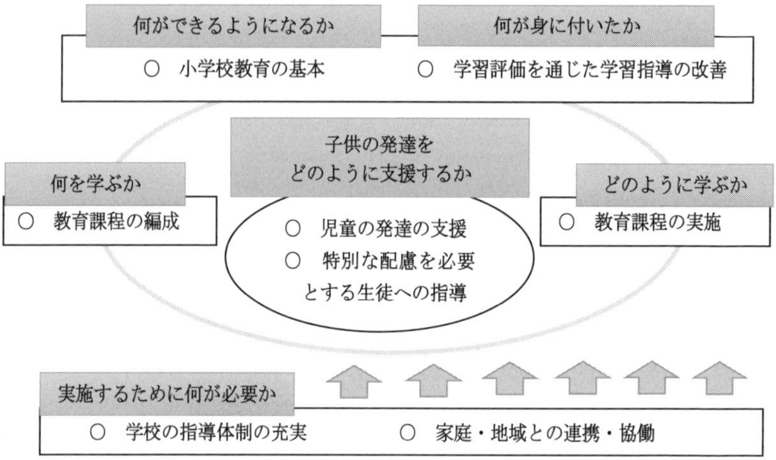

（出所） 文部科学省（2017 : 39）

図２ 学習指導要領における「カリキュラム・マネジメント」

責任を負っている。特に近年は，学校教育に対する国民の期待も大きく，多様化している。未来を創造する子供たちに，「生きる力」となる学力，体力，道徳性等を確実に育むことは，教師・学校の最も重要な責務である。これまで述べてきたように，学習指導要領は学校教育の目的を実現するための基盤である。しかし，実際のところ学習指導要領の理念が実現できるかどうかは，教師の力量によるところが大きい。

（1）教師に求められる資質能力

この点に関して，例えば中央教育審議会（2012b）は，これからの教員に求められる資質能力として次の内容を示している。

・教職に対する責任感，探究力，教職生活全体を通じて自主的に学び続ける力（使命感や責任感，教育的愛情）
・専門職としての高度な知識・技能（教科や教職に関する高度な専門的知識，新たな学びを展開できる実践的指導力，教科指導，生徒指導，学級経営等を的確に実践できる力）
・総合的な人間力（豊かな人間性や社会性，コミュニケーション力，同僚とチームで対応する力，地域や社会の多様な組織等と連携・協働できる

力）

また，2015年の答申では，上記に加えて以下の内容を示している（中央教育審議会 2015）。

◆　これまで教員として不易とされてきた資質能力に加え，自律的に学ぶ姿勢を持ち，時代の変化や自らのキャリアステージに応じて求められる資質能力を生涯にわたって高めていくことのできる力や，情報を適切に収集し，選択し，活用する能力や知識を有機的に結びつけ構造化する力。
◆　アクティブ・ラーニングの視点からの授業改善，道徳教育の充実，小学校における外国語教育の早期化・教科化，ICTの活用，発達障害を含む特別な支援を必要とする児童生徒等への対応などの新たな課題に対応できる力量。
◆　「チーム学校」の考えの下，多様な専門性を持つ人材と効果的に連携・分担し，組織的・協働的に諸課題の解決に取り組む力。

これらのうち，例えば使命感や責任感，教育的愛情，教科や教職に関する専門的知識，実践的指導力，総合的人間力，コミュニケーション能力等は，過去の答申等でも示されてきたもので，いつの時代にも必要とされるいわゆる「不易」な資質能力といえる。

また，これからの教師には「学び続ける力」も必要になる。未来社会はわれわれの想像を超え，加速度的に変化していくと予測されている。その時々に応じて求められる資質能力を身に付け，課せられた役割を確実に果たすには，教師自らが，常に探求心を持ち，主体的に学び続けていくしかない。生涯にわたって「学び続ける力」は，これからの教師にとっても，最も重要な力の一つとなるのではないだろうか。

さらに，これからは同僚だけでなく，多様な専門性を持つ人材や保護者，地域の人材と協力し，多様な課題に対応していく力が求められる。現在学校が抱える諸課題をより適切に，かつスピーディーに解決することは，もはや教師・学校だけでできるものではない。これからの教師には，多様な専門性を持つ人材と効果的に連携・役割分担し，課題に適切に対応できるための調整力や組織力も必要となろう。

(2) これからの教師・学校の役割

今回の改訂では，「社会に開かれた教育課程」，「カリキュラム・マネジメント」，「主体的・対話的で深い学び」，「チーム学校」等がキーワードとして挙げられた。新学習指導要領の特徴を踏まえると，教師にはこれまでのようないわゆる「ティーチャー」の役割とともに，学習者が表明するニーズに応えて学習者の成長と変化を励まし支える「ファシリテーター」の役割（山中 2018），あるいは人と人，人と情報，人と学習資源等を適切に結び調整する「コーディーネーター」の役割も必要になるであろう。今後は，学校教育におけるファシリテーションやコーディネートについての研究・研修も積極的に行われるべきと考える。

最後に，教師・学校に求められる役割，資質能力については，絶対的な答えが存在しているわけではない。時代や社会によって，求められるものも変わってくるかもしれない。したがって，教師は社会の変化を敏感に捉えつつ，教育への強い信念と良心のもとに，その答えを追究し続ける存在でなければならない。教師には，子供たちの幸せのために，日々自己研鑽を続ける真摯な姿勢が求められる。

（森川　敦子）

〈参考・引用文献〉

文部科学省（2011）「学習指導要領とは何か？」（https : //www.mext.go.jp/a_menu/shotou/new-cs/idea/1304372.htm　2020 年 9 月 1 日閲覧）。

文部科学省「【改訂版】学習指導要領改訂の変遷」（https : //www.mext.go.jp/a_menu/shotou/new-cs/idea/1304360_002.pdf　2020 年 9 月 10 日閲覧）。

中央教育審議会（2017）「幼稚園，小学校，中学校，高等学校及び特別支援学校の学習指導要領等の改善及び必要な方策等について（答申）平成 28 年 12 月 21 日」（https : //www.mext.go.jp/b_menu/shingi/chukyo/chukyo0/toushin/__icsFiles/afieldfile/2017/01/10/1380902_0.pdf　2020 年 9 月 10 日閲覧）。

文部科学省（2017）「新しい学習指導要領の考え方―中央教育審議会における議論から改訂そして実施へ―」（https : //www.mext.go.jp/a_menu/shotou/new- cs/__icsFiles /afieldfile/2017/09/28/1396716_1.pdf　2020 年 9 月 1 日閲覧）。

内閣府「Society 5.0」（https : //www8.cao.go.jp/cstp/society5_0/　2020 年 9 月 12 日閲覧）。

文部科学省（2016）「コミュニティ・スクール（学校運営協議会制度）」（https : //www.mext.go.jp/b_menu/shingi/chukyo/chukyo0/toushin/__icsFiles/afieldfile/2016/01/05/1365791_1.pdf　2020 年 9 月 10 日閲覧）。

中央教育審議会（2012a）「共生社会の形成に向けたインクルーシブ教育システム構築のための特別支援教育の推進（報告）平成 24 年 7 月 23 日概要」（https://www.mext.go.jp/b_menu/shingi/chukyo/chukyo3/044/attach/1321668.htm　2020 年 9 月 10 日閲覧）。
中央教育審議会（2012b）「教職生活の全体を通じた教員の資質能力の総合的な向上方策について（答申）平成 24 年 8 月 28 日」（https://www.mext.go.jp/component/b_menu/shingi/toushin/__icsFiles/afieldfile/2012/08/30/1325094_1.pdf　2020 年 9 月 15 日閲覧）。
中央教育審議会（2015）「これからの学校教育を担う教員の資質能力の向上について～学び合い高め合う教員育成コミュニティの構築に向けて～（答申）平成 27 年 12 月 21 日」（https://www.mext.go.jp/component/b_menu/shingi/toushin/__icsFiles/afieldfile/2016/01/13/1365896_01.pdf　2020 年 9 月 15 日閲覧）。
山中信幸（2018）「ファシリテーターとしての教師の養成――豊かな心を育む生徒指導の実践者の養成に向けて」『川崎医療福祉学会誌』27（2），川崎医療福祉学会，pp.269－277.

第2章

これからの教科等指導に求められるもの（1）
——PISA調査結果から

この章では，パリに事務局を構える経済協力開発機構（Organisation for Economic Co-operation and Development：以下OECDと略す）が中心となって，2000年から3年ごとに実施している「生徒の学習到達度調査（Programme for International Student Assessment：以下PISAと略す）」の結果を参照し，その視点から学校教員の指導力向上などについて考察を加えてみたい。

最初にPISAの概要について押さえておこう。ただ，PISAは毎回少しずつ変更を受けながら実施されているので，ここでは特に直近の実施年であった2018年のPISAをベースに記述を進めたい。

PISAは参加国の15歳児を対象にテストを使って学習到達度を計るもので，「読解力（reading）」，「数学的リテラシー（mathematics）」，「科学的リテラシー（science）」の3つの分野に関して調査が行われる。2000年の第1回調査当時の参加国は32か国（OECD加盟国28，非加盟国4）であったが，毎回のように参加国が増えて，第7回目となった2018年には79の国や地域（OECD加盟国37，非加盟国・地域42）を数え，約60万人の生徒が受験をした。日本では全日制高等学校を中心に，全国の183校（185学科）の後期中等教育1年次生から，無作為に選出された約6100人の生徒が参加した（2018年6－8月に受験）。

試験の特徴を挙げてみよう。まず調査において着目されるのが，15歳の時点で有している「思考プロセスの習得，概念の理解，及び各分野の様々な状況の中でそれらを生かす力」であり，特に実生活の様々な場面でそれらを活用する力である。よって調査結果は特定の学校カリキュラムをどれだけ習得しているのかを示すものではない。さらに調査分野が基本的に上記の三つの分野に絞られ，かつ毎回順番に一つの分野が重点調査分野としてより詳細に調査されることも特徴として挙げられる。2018年は2000年と2009年に続いて，読解力が重点調査の対象であった。その2018年の場合，重点調査分野の読解力で245問（コンピューター使用型調査用の173問を含む），数学的リテラシーと科学的リテラシーで各々70問と115問の問題が用いられた。解答は選択肢形式もしくは自由記述形式で，PISA 2015からパソコンを使用した解答も可能となっている（日本はパソコン使用方式を導入）。

こうしたテストに加え，生徒たちを対象に生徒自身及び学習環境等に関する質問調査や，コンピューターに対する態度や経験についてのICT活用調査，そして学校長を対象として学校・学科に関する質問調査なども同時に実施される。

このような内容のPISAであるが，今では例えば国際学力調査の先輩である国際数学・理科教育動向調査（Trends in International Mathematics and Science Study : TIMSS）よりも有名となった観があり，日本でもその結果は多くの教育関係者やマスコミ等をはじめ注目されるものとなっている。

ではその調査結果について概要を見てみよう。

1　PISA調査結果の推移

PISAの結果は，対象となる3分野とも主に国別に点数で表示される。その点数は，各分野が重点調査分野に最初に選ばれた年（読解力は2000年，数学的リテラシーは2003年，科学的リテラシーは2006年）のOECD加盟国の生徒の平均得点が500点，そして約3分の2の生徒が400点から600点の間に入るように（OECD加盟国の平均が500点，標準偏差が100点）調整される。これによって異なる実施年の間での経年比較を可能としている。

なお，対象となる三つの分野にはそれぞれ次のような定義が与えられている。

①読解力

自らの目標を達成し，自らの知識と可能性を発達させ，社会に参加するために，テキストを理解し，利用し，評価し，熟考し，これに取り組むこと。
（国立教育政策研究所 2019a : 6）

②数学的リテラシー

様々な文脈の中で定式化し，数学を適用し，解釈する個人の能力であり，数学的に推論し，数学的な概念・手順・事実・ツールを使って事象を記述し，説明し，予測する力を含む。これは，個人が世界において数学が果たす役割を認識し，建設的で積極的，思慮深い市民に必要な確固たる基礎に基づく判断と決定を下す助けとなるものである。（国立教育政策研究所 2013：3）

③科学的リテラシー

思慮深い市民として，科学的な考えを持ち，科学に関連する諸問題に関与する能力である。科学的リテラシーを身に付けた人は，科学やテクノロジーに関する筋の通った議論に自ら進んで携わり，それには以下の能力（コンピテンシー）を必要とする。

・現象を科学的に説明する：自然やテクノロジーの領域にわたり，現象についての説明を認識し，提案し，評価する。
・科学的探究を評価して計画する：科学的な調査を説明し，評価し，科学的に問いに取り組む方法を提案する。
・データと証拠を科学的に解釈する：様々な表現の中で，データ，主張，論（＝事実と理由付けを提示しながら自らの主張を相手に伝える過程を指す）を分析し，評価し，適切な科学的結論を導き出す。（国立教育政策研究所 2016：7）

次ページに引用した**図 1** の折れ線グラフは，日本における PISA の運営と実施を担当する文部科学省の国立教育政策研究所が作成したもので，日本の成績と参加国間での順位の変動を示している（国立教育政策研究所 2019b：1）。PISA の結果が公表されるたびに，こうしたグラフや表が新聞紙上等におどり，日本の順位から様々な論評が行われる。

また，PISA では各国の生徒たちの得点分布など，得点の内実や意味を探るのに有効なデータ類も多く公表される。例えば，三つの調査分野ごとに各国生徒たちの成績（proficiency：習熟度）分布について，読解力の場合は習熟度を高いものから「レベル 6 以上」，「レベル 5」，「レベル 4」，「レベル 3」，「レベル 2」，「レベル 1a」，「レベル 1b」，「レベル 1c」，「レベル 1c 未満」の 9 段階に分けてデータが公表される。同様に数学的リテラシーでは 7 段階（読解力に比べてレベル 1 が「1」と「1 未満」のみ），科学的リテラシーでは 8 段階（レベル 1 が「1a」，「1b」，「1b 未満」）で成績数値が示される。

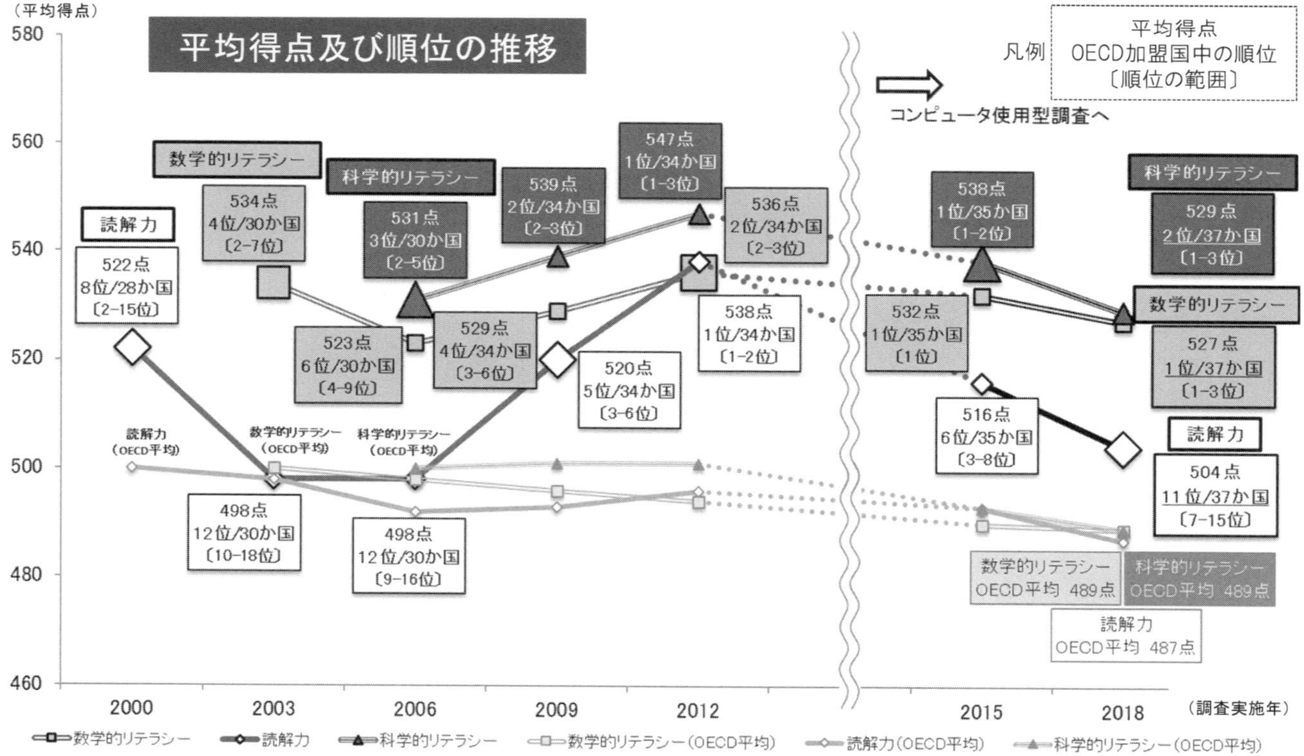

※各リテラシーが初めて中心分野（重点的に調査する分野）となった回（読解力は2000年，数学的リテラシーは2003年，科学的リテラシーは2006年）のOECD平均500点を基準値として，得点を換算。数学的リテラシー，科学的リテラシーは経年比較可能な調査回以降の結果を掲載。中心分野の年はマークを大きくしている。

※2015年調査はコンピュータ使用型調査への移行に伴い，尺度化・得点化の方法の変更等があったため，2012年と2015年の間には波線を表示している。

※順位の範囲とは，統計的に考えられる平均得点の上位及び下位の順位を示したもの。

図1　PISAの平均得点と順位の推移

その他，先に少し触れたようにPISAでは受験した生徒や参加校の学校長等に質問調査も実施され，生徒たちの生活習慣や校長の学校運営などについて訊かれている。学力に影響を及ぼすと考えられる，背景的な要因についても探ろうというわけである。PISA 2018の場合，生徒の読書習慣やICT活用状況などについて様々な質問が出された。

では，こうした調査結果がどのように議論され，あるいは教育の現実にどのように作用しているのかを次に見てみよう。

2　PISA調査結果の分析・考察

日本においてPISAの実施を統括しているのは，先述したように文部科学省の国立教育政策研究所（以下，国研と略す）である。そこで国研がこの調査結果をどう読んでどう受け止めたのか，そしてその一方で実施元のOECD自体はどのような問題関心や着眼点を持って結果を講評しているのか，この二つについて順に見てゆこう。

（1）調査結果についての日本の解釈

先にあげたグラフが記載されている国研の資料には，「OECD生徒の学習到達度調査2018年調査（PISA 2018）のポイント」というタイトルが付けられている（国立教育政策研究所 2019b）。これはOECDによるPISAの報告書の内容について，文字通り国研自らがPISAの調査結果の“ポイント”を選定してまとめたレポートである。よってそこには国研の興味関心のあり方が凝縮して出ていると推察される。

その「ポイント」を見てみると，日本の国や社会や教育行政の視点や問題関心から分析や考察をまとめた，といった言説が目立つ。例えば，最初のほうでまず結果について，日本という視点から**図2**にあるようなまとめが提示される（国立教育政策研究所 2019b : 1－2）。今回は読解力が重点調査分野であったため，読解力の結果に関する評価に多言が費やされた。そして先に引用したグラフ図があり，またOECD加盟37か国及び参加全79か国・地域のそれぞれについて作成された二つの国別順位表などが出てくる。その後は三つの分野の調査結果についてのもう少し詳しい評価が続くが，おしなべて他国と比べてどうなのか，他国の生徒と比べて日本の生徒はどうなのか，と

＜日本の結果＞

三分野	◆数学的リテラシー及び科学的リテラシーは、引き続き世界トップレベル。調査開始以降の長期トレンドとしても、安定的に世界トップレベルを維持しているとOECDが分析。 ◆読解力は、OECD平均より高得点のグループに位置するが、前回より平均得点・順位が統計的に有意に低下。長期トレンドとしては、統計的に有意な変化が見られない「平坦」タイプとOECDが分析。
読解力	◆読解力の問題で、日本の生徒の正答率が比較的低かった問題には、テキストから情報を探し出す問題や、テキストの質と信ぴょう性を評価する問題などがあった。 ◆読解力の自由記述形式の問題において、自分の考えを他者に伝わるように根拠を示して説明することに、引き続き、課題がある。 ◆生徒質問調査から、日本の生徒は「読書は、大好きな趣味の一つだ」と答える生徒の割合がOECD平均より高いなど、読書を肯定的にとらえる傾向がある。また、こうした生徒ほど読解力の得点が高い傾向にある。
質問調査	◆社会経済文化的背景の水準が低い生徒群ほど、習熟度レベルの低い生徒の割合が多い傾向は、他のOECD加盟国と同様に見られた。 ◆生徒のICTの活用状況については、日本は、学校の授業での利用時間が短い。また、学校外では多様な用途で利用しているものの、チャットやゲームに偏っている傾向がある。

図２　日本の結果についてのまとめ

いった他国との優劣比較を視点とした問題提起や記述が多い。そして最終的には，文部科学省が推進する以下の諸施策の列挙とその確実な実行を要請する言説へと帰結されるのである（表１）。

「ポイント」は比較的短いレポートであるがゆえに，どうしても得られた結果（特に数値結果）を整理して提示することに重点が置かれがちで，そのため調査単位である国や地域を前提とした言及が多くなるのかもしれない。よって，生徒たちの生活実態や背景など数値では計りにくい得失点要因については，同じく国研が出している OECD の PISA 報告書の日本語版をあたったほうが良い。これも「ポイント」と同様に，OECD が出す報告書の直訳版ではなく日本独自の視点や関心が加味された翻訳書であるが，各論点について「ポイント」よりも詳細な記述がなされている。例えばここに挙げた2セットの棒グラフ（図３，図４）のような，三つの調査分野それぞれについて先述した習熟度レベルによる成績分布状況の詳細とその経年変化，成績の男女差，正答率等の数値データへの分析と考察なども入っている（国立教育政策研究所 2019a : 24 − 25）。あるいは PISA 2018 の重点調査分野であった読解力に関して，生徒たちの日常における読書や本との関わり，PISA の調査問題を文章として読んだときの難しさ，ニュースを読むときの好きな媒体，および国語の学習環境など，アンケート調査による結果を用いて生徒たちの実態により踏み込んだ言及もなされている。

表１　PISA 調査結果を踏まえた文部科学省の施策

1. PISA 調査結果における各課題に対応した新学習指導要領の実施
 (1)　主体的・対話的で深い学びの視点からの授業改善の実現
 (2)　読解力等の言語能力の確実な育成
  ①　小中高等学校を通じた国語科における指導の充実
  ②　言語能力の育成に向けたカリキュラム・マネジメントの充実
 (3)　情報活用能力の確実な育成
 (4)　理数教育の充実
 (5)　全国学力・学習状況調査も活用した指導の充実
2. 学校の ICT 環境整備の加速化に向けた取組の推進
 (1)　学校の ICT 環境整備の加速化に向けた取組の推進
 (2)「新時代の学びを支える先端技術活用推進方策」の具体化・実施
3. 全児童生徒の教育機会の確保によるセーフティネットの構築
 (1)　社会経済文化的背景による格差の縮小に向けた質の高い教育の機会の提供
 (2)　学校・家庭・地域が連携した取組の充実

（出所）　国立教育政策研究所 2019b : 11

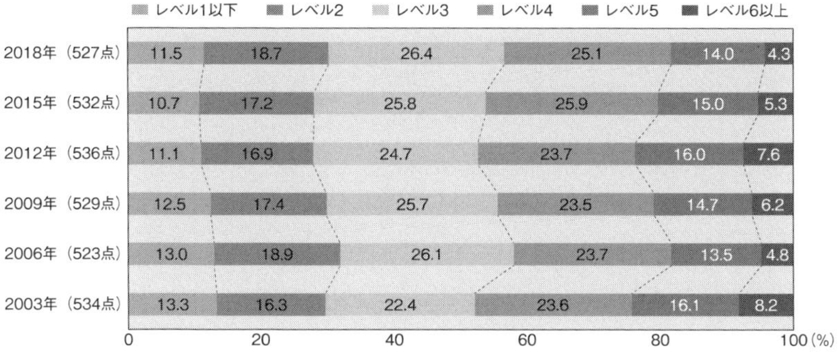

（出所）　国立教育政策研究所（2019a : 24）。

図３　日本の習熟度レベル別の生徒の割合（経年変化）（数学的リテラシー）

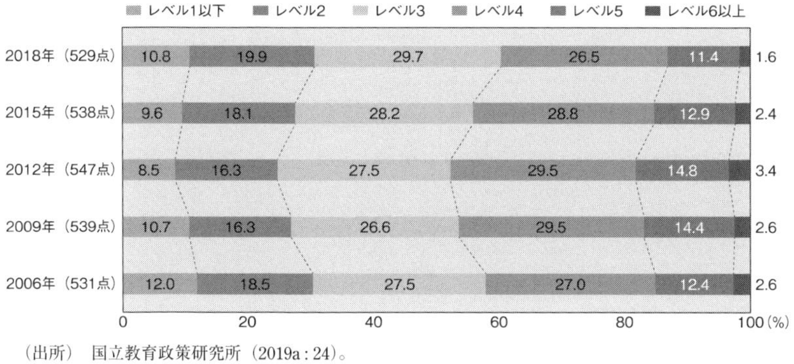

（出所）　国立教育政策研究所（2019a : 24）。

図４　日本の習熟度レベル別の生徒の割合（経年変化）（科学的リテラシー）

さらに，学校長を対象に実施されたアンケート調査の結果にも触れ，学級の雰囲気などに関する項目や部活動やボランティア活動と学力との関係などについての分析も行われている。生徒への質問調査については，生活満足度，家庭の社会経済文化的背景，そして学校，授業，家庭，余暇等における ICT の利用状況などに関する調査結果とそれへの考察もあり，多方面から生徒の学力が形成される要因を探ろうとする姿勢がうかがえる。

もっとも，こうした日本語版報告書はその基になる OECD の報告書があってのことであり，生徒たちの日常生活における実態や想いについての分析や考察も OECD の意図や見識の反映でもある。そこで次に，PISA の結果に関して OECD の解釈を見てみよう。

(2) 調査結果についての OECD の解釈

PISA 2018 の結果について，OECD は 2020 年 5 月までに 6 冊の報告書を刊行している。調査の数値データを直接扱うタイプの報告書では，どの分野でどこの国々が何パーセント向上した，といった記載が目立つため，そこに教育は数値で捉えられるとする教育観であったり国際学力競争を煽るような雰囲気すら読み取ったりすることができる。しかし，『PISA 2018 Insights and Interpretations』のように調査結果の直接的な解釈ではなく結果を基に議論を展開するタイプの報告書では，世界の様々な国や地域で共通する教育上の課題とその社会経済的な問題に対する視線，そして到来が想定される時代や社会の姿とそこに向けて変わるべき教育に関する OECD の意思と責務すら感じられる内容となっている。

その『Insights～』で OECD が論点として取り上げるトピックは，具体的には以下のようなものになる（Schleicher 2019）。カッコ内はそのトピックの単なる和訳ではなく，そこで議論される主な内容を記したものである（筆者試訳）。

・Improving education（教育の改善は国の経済的状態に制約されない）
・Getting ready for the digital world（デジタル世界で必要な読解力について）
・Building strong foundations（社会的な弱者を強くする教育）
・Reconciling equity and excellence（教育の公平性を保ちながら向上を

目指す）

　① Equity and socio-economic status（学校や生徒の社会経済的状況の違いと公平性）

　② Equity and immigration（移民の子どもの教育と公平性）

　③ Equity and gender（男女間の学力格差と公平性）

・Fostering a growth mindset（生徒に成長への意欲を持たせる）
・Aligning education and career aspirations（将来への志操を鼓舞する教育）
・School life, student life and student well-being（生徒たちの日常生活と望ましい接し方）

　これらの議論には，当然ながらPISA 2018および過去のPISAで集めたデータが用いられている。ただ，集めたデータからこれらの論点が導出されたというよりは，これらの論点を議論するためにPISAで必要なデータ収集を行い，論考したといった趣がある。

　議論の内容をいくつか取り上げてみよう。トピック全体を見渡すと，国家間あるいは学校間や生徒間の社会経済的な格差の問題に多大な関心が寄せられていることが分かる。それは例えば，最初の「Improving～」のところから表れている。そこではこれまでのPISAの調査結果から生徒や学校の持つ社会経済的な状況と学力差との関係を認識しつつ，しかし国レベルにおいては比較的低位な経済状態にもかかわらず高得点を出している国や地域を紹介している。PISA 2018の3分野すべてで1位であった中国の4都市などはそうした形で登場するし，他にもエストニアやポルトガルやアルバニアなどが経済的な問題があっても顕著な向上を見せた国々として言及される。その上で，経済的に豊か／貧しいから教育水準も高い／低い，といった理解はもはや不適切で，要は優れた教育システムを作り上げる決意のある国が教育を向上させるという見方が示されるのである。この社会経済的な格差に負けずに教育改革に取り組む先に希望があるとする見解は，この報告書の基底をなす論調ともいえる。

　あるいは次の「Getting～」の議論においては，これからのコンピューター社会に見合った新しい読解力がいかに必要かが説かれる。国々や生徒たちにとっては対応すべき新しい課題であることが強調されるが，すぐ次の「Building〜」の冒頭にてその対応力によって持てる者と持たざる者との格差が拡がることへの懸念が表明される（同様の懸念はその次の「Reconciling〜」の冒頭でも再び言及される）。これに関連し，学力低位の子どもにリソースを割くと成績の良い子どもの伸長が妨げられるとする意見に対し，PISAの結果を使いながら他の生徒に悪影響を与えることなく成績の低い生徒を引き上げることが実際に可能であるとの反論がなされる。

このような社会や教育の格差に関する議論は，その後に続いて登場する「Reconciling〜」において，今度は教育の質を損なわずに確保が可能な教育の公平性の問題として改めて詳しく取り上げられる。議論は三つの小トピックに分けられ，いずれも国名が具体的に挙げられる。まず先述の①のトピックにおいては，学校間の格差をなるべく小さくしてどこの学校に入っても一定の質が担保される教育制度が推奨される。逆に学校間の“多様性”が顕著な学校群の場合だと，社会経済的に不利な背景を持った子どもたちが特定の低位の学校に集中的に在籍する可能性が高くなり，その結果格差が拡大しやすいとされる。しかしこれも単に厚い財政支援等を講ずれば良いというわけではなく，例えば優秀な成績を収めている学校の教職員をそうでない学校に配属するなどの効果的なリソースの配分の仕方について，事例を挙げながら説かれるのである。

次に②のトピックにおいては，移民としてやってくる外国籍の子どもの教育問題を取り上げて公平性を議論する。OECDは，移民の生徒が社会経済的に困難な場合が少なくなく，またPISAの結果から非移民の生徒との間にも明確な学力差があることを指摘する。そうした問題に対し，移民2世のスティーブ・ジョブス（米アップルの創業者の一人）の成功談なども交えつつ，PISAで移民の子が非移民の子どもに匹敵するかそれ以上の成績を挙げた国々（ブルネイ，オーストラリア，シンガポールなど）の名前を出しながら，移民の子どもがしばしば抱く成功への野心や将来への期待が強みであることを述べる。その上で，移民の子どもが十分なパフォーマンスを発揮できるように，言語教育と幼児教育の充実や教師の専門性の向上などが支援策として提示される。

さらに③のトピックにおいては，社会において依然として男女間で給与等に違いがある現実を踏まえつつ，しかしPISAの数学と科学の結果を基に男女の認知能力の差がほぼ埋められたことを教育の勝利とする。特に読解力の調査結果から，能力においても読書習慣などにおいても女子生徒が大差をつけて男子生徒を凌いでいることが挙げられる。こうしたジェンダー・ギャップは減少が望ましいとされるのだが，OECD は例えば PISA 2009 と PISA 2018 の経年比較から男子の読解力が向上して差が減少に向かった国々が多くある一方で，日本を含む一部の国々では女子の読解力の低下が男女差の低減となって表れたと指摘するなど，単に数値上の表面的な減少ではなくその内容も取り上げている。また，女子生徒のキャリア形成についての保護者や教師の期待が男子生徒に対する場合とは異なっており，それが女子生徒のキャリア意識の不活性さなどにつながっている等の議論も行うのである。

教育にまつわる「公平性」の問題に OECD が大きな関心を払っているさまを例とともに挙げてみた。これは公平性についての議論も含めて OECD の論調全体にいえることだが，成績の良い先進国をモデルとして取り上げることはあまりない。むしろ社会経済的には問題があっても PISA で少しずつでも成果を出し続けている国々を積極的に取り上げている。教育の問題を安易に社会経済的な要因等に還元せず，教育分野でできることを考え工夫し改善を続けるべきというメッセージがそこに感じられる。

3　日本の児童生徒の学力の問題点と課題 ――これからの教師・学校の役割――

PISA の結果とその解釈について，日本サイドと OECD との比較から日本の児童生徒の学力に関し様々な言説が可能であろう。この章の最後に OECD の議論を中心にしながら，いくつかの事例を引きつつ学校や教師に期待される“丁寧さ”について述べてみたい。

まず学校を包む文化に関する事例として，例えば「全国学力・学習状況調査」を取り上げてみよう。これは PISA の影響を受けて 2007 年に始まったが，テストの設問はいわゆる PISA 型で PISA と同様にランキングも話題を呼ぶ。一般に公表されるランキングは正答率による都道府県・指定都市別ランキングであるが，他に各市町村や各学校に対してもそれぞれの結果が明かされる。そのため，順位や成績を上げようと熱心にテスト対策を行う自治体や学校が少なくない。またそれだけでなく，この成績を学校の予算や教員評価などに反映させるという動きもある。このように新自由主義的な競争文化が学校教育に入っているが，OECDはPISAの結果から，競争だけよりも“競争と協力”がより学力向上に効果的であると述べる（Schleicher 2019：39）。これには学習指導要領が掲げる「主体的・対話的で深い学び」に通じる要素も見られるが，例えば学級内で児童生徒の競争心に火をつけて頑張らせるような教育文化よりは，お互いの協働や助け合いにも十分に配慮するといった視点に気づかされるのではないだろうか。教育の現場で競争心がどれくらい学力向上に有効なのかについては，きちんと考える必要があろう。

次に教室内の学習指導の事例を挙げてみよう。例えば教師が子どもの情報教育に携わって情報活用能力の育成を目指す場合，そこでは大量の情報から必要なものを効率よく選択するための情報リテラシーや処理のスキルに焦点が当てられることが少なくない。一方，PISA 2018のコンピューター使用型調査は読解力と結び付けられて実施されたが，その理由として，様々な形式の文書が真偽の程もないまぜな状態で大量に飛び交っているのがネット空間で，そこで生き抜くには自ら情報を読み解き評価し判断していく力が必須であり，そのために鍵となるのが読解力と説明されるのである（Schleicher 2019：13）。この見識には，学習の理由付けが単に時代や社会の情報化といった現象にではなく，その情報化社会の内実への考察に根差していることが見受けられる。

あるいは児童生徒指導の事例も考えてみよう。例えば学力について劣等感を持っている児童生徒への対応であるが，PISA 2018の調査結果によると“努力は生まれつきの能力に勝る”と考えている子どものほうが良い成績を収めている。よって劣等感を持っている子どもを伸ばしていくためには，まず“自分は頭が悪いから”とか“持って生まれた知性は変えようがない”などといった考えを変えていかなければならない。こうした場合，“やればできる”という自信を持たせるために，分かりやすい授業の実践などが工夫されるが，そのために問題や課題の難易度を下げたりすると逆効果になる場合があるとOECDは指摘する。そこで取るべき手段として，脳は読書やディスカッション等を通じての発達が可能である，という脳の仕組について教師がきちんと教えることを勧めるのである（Schleicher 2019：37）。やる気の問題について教師の指導技術等の話に入る前に，人間の脳のメカニズムという根源を基礎にきちんと説き起こすアプローチは，シンプルではあるが見過ごされてきたものではないだろうか。

以上のように見てくると，OECDがしっかり丁寧に教育上のトピックについて考えながらPISAを行っているさまがうかがい知れる。点数や順位で一喜一憂したり直截的な対策に走ったりするのではなく，教育の公平性のような古典的な問題からデジタル社会における読解力のような新しい課題についてまで，教育を“しっかり・丁寧に・捉えて・考える”姿勢こそがPISAから汲み取るべき重要事項ではないだろうか。グローバル化の進展などによって社会が急激に変化をしているのなら，なおさらそのように丁寧に考える姿勢が大切になるのではないか。教育の改善には相応のスピード感や成果も求められるが，例えば教師が教職の専門性や子どもの指導について語る場合には，まずはそうした“丁寧に考える”姿勢から大切にしたい。（角谷昌則）

〈参考文献〉（明石書店刊行のもの以外はPDFファイル）

国立教育政策研究所（2013）『OECD生徒の学習到達度調査（PISA）～2012年調査国際結果の要約』。

国立教育政策研究所（2016）『OECD生徒の学習到達度調査（PISA）～2015年調査国際結果の要約』。

国立教育政策研究所（2019a）『OECD生徒の学習到達度調査（PISA）～2018年調査国際結果の要約』。

国立教育政策研究所（2019b）『OECD生徒の学習到達度調査2018年調査（PISA2018）のポイント』。

国立教育政策研究所編（2019c）『生きるための知識と技能7　OECD生徒の学習到達度調査（PISA）――2018年調査国際結果報告書』明石書店。

OECD（2019a）*PISA 2018 Results COMBINED EXECUTIVE SUMMARIES VOLUME I, II & III,* Paris: OECD Publishing.

OECD（2019b), *PISA 2018 Results（Volume I）: What Students Know and Can Do,* PISA, OECD Publishing, Paris（https://doi.org/10.1787/5f07c754-en.）

OECD（2019c), *PISA 2018 Results（Volume II）: Where All Students Can Succeed,* PISA, OECD Publishing, Paris（https://doi.org/10.1787/b5fd1b8f-en.）

OECD（2019d), *PISA 2018 Results（Volume III）: What School Life Means for Students' Lives,* PISA, OECD Publishing, Paris（https://doi.org/10.1787/acd78851-en.）

Schleicher, Andreas（2019）*PISA 2018: Insights and Interpretations.* Paris: OECD Publishing.（アンドレアス・シュライヒャーはPISA黎明期からPISAの中心人物であり，OECDの教育・スキル局の局長を務める）

第3章

これからの教科等指導に求められるもの（2）

――外国語（英語科）教育の理論と実践から

1　新学習指導要領「外国語編」の改訂の趣旨及び要点

グローバル社会の進展により，今後ますます英語を中心とした高い外国語の能力が求められ，その中でもとりわけ，「英語を使う力」に注目が高まることはいうまでもない。そんな時代背景を受け，従来の小学校学習要領「外国語活動」及び中学校・高等学校の学習指導要領「外国語編」は改訂され，「新学習指導要領」が小学校では2020年度から全面実施されており，中学校では2021年度から，高等学校では2022年度から年次進行で全面実施されることになっている。

(1) 学習指導要領「外国語編」の改訂の趣旨

平成21年3月改訂の高等学校学習指導要領は，小・中学校，高等学校で一貫した外国語教育を実施することにより，外国語を通じて，言語や文化に対する理解を深め，積極的に外国語を用いてコミュニケーションを図ろうとする態度や，情報や考えなどを的確に理解したり伝えたりする力を身に付けさせることを目標として掲げ，「聞くこと」，「話すこと」，「読むこと」，「書くこと」などを総合的に育成することをねらいとしていた。しかし，学年が上がるにつれて児童生徒の学習意欲に課題が生じることや学校種間の接続が十分とはいえず，進級や進学をした後に，それまでの学習内容や指導方法などを発展的に生かすことができないといった状況も見られている。また，高等学校の授業においては，依然として外国語によるコミュニケーション能力の育成を意識した取組，特に「話すこと」及び「書くこと」などの言語活動が適切に行われていないこと，「やり取り」や「即興性」を意識した言語活動等が積極的に行われていないことが課題である。

これらの課題を踏まえ，平成 30 年 3 月改訂の高等学校学習指導要領によって，「知識及び技能」，「思考力，判断力，表現力等」，「学びに向かう力，人間性等」の資質・能力をさらに育成することを目指し，あわせて，各学校段階の学びを接続させるとともに，「外国語を使って何ができるようになるか」を明確にする観点から，高等学校では，「聞くこと」，「読むこと」，「話すこと（やり取り）」，「話すこと（発表）」，「書くこと」の五つの領域を総合的に扱うことを一層重視する科目と，話すことと書くことによる発信能力の育成を強化する科目がそれぞれ新設された。

(2) 学習指導要領「外国語編」の改訂の要点

①小学校３・４年生「外国語活動の前倒し」

従来，小学校 5・6 年を対象に行われていた「外国語活動（英語）」の授業が前倒しとなり，2020 年度から小学校 3・4 年生を対象に開始されている。年間 35 単位時間（週 1 単位程度）で実施され，「英語に親しむ」ことを目的とし，英語で「聞く」「話す（やり取り）」「話す（発表）」の 2 技能 3 領域(1)を中心に指導する。

②小学校５・６年生「教科としての英語の授業スタート」

従来，小学校 5・6 年には「外国語活動（英語）」の授業（2020 年度から小学校 3・4 年生対象に変更）が行われてきたが，2020 年度から，年間 70 単位時間（週 2 単位程度）で実施され，「英語によりコミュニケーションスキルの基礎を養う」ことを目的とし，英語で「聞く」「読む」「書く」「話す（やり取り）」「話す（発表）」の 4 技能 5 領域を中心に指導する。

また，授業では，検定教科書が使用され，小学校を通じて 600－700 語程度（従来の中学校の目標語彙の約半分に相当）の習得を目指し，「疑問詞」「代名詞」「動名詞」「助動詞」「動詞の過去形」を中心とした文法事項の習得を目指す。「英語」の成績もつく。

③中学校「授業の All-English 化と習得語彙数・文法項目の増加」

従来は，高等学校において All-English の授業が推奨されてきたが，それが中学校に前倒しされた形になる。授業中の教員と生徒のやり取りを含め，基本的にすべて英語で授業が展開される。習得語彙数は，従来の 1200 語から 1600－1800 語に増え，文法項目は，従来，高等学校の学習課程に該当していた「仮定法」や「原形不定詞」が追加される。英語で「聞く」「読む」「書く」「話す（やり取り）」「話す（発表）」の 4 技能 5 領域を中心に指導する。

④高等学校「大学入試改革に伴う４技能の強化」

習得語彙数は，従来の 1800 語から 1800－2500 語に増え，科目が再編成された。改訂後は，英語で「聞く」「読む」「書く」「話す（やり取り）」「話す（発表）」の 4 技能 5 領域をバランスよく育成するための「英語コミュニケーションⅠⅡⅢ」と，特に「書く」「話す（やり取り）」「話す（発表）」の 2 技能 3 領域を強化する「論理・表現ⅠⅡⅢ」となる。

2　これからの外国語（英語科）教育に求められること

(1)「話す（やり取り）」と「話す（発表）」の２領域を意識した授業実践

前項でも触れたとおり，新学習指導要領には，英語で「聞く」「読む」「書く」「話す」の 4 技能のうち，「話す」技能に対し「話す（やり取り）」と「話す（発表）」の二つの領域が加えられている。そのことから，単に，従来の一方向のコミュニケーション力（発表する力）だけではなく，双方向の対話を前提としたコミュニケーション力（やり取りの力）が強調されていることがうかがえる。よって，これからの英語教育は，文法や読解中心の授業からの脱却もさることながら，ただ英語で話すことを促す授業実践だけでも事足らず，相手を想定した話す力の育成を意識した授業展開に努めなければならない。

文部科学省による令和元年度「英語教育実施状況調査」の結果（図１：令和元年 12 月時点）によれば，生徒の英語力指標（中学校卒業時までに CEFR A1：英検 3 級等，高校卒業時までに CEFR A2：英検準 2 級等以上相当の生徒の割合を 50% 以上とする）は，着実に上昇していることが示されている。具体的には，平成 30 年度から令和元年度にかけて，英語力指標に到達した生徒の割合は，中学生は 42.6% から 44% に上昇し，高校生は 40.2% から 43.6 %に上昇している。しかしながら，文部科学省の目標とする 50% 以上にはいまだ到達していない。

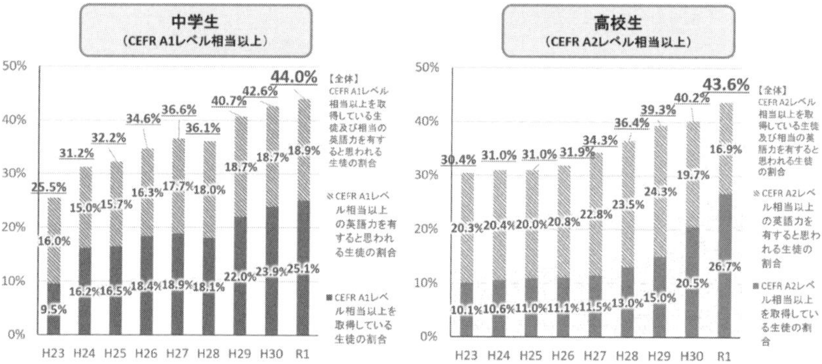

（出所）『令和元年度「英語教育実施状況調査」概要：中学生・高校生の英語力』（文部科学省ホームページ）より。

図１　中学生・高校生の英語力

言語活動，教師の英語使用，パフォーマンステスト等の実施についての調査結果（図２，図３）については，中学校は大半の学校で実施されていることが報告されている。一方，高等学校では，学科によっては実施状況が低迷している傾向が報告されている。

図４の調査結果からも，文部科学省の目指す英語力指標に早く到達すべく，最も伸び悩んでいる「話す」力の育成に焦点化した授業実践が求められる。特に，高校教育における「話す（やり取り）」と「話す（発表）」力の指導体制は早急の改善が求められるだろう。

(2)「大学入試改革」の明確化

周知のように，2019 年 11 月 1 日付で文部科学省は英語民間試験の使用開始の延期を，同年 12 月 17 日付で大学入学共通テストの数学と国語への記述式問題の導入延期を発表した。このような混沌とした状況下で，生徒にとって最も良い教育を模索するのは，日々生徒と接する現場の教員からすれば非常に厳しい。

唯一，検討の資料となるのが，「施行調査」である。「施行調査」に見られた出題傾向の変化から，従来のセンター試験で出題されてきた第 1 問の発音問題や第 2 問の文法問題は廃止され，従来のセンター試験では 200 点の配点であった筆記（リーディング）問題が 100 点となり，リスニング問題は，従来の 50 点の配点から 100 点へと変更されていることは確認できるものの，

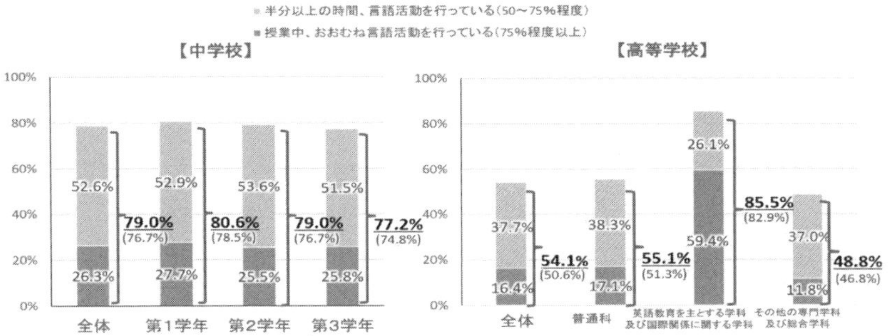

（出所）『令和元年度「英語教育実施状況調査」概要：生徒の英語による言語活動の状況（中学校・高等学校）』（文部科学省ホームページ）より。

図２　生徒の英語による言語活動の状況

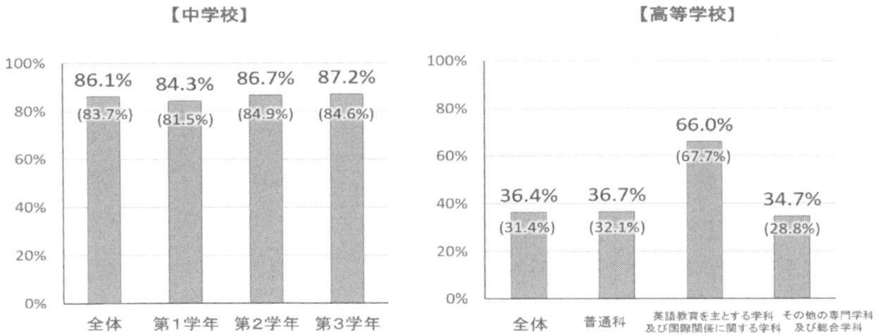

※（　）内は、昨年度の数値。

（出所）『令和元年度「英語教育実施状況調査」概要：パフォーマンステストの実施状況（中学校・高等学校）』（文部科学省ホームページ）より。

図３　パフォーマンステストの実施状況

2021年度以降の流れや2024年度からの新学習指導要領に基づいた大学入学共通テスト（2025年1月）の全面改革についての詳細は明らかになっていない。

大学入試の4技能化という当初の方針を受け授業改善を図ってきた現場だが，大学入試の内容が変わらないようであれば，文部科学省が強調する「話す（やり取り）」と「話す（発表）」力の指導体制は整わないだろう。図４に示されているように高校3年生の話す力は乏しく，早急に改善が求められる点ではあるが，現行の大学入試をただ続投するようであれば，受験を目前に控えた高校高学年ではなおさら，「話す（やり取り）」と「話す（発表）」

１．生徒全体の英語力の傾向

○ 平成27年度同様、４技能のバランスに課題がある。

・CEFR（ヨーロッパ言語共通参照枠）A2レベル以上の割合が「聞くこと（33.6%）」「話すこと（12.9%）」「読むこと（33.5%）」「書くこと（19.7%）」となった。

・一昨年度に比べて「聞くこと」は増加し、「話すこと」「書くこと」は横ばい。一方、目標の50%には、４技能すべて達していない。

○ 特に、「話すこと」「書くこと」は全体的に低く、無得点者の割合もそれぞれ18.8%と15.1％と一定数いる状況で、一昨年度と同様の傾向となっている。

【生徒全体のスコア分布（公立）】

<聞くこと>36問（約23分）

聞くこと		平成27年度		平成29年度	
CEFR	得点	人数	割合	人数	割合
B2	320	1,125	0.2%	2,211	0.3%
B1	310	504		498	
	300	558		853	
	290	694		1,100	
	280	821		1,296	
	270	1,617	2.3%	1,899	3.1%
	260	1,541		2,503	
	250	2,137		3,120	
	240	3,151		4,329	
	230	3,806		5,148	
A2	220	5,617		6,946	
	210	6,889		9,097	
	200	9,603		11,356	
	190	12,645		15,112	
	180	16,250	26.2%	20,461	30.2%
	170	20,540		24,116	
	160	25,671		30,971	
	150	33,149		39,240	
	140	41,655		45,075	
A1	130	53,192		52,551	
	120	65,582		59,185	
	110	76,456		65,779	
	100	75,343		66,334	
	90	68,494		66,395	
	80	53,007		54,737	
	70	32,936		37,541	
	60	19,791	71.4%	21,200	66.4%
	50	9,820		9,786	
	40	4,845		4,293	
	30	2,448		1,726	
	20	1,127		825	
	10	1,101		963	
	0	4,107		3,091	
	平均	123.1		127.3	
	調査対象	656,223		669,737	

<読むこと>43問（約45分）

読むこと		平成27年度		平成29年度	
CEFR	得点	人数	割合	人数	割合
B2	320	281		1,232	
	310	131	0.1%	677	0.4%
	300	314		932	
B1	290	364		942	
	280	472		1,522	
	270	677		2,057	
	260	1,126	2.2%	2,092	3.7%
	250	1,615		3,105	
	240	2,328		3,572	
	230	3,227		4,949	
	220	4,660		6,513	
A2	210	6,786		8,390	
	200	9,241		10,448	
	190	12,588		13,637	
	180	18,051	32.4%	17,714	29.4%
	170	23,782		23,422	
	160	33,528		30,308	
	150	45,807		40,999	
	140	62,986		51,875	
A1	130	84,998		67,892	
	120	105,191		86,098	
	110	101,560		99,527	
	100	73,225		90,622	
	90	36,947		58,005	
	80	15,335		26,861	
	70	5,208		9,924	
	60	1,787	65.3%	2,845	66.5%
	50	749		1,191	
	40	269		491	
	30	278		299	
	20	9		66	
	10	0		52	
	0	2,706		1,478	
	平均	133.9		133.3	
	調査対象	656,223		669,737	

<話すこと>6問（対面約10分）

話すこと		平成27年度		平成29年度	
CEFR	得点	人数	割合	人数	割合
B1	14	1,853	1.5%	1,357	1.2%
A2	13	2,015		2,730	
	12	3,242	11.3%	0	11.7%
	11	3,516		4,583	
	10	5,149		6,446	
A1	9	6,202		7,532	
	8	7,429		8,374	
	7	8,316		8,933	
	6	9,266		0	
	5	11,902		9,772	
	4	7,602	87.1%	10,289	87.2%
	3	11,619		9,004	
	2	0		9,559	
	1	26,324		17,086	
	0	18,267		22,209	
	平均	4.7		5.7	
	調査対象	122,703		117,873	
	0点のみ	18,267	14.9%	22,209	18.8%

※調査対象は都市規模と学校規模をもとに抽出を行った。調査結果は母集団に対する標本の抽出率に応じて抽出ウェイトをかけて集計を行っている。そのため、度数分布の各度数とアンケート回答人数は実際の被験者数とは異なる。

※CEFRは、語学シラバスやカリキュラムの手引きの作成、学習指導教材の編集、外国語運用能力評価のために、透明性が高く分かりやすい、包括的な基盤を提供するものとして、20年以上にわたる研究を経て、2001年に欧州評議会（Council of Europe）が発表した。欧州域内では、国により、CEFRの「共通参照レベル」が、初等・中等教育を通じた目標として適用されたり、言語能力に関する調査を実施するに当たって用いられたりしている。本調査では、便宜上A1～B2レベルまでを得点帯刻みに設定し分布を把握。

<書くこと>2問（約27分）

書くこと		平成27年度		平成29年度	
CEFR	得点	人数	割合	人数	割合
B2	140	0		0	
	135	8	0.0%	0	0.0%
	130	0		0	
B1	125	18		13	
	120	165		26	
	115	412	0.7%	171	0.4%
	110	1,621		302	
	105	2,684		1,949	
A2	100	6,225		3,821	
	95	6,684		6,724	
	90	12,613		5,721	
	85	14,530	18.8%	26,505	19.3%
	80	19,370		21,656	
	75	32,069		33,002	
	70	32,421		31,975	
A1	65	40,917		35,060	
	60	33,345		26,496	
	55	36,873		44,698	
	50	32,330		28,693	
	45	21,515		26,414	
	40	28,122		34,692	
	35	19,150		31,299	
	30	22,625	80.4%	25,703	80.4%
	25	24,120		32,500	
	20	29,161		36,405	
	15	36,840		21,592	
	10	98,404		95,329	
	5	0		0	
	0	105,925		101,342	
	平均	39.9		40.1	
	調査対象	658,145		672,089	
	0点のみ	105,925	16.1%	101,342	15.1%

（出所）『平成 29 年度英語力調査結果（高校３年生）』（文部科学省ホームページ）より。

図４　生徒全体の英語力の傾向

力の指導に時間を割けなくなることが予想される。

私立中学の入試に「英語」の試験（英語の面接試験を含む）を加える学校が増えている中，高校及び大学入試の内容も時代に即した内容に変わることを期待したい。

(3) ICT 機器・英語教育ツール（アウトソーシング）の活用

「聞く」「読む」「書く」「話す（やり取り）」「話す（発表）」の4技能5領域をバランス良く指導することは，生活指導や部活指導等の他の業務を多く抱える教員にとって決して容易とはいえない。特に，クラスの生徒全員が「話す（やり取り）」と「話す（発表）」練習を十分に行えるよう授業計画・準備することは困難である。

そこで，ICT 機器・英語教育ツール（アウトソーシング）の活用は，教員の負担軽減や生徒の学力向上の観点から，今後，さらに指導方法の選択肢の一つになると考えられる。

例えば，電子黒板の活用一つを取っても，単に資料や英単語を表示するための利用に留まらず，さらなる活用により，従来のような板書の手間は省け，

		小学校	中学校	高等学校
ICT機器の活用を行った学校の割合		99.1% (99.0%)	96.6% (95.8%)	91.7% (88.6%)
具体的な活用の内容	教師がデジタル教材等を活用した授業	99.0% (98.3%)	92.4% (89.2%)	88.9% (80.9%)
	児童生徒がパソコン等を用いて発表や話すことにおけるやり取りをする活動	41.4% (30.8%)	44.0% (30.4%)	47.4% (34.7%)
	児童生徒が発話や発音などを録音・録画する活動	21.8% (12.4%)	36.6% (26.9%)	34.2% (22.8%)
	児童生徒がキーボード入力等で書く活動	20.3% (13.1%)	23.7% (15.3%)	29.8% (20.6%)
	児童生徒が電子メールやSNSを用いたやり取りをする活動	1.5% (0.9%)	3.7% (2.3%)	9.0% (5.2%)
	児童生徒が遠隔地の児童生徒等と英語で話をして交流する活動	3.0% (1.9%)	3.2% (2.4%)	5.9% (4.2%)
	遠隔地の教師やALT等とティーム・ティーチングを行う授業	2.8% (3.4%)	4.0% (5.6%)	6.3% (6.5%)
	児童生徒が遠隔地の英語に堪能な人と個別に会話を行う活動	2.0% (1.4%)	2.8% (2.2%)	5.8% (3.3%)

※（　）内は，昨年度の値。

※全ての割合について，「ICT 機器を活用した学校数」を分子，全学校数を分母として計算。

※「ICT 機器を活用した学校数」は，平成 30 年度は「積極的に活用した（する）」，「時々活用した（する）」，「ほとんど活用しない」「全く活用しない」の4択のうち，「積極的に活用した（する）」及び「時々活用した（する）」と回答した学校の数，令和元年度は，「積極的に活用した（する）」，「時々活用した（する）」，「全く活用しない」の3択のうち，「積極的に活用した（する）」及び「時々活用した（する）」と回答した学校の数。

（出所）『令和元年度「英語教育実施状況調査」概要：ICT 機器の活用状況（小学校・中学校・高等学校）』（文部科学省ホームページ）より。

図5　ICT 機器の活用状況

音読やシャドーイングの指導も容易となる。その結果，授業時間の節約が可能となり，これまでなかなか「話す」活動の時間が十分に確保できなかったが，授業進度を落とすことなく，「話す」時間を確保できる。

図５より，ICT機器を積極的に活用する学校の姿勢がうかがえる。しかしながら，デジタル教材の活用以外については，ICT機器の活用が進んでいるようには思われない。

そこで，様々な企業が提供するPCやタブレット端末を利用したマンツーマンでの英会話授業の活用が可能になればと思う。そうすれば教員の負担を軽減すると共に，すべての生徒が従来と比べ物にならないほど，「話す（やり取り）」練習ができるようになるだろう。そのような英会話授業をすでに導入している私立学校が多いことも踏まえ，全国的により生徒第一の教育体制を整えることが望まれる。

３　外国語（英語科）教育の工夫と改善

本項では，筆者の勤務する大阪桐蔭中学校高等学校での取組を紹介する。

（1）「話す（発表）」「話す（やり取り）」を意識した活動の実践例

①校内英語弁論・暗唱大会（中学１・２年生対象）

大阪桐蔭中学校では，毎年恒例の学校行事として「Toin English Speech Contest」が3月に行われる。2011年に立ち上げたこの行事は，中学1・2年生を対象に行われ，クラス代表の生徒が自作の意見発表を英語で行う「英語弁論部門」と既存の英語の物語や演説を暗唱し発表する「暗唱部門」に分かれて普段の練習の成果を披露するものである。司会・進行もすべて生徒が英語で行い，その準備には多くの時間がかかる。しかしながら，その苦労を一瞬で忘れさせるほどの反響と目に見える成果があることは何にも代えがたい喜びである。クラス代表は立候補者のオーディションを経て選出されるため，代表に選出されなかった生徒も次年度こそは自分が代表になれるようにと，新たに努力する姿が見られる。

②校内英語劇大会（中学１年生対象）

本大会は先に述べた「Toin English Speech Contest」の後半にあたる「団体部門」で中学1年生を対象に行われる。クラス内で5－10人のグループを

1組結成し，各クラス別に発表を行う。題材は，「シンデレラ」や「桃太郎」など馴染みのあるものを使うが，台詞や演出，衣装，音響などすべて生徒が考え創作する。教員は台詞の英語の手直しと演出のアドバイスをする程度で，基本的には生徒に任せる。「話をアレンジして面白くしても良いよ」と最初に指示すると，生徒たちはあれこれとたくさんネタを考え出し，英語で表現するものである。劇を創作する際，「対話」を意識することは欠かせない。ナレーションにあまり頼ることなく進行できるように，「対話」を工夫させる指導は，「話す（やり取り）」を意識した一つの活動といえるのではないだろうか。

③校内英語プレゼンテーション大会（中学２年生対象）

本大会は中学2年生の「Toin English Speech Contest」の後半にあたる「団体部門」で行われる。クラス内で5－10人のグループを2組結成し，各クラス別にパワーポイントを用いて発表を行う。発表題材はアカデミックな内容であることを条件とし，題材選びから，パワーポイント資料の作成，発表原稿の作成まですべて生徒が行う。夏休みの理科の課題である「自由研究」を少し膨らませて発表するグループもあれば，「大阪城」について発表する歴史好きのグループ，「百人一首」について発表する国語好きのグループ，「黄金比」の数式を解説する数学好きなグループもあった。発表中のスライドの切換えもレーザーポインターを駆使して生徒が行う。個人部門とは違い，よりリラックスして楽しみながら取り組める点から，英語が苦手な生徒も多くチャレンジしている。

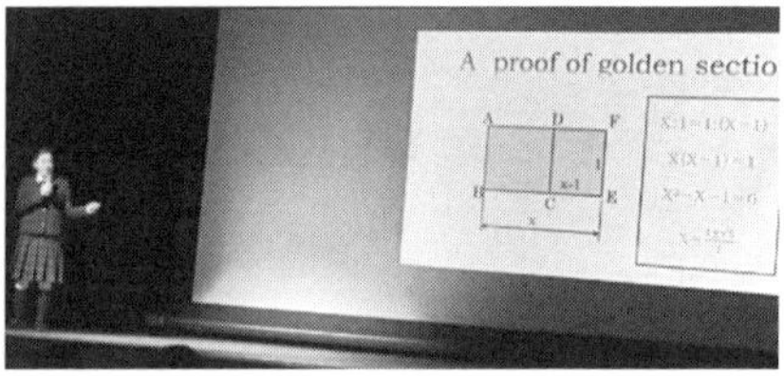

④外国人留学生との京都散策ツアー（中学３年生対象）

この行事は，毎年7月に行われる夏季研修の一環で，中学3年生が英語を使って外国人留学生と京都市内を観光するというものである。4－5人の生徒のグループに1－2人の外国人留学生が加わり，清水寺や金閣寺など京都の名所を回る。途中，留学生とともに市内のレストランで昼食も自由に食べる企画である。事前学習として，授業でルートの確認や道案内の英会話を勉強して臨むが，当日の教員の手助けはまったくない。それゆえ，生徒たちの達成感は大きいようだ。

⑤修学旅行先カナダでのプレゼンテーション・交流会（中学３年生対象）

中学3年生は，毎年修学旅行でカナダを訪れるが，現地の学校との交流会が最大のイベントである。交流会では，現地の学校の授業を受講するだけではなく，日本の学校や文化についてクイズ形式のプレゼンテーションを，パワーポイントを駆使し行ったり，日本の遊びを実演しながら説明し，一緒に遊んだりする企画がある。中学英語の集大成ともいえるこの交流会では，自らプレゼンテーションをやりたがる生徒がとても多い。中学1年生から，いかに生徒たちに人前で英語を話す経験を与えられるかが大きく影響するように思われる。

⑥校外の英語弁論・暗唱大会への参加（中学生・高校生全学年対象）

校内のみならず，生徒たちは校外の英語弁論・暗唱大会にも積極的に参加している。府内の大会はもちろんのこと，高円宮杯全日本中学校英語弁論大会などの全国大会にも参加している。それぞれの大会に向けての指導において，確かに教員の負担は大きい。しかし，生徒が身に付けられる技術や知識や経験を思うと，力を尽くしたい気持ちは消えないものだ。

(2) パフォーマンステスト（スピーキング）の実践例

①スピーキングテスト（中学１－３年生対象）

定期考査ごとに実施しているこのテストは，基本的には生徒1人対教員1人のマンツーマンで行う。テスト課題は，定期考査の範囲内の教科書の文章の一部を暗唱し発表するというものである。学年が上がるにつれて，ペアで教科書の対話文をベースに生徒自身がアレンジを加え，オリジナルの対話文を作り発表するというペアでのテストも行う。評価基準が書かれた評価表に教員が評価を書き込む形式で行う。イントネーションや強勢，リエゾン（語尾の子音が次の語頭の母音とつながって発音されること）には特に注意して発音指導を行っている。

②GTEC スピーキングテスト（中学２－高校３年生対象）

2018年度より，ベネッセコーポレーションのGTECの3技能テストに加えて，スピーキングテストも年2回行っている。やはり，スピーキングのテストが行われるのと行われないのとでは生徒の英語を「話す」ことに対する学習意欲は違うようである。

(3) ICT 機器の活用例

①電子黒板

英語の授業において電子黒板の果たす役割は非常に大きいと感じる。電子教材も充実しているため，英単語や英文の発音練習は以前より行いやすくなった。それに加えて，本校では，板書を一切することなく，パワーポイントを用い授業を行うことを基本としている。授業後にパワーポイント資料を配布するため，生徒にノートに書き写させることさえさせず，なるべく，ペアワークやディベート，ディスカッションなどの英語活動の時間を増やすように努めている。

②タブレット端末

本校では，あらゆる問題を考慮し，生徒個人にタブレットを所持させる体制はとっていない。「iRoom」と呼ばれるタブレットとWi-Fiを完備した教室を5教室完備しており，タブレットを使った英会話の授業はそこで行っている。

(4) 英語教育ツール（アウトソーシング）の活用例

①語学学校の外国人講師による英会話授業

2019 年から中学 1 年生を対象に語学学校の外国人講師による英会話授業を週 1 時間行っている。少人数グループに分かれての英会話授業は，以前のような，全クラス生徒対 ALT1 人の英会話授業よりも，発話回数が増え充実しているように思われる。費用の問題は拭えないが，日本人教員が英会話指導をする負担を考えれば，プロに委託する方法も一つではないだろうか。

②オンライン英会話

中学 2 年生から高校 2 年生を対象にオンライン英会話を年 20 回程度行っている。オンライン英会話を導入したのは 2017 年度からである。これもまた費用の問題は拭えないが，どう工夫しても日本人教員が 1 人で行う指導では，マンツーマン授業における生徒の英語の発話量に追いつけない。英語教育を部分的に外部委託する体制が決して私立学校だけの選択肢になり得ないようであってほしいものだ。

以上のように，大阪桐蔭中学校高等学校の実践例を紹介したが，本校においてもまた，「話す（やり取り）」指導の改善及び，高校生高学年の「話す」指導の改善は急務である。新学習指導要領と大学入試改革に留意し，生徒にとって最善の教育を提供できる授業実践を今後も模索していかなければならない。

（蔵石　佳代）

〈注〉

(1)　領域：新学習指導要領において，「話す」はさらに「やり取り」と「発表」の二つに分けられ，「聞く」「読む」「書く」「話す（やり取り）」「話す（発表）」の計 5 領域が示されている

〈引用文献〉

文部科学省（2020）『令和元年度「英語教育実施状況調査」概要：中学生・高校生の英語力』。

文部科学省（2020）『令和元年度「英語教育実施状況調査」概要：生徒の英語による言語活動の状況（中学校・高等学校）』。

文部科学省（2020）『令和元年度「英語教育実施状況調査」概要：パフォーマンステストの実施状況（中学校・高等学校）』。

文部科学省（2018）『平成 29 年度英語力調査結果（高校 3 年生）』。
文部科学省（2020）『令和元年度「英語教育実施状況調査」概要：ICT 機器の活用状況（小学校・中学校・高等学校）』。

〈参考文献〉

文部科学省（2017）「第 2 章第 10 節　外国語，第 4 章　外国語活動」『小学校学習要領学習指導要領（平成 29 年告示）』。
文部科学省（2017）『小学校学習指導要領（平成 29 年告示）解説　外国語活動・外国語編』。
文部科学省（2017）「第 2 章第 9 節　外国語」『中学校学習要領学習指導要領（平成 29 年告示）』。
文部科学省（2017）『中学校学習指導要領（平成 29 年告示）解説　外国語編』。
文部科学省（2018）「第 2 章第 8 節　外国語」『高等学校学習要領（平成 30 年告示）』。
文部科学省（2018）『高等学校学習指導要領（平成 30 年告示）解説　外国語編　英語編』。

第4章

これからの教科等指導に求められるもの（3）

――技術科教育の理論と実践から

1　新学習指導要領「技術・家庭」編の改訂の趣旨及び要点

中央教育審議会の答申を受けて作成された新学習指導要領においても，学校教育全体で育成する資質・能力が「生きる力」であるという基本姿勢は維持されている。今回の改訂では，幼児教育から高等学校教育までを見通して育てたい資質・能力が，図１のように三つの柱として明確になった。これをさらに，教育課程全体を通して育成を目指す資質・能力として身に付けさせる内容として，「社会に開かれた教育課程」であることや学校教育全体で

①　発達の段階に応じた生活の範囲や領域に関わる物事について理解し，生活や学習に必要な技能を身に付けるようにする。
②　情報を捉えて多角的に精査したり，問題を見出し他者と協働しながら解決したり，自分の考えを形成し伝え合ったり，思いや考えを基に創造したりするために必要な思考力・判断力・表現力を育成する。
③　伝統や文化に立脚した広い視野を持ち，感性を豊かに働かせながら，よりよい社会や人生の在り方について考え，学んだことを主体的に生かしながら，多様な人々と協働して新たな価値を創造していこうとする学びに向かう力や人間性を涵養する。

⇩

①「何を理解しているか，何かできるか　　（生きて働く「知識・技能」の習得）」
②「理解していること・できることをどう使うか
（未知の状況にも対応できる「思考力・判断力・表現力等」の育成）」
③「どのように社会・世界と関わり，よりよい人生を送るか
（学びを人生や社会に生かそうとする「学びに向かう力・人間性等」の涵養）」

図１　育てたい資質・能力

生活の営みに係る見方・考え方や技術の見方・考え方を働かせ，生活や技術に関する実践的・体験的な活動を通して，よりよい生活の実現や持続可能な社会の構築に向けて，生活を工夫し創造する資質・能力を次のとおり育成することを目指す。

（1） 生活と技術についての基礎的な理解を図るとともに，それらに係る技能を身に付けるようにする。

（2） 生活や社会の中から問題を見いだして課題を設定し，解決策を構想し，実践を評価・改善し，表現するなど，課題を解決する力を養う。

（3） よりよい生活の実現や持続可能な社会の構築に向けて，生活を工夫し創造しようとする実践的な態度を養う。

図２ 技術・家庭科の目標

育成するための「カリキュラム・マネジメント」の重要性，「主体的・対話的で深い学び」等が打ち出されている。そして各教科等で育成すべき資質・能力，目標及び内容を再整理するよう提言している。①「知識・技能」（以降，学習指導要領に合わせて「知識及び技能」と表記），②「思考力・判断力・表現力等」，③「学びに向かう力・人間性等」が，各教科及び学校段階に共通して育成する資質・能力である。

この答申を受け技術・家庭科の目標も，果たすべき役割やねらいについて総括し，三つの柱で前述①－③の資質・能力に対応させるべく図２のように示され，この目標中の（1）－(3) が技術・家庭科で育成する資質・能力を表している。学習指導要領解説編では，これらの意図が次のように記されている。

「生活の営みに係る見方・考え方や技術の見方・考え方を働かせ」とは，各分野特有の見方・考え方を働かせて，資質・能力を育成することの重要性を示している。

「生活や技術に関する実践的・体験的な活動を通して」とは，実践的・体験的な活動の対象として，製作，制作，育成，調理等の実習や，観察・実験，見学，調査・研究などにより資質・能力を育成することの重要性を示している。

「よりよい生活の実現や持続可能な社会の構築に向けて，生活を工夫し創造する資質・能力を次のとおり育成する」とは，最終的目標が，よりよい生活や持続可能な社会の構築の基礎となる生活を工夫し創造する資質・能力の育成であるとし，次の三つの柱で構成している。

(1)「知識及び技能」の指導として，生徒が自立して主体的な生活を営むための必要な基礎的・基本的な知識と，それらに関わる技能の習得の重要性を示している。「基礎的な理解」とは，事実の知識の習得だけではなく，社会における様々な場面で生きて活用できる概念形成が意図されている。現行表記の「基礎的・基本的な知識及び技術」は，資質・能力の三つの柱の観点から「技術」を「技能」とし，他教科との整合性が図られている。

(2)「思考力・判断力・表現力等」の指導としては，生活や社会の中でどのような問題に直面しても，主体的に問題を見出し，自分なりの判断をして，課題を設定し，解決のための設計・計画を構想し，問題を解決する力すなわち問題解決能力の育成をねらいとしている。また課題解決の実践と評価及び改善，成果に関わる整理と表現も意図されている。

(3)「学びに向かう力・人間性等」の指導としては，安心，安全で豊かな生活や，環境保全と利便性が両立した持続可能な社会の構築を目指し，将来にわたり生活を工夫したり創造しようとする実践的な態度を養うことをねらいとしている。さらに，自分や家族の生活の仕方や消費行動，技術の評価，適切な選択と管理・運用，新たな発想に基づく改良と応用など，主体的に意思決定・行動して社会に参画する態度の育成も重要視されている。

このことについては，実践的・体験的な活動の内容を吟味し，仕事の楽しさや完成の喜びといった充実感や成就感を実感させることが重要視される。そして学習内容と将来の職業の選択や生き方との関わりの理解にも触れるなど，生徒の実態に応じて，自ら問題を見出して課題を設定し解決を図る問題解決的な学習を一層充実させることが求められている。

2　これからの技術科教育に求められること

(1) 技術分野の改訂の趣旨と目標等の構成について

技術分野において，現行学習指導要領の課題と改訂の方向性は図３のよ

社会，環境及び経済といった複数の側面から技術を評価し具体的な活用方法を考え出す力や，目的や条件に応じて設計したり，効率的な情報処理の手順を工夫したりする力の育成について課題があるとの指摘がある。また，社会の変化等に主体的に対応し，よりよい生活や持続可能な社会を構築していくため，技術分野では，技術の発達を主体的に支え，技術革新を牽引することができるよう，技術を評価，選択，管理・運用，改良，応用することが求められる。

図３　二つの課題

技術の見方・考え方を働かせ，ものづくりなどの技術に関する実践的・体験的な活動を通して，技術によってよりよい生活や持続可能な社会を構築する資質・能力を次のとおり育成することを目指す。

（1） 生活や社会で利用されている材料，加工，生物育成，エネルギー変換及び情報の技術についての基礎的な理解を図るとともに，それらに係る技能を身に付け，技術と生活や社会，環境との関わりについて理解を深める。

（2） 生活や社会の中から技術に関わる問題を見いだして課題を設定し，解決策を構想し，製作図等に表現し，試作等を通じて具体化し，実践を評価・改善するなど，課題を解決する力を養う。

（3） よりよい生活の実現や持続可能な社会の構築に向けて，適切かつ誠実に技術を工夫し創造しようとする実践的な態度を養う。

図４　技術分野の目標

うに二つの課題が指摘されている。第一の課題の「社会，環境及び経済といった複数の側面から技術を評価し具体的な活用方法を考え出す力」は，様々な制約条件のもとで，最適な方法を見出すという技術分野の「見方・考え方」そのものであり，今後改善の必要な最大の課題である。第二の課題の「目的や条件に応じて設計したり，効率的な情報処理の手順を工夫したりする力」の不足は，技術的な課題に対して「設計・計画」する能力の育成が十分ではないことを示しており，これまでよりさらに工夫することを重視した「ものづくり」の必要性が提言されている。

これらのことを踏まえ，技術分野の目標は図４のように，育成を目指す資質・能力の三つの柱に対応させ，意図等も詳細に記されている。

技術は，その発達が社会の在り方を大きく変えてきた一方で，多くの人々の必要性により技術の発達が促されるといった社会と相互に影響しあう関係を持つ。そのため，技術が生活や社会，環境等に与える影響を評価し，適切に選択したり，管理・運用したりすることのできる力は，技術の発達をよりよい方向へと向けるために必要であり，今後ますます高度化，システム化される技術に支えられた社会を生きる国民としても求められる力である。

また，グローバル化の下，少子高齢化，不透明感の強まる中，技術を活用して多様化する課題に創造的に取り組み，多様な技術を結び付けながら新たな価値を生み出すことのできる力も求められている。

「技術の見方・考え方を働かせ」とは，技術の開発・利用の場面で用いられる「生活や社会における事象を，技術との関わりの視点で捉え，社会からの要求，安全性，環境負荷や経済性などに着目して技術を最適化すること」

等の技術ならではの「見方・考え方」を働かせ学習することを示し，教科と社会を結ぶ意義の中核をなすものと考えられる。

「ものづくりなどの技術に関する実践的・体験的な活動を通して」とは，ものづくりなどの実習や観察・実験，調査等を通して学習するという技術分野の特徴を示している。

「技術によってよりよい生活や持続可能な社会を構築する資質・能力を次のとおり育成する」とは，技術分野の最終的な目標が，技術によってよりよい生活や持続可能な社会を構築する資質・能力の育成であり，この資質・能力が（1）－（3）に示す三つの柱で構成されていることを示している。

（1）「知識及び技能」の指導では，技術分野として習得を目指す知識及び技能が，生活や社会で利用されている技術の仕組みと関係する科学的な原理・法則の基礎的な理解，技術を安全・適切に活用できる技能を習得させ，生活や社会，環境との関わりを踏まえたシステムとしての技術の概念形成をねらいとしている。

（2）「思考力，判断力　表現力等」の指導では，技術分野として育成を目指す思考力，判断力，表現力等が，生活や社会の中から技術に関わる問題を見出し，課題を設定して解決策を構想し，製作図や回路図，計画表等に表現して試行錯誤しながら具体化し，実践を評価・改善することのできる力であることを示している。

「生活や社会の中から技術に関わる問題を見いだして課題を設定し」とは，技術分野として解決を目指す問題の範囲が，身近な生活といったものだけでなく産業等も含めた社会にあることを示している。

（3）「学びに向かう力，人間性等」が，安心，安全で便利な生活の実現や持続可能な社会の構築のために，主体的に技術に関わり，技術を工夫し創造しようとする実践的な態度であることを示している。

「適切かつ誠実に技術を工夫し創造しようとする」とは，便利な生活を送りたいといった特定の側面から見た個人的な願いの実現を目指すことではなく，環境や安全性などの多様な側面からの視点で，作る場面，使う場面，廃棄する場面，トラブルの場面などを想定し，さらに，使い手だけでなく作り手の立場も意識して，よりよい生活と持続可能な社会を構築するために技術を工夫し創造することを示している。

自己の技術への関わりが，技術の発展と将来の社会の在り方に影響するこ

A　材料と加工の技術
（1）生活や社会を支える材料と加工の技術
（2）材料と加工の技術による問題の解決
（3）社会の発展と材料と加工の技術
B　生物育成の技術
（1）生活や社会を支える生物育成の技術
（2）生物育成の技術による問題の解決
（3）社会の発展と生物育成の技術
C　エネルギー変換の技術
（1）生活や社会を支えるエネルギー変換の技術
（2）エネルギー変換の技術による問題の解決
（3）社会の発展とエネルギー変換の技術
D　情報の技術
（1）生活や社会を支える情報の技術
（2）ネットワークを利用した双方向性のあるコンテンツのプログラミングによる問題の解決
（3）計測・制御のプログラミングによる問題の解決
（4）社会の発展と情報の技術

図５　学習内容

とを踏まえ，真摯に技術と向き合う倫理観を重要視することが含まれている。

（2）学習内容と項目について

学習内容のA，B，C，D各々は，三つの要素「生活や社会を支える技術」「技術による問題の解決」「社会の発展と技術」で構成されている（図５）。

この変更点は大きく３点あり，１点目は，内容BとCの順序が入れ替えられたことである。これは，「生物育成」は小学校理科における季節と生物，生物と環境等に関わる栽培と関連するため中学１年生で，また「エネルギー変換」は高等学校の学習との接続を容易にするため中学３年生で学習することが考慮されている。

２点目は，A・B・C・Dすべてに「(1) 生活や社会を支える○○の技術」が含まれたことである。「生活や社会の中から技術に関わる問題を見いだし，課題を設定することを重視すること」及び「どの内容からでも始めることを可能にする」ため，改訂では四つの内容すべてに項立てされた。

３点目は，小学校のプログラミング教育導入に関連して，「D情報の技術」に現行の計測・制御に加えて，双方向性のあるコンテンツのプログラミングや，ネットワークやデータを活用して処理するプログラミングも題材として扱うことが示されたことである。

ア．既存の技術の理解

技術に関する原理や法則，基礎的な技術の仕組みを理解するとともに，技術の見方・考え方に気付く。

イ．課題の設定

生活や社会の中から技術に関わる問題を見いだし，それに関する調査等に基づき，現状をさらに良くしたり，新しいものを生み出したりするために解決すべき課題を設定する。

ウ．技術に関する科学的な理解に基づいた設計・計画

課題の解決策を条件を踏まえて構想（設計・計画）し，試行・試作等を通じて解決策を具体化する。

エ．課題解決に向けた製作・制作・育成

解決活動（製作・制作・育成）を行う。

オ．成果の評価

解決結果及び解決過程を評価し，改善・修正する。

カ．次の問題の解決の視点

技術についての概念の理解を深め，よりよい生活や持続可能な社会の構築に向けて，技術を評価し，選択，管理・運用，改良，応用について考える。

図６　学習過程の概略

(3) 学習過程について

学習過程の概略は図６に示すように，従来と同様であるが，より詳細に示された。各学習過程の間にも評価を取り入れ，各過程を振り返ることが重要であるとされている。

技術を評価し，選択，管理・運用，改良，応用する力を育成し，技術の見方・考え方の能力を向上させる必要がある。そのためには，「製作・制作・育成」から，今後は「設計・計画」等の「工夫するものづくり」に重点をおく必要性が考えられる。

(4) 倫理観の育成について

科学技術の発展が，生活環境の向上や基盤の整備，運輸や食料生産の効率化，様々なもののネットワーク化や自動化等を促している反面，資源・エネルギーの浪費や自然環境の破壊，生命倫理や情報活用に関するモラル低下といった問題を生じさせ，当事者の倫理意識を疑う行為が問題となっている。

今回の改訂において，プログラミング学習や情報セキュリティ等の学習内容の充実に加えて，「知的財産を創造・保護・活用していこうとする態度や使用者・生産者の安全に配慮して設計・製作したりするなどの倫理観の育成

を重視する」ことが示されている。「○○に関する技術にかかわる倫理観を育成」という記述に加えて，今回の改訂では「真摯に技術と向き合う倫理観」が「適切かつ誠実に技術を工夫し創造」という中に記されている。

技術分野では日常生活で身の回りの技術を使用するだけでなく，新しい技術やシステムを創り出す能力の育成も担っており，生産者・製造者と消費者・使用者の両方の立場に立ち，秩序や規律を守るために正しい判断や行動の自己形成が要求される。このことに関わって「特別の教科道徳」と関連し，例えばC（1）［遵法精神，公徳心］「法やきまりの意義を理解し，それらを進んで守るとともに，そのよりよい在り方について考え，自他の権利を大切にし，義務を果たして，規律ある安定した社会の実現に努めること」の内容と関連して倫理観の自己形成の充実を図ることが求められる。より高い倫理観を追究し，すべての人が備えることが安全な生活や社会づくりにつながることを理解させる工夫が必要である。

生活や社会において何がフェアなのかを考え，他者の意見に触れ合い，議論する学習では，「倫理的善とは自分にとってだけの善ではなく，また自分が直接関与する人々にとっての善だけでもなく，ありうるすべての他者一般にとって善と判断されるような善のことをいう。」（竹田 2018）が技術の「見方・考え方」には重要である。技術システムを考えるとき，発達の段階に応じ，答えが一つではない道徳的な課題について，生徒一人一人が自分自身の問題として捉え，社会とも向き合い，一面的な見方からだけでなく多面的・多角的な見方や道徳性発達の変容が認められたかなどの個々の認識状況を把握し育てることが重要である。

3　技術科教育の工夫と改善

（1）「D 情報の技術」の指導について

文部科学省はSociety 5.0で求められる力（人間の強み「現実世界を理解し意味づけできる感性，倫理観，板挟みや想定外と向き合い調整する力，責任をもって遂行する力」と，共通して求められる力「文章や情報を正確に読み解き対話する力，科学的に思考・吟味し活用する力，価値を見つけ生み出す感性と力，好奇心・探求力」等）を育成するための学校ver.3.0「一人一人が人間ならではの強み・自分の強みを生かし，板挟み・想定外にも対応可能な人材を育成」を提唱している。具体的には,「STEAM教育」「より分析的・批判的に思考」「実習・体験重視」「実体験を通じた他者・社会との協働の手応えや自信」「社会の中での自分の役割や責任についての自覚を軸にした学び」「未知の世界に挑戦する好奇心・苦心してモノを作り上げる力」「適正に個別最適化された学び」等の学びの時代を課題化している。この実現のために2019年にはGIGAスクール構想を提言し,Society 5.0時代を生きる子供たち一人一人に個別最適化を図り,創造性を育む教育におけるICTを基盤とした先端技術等の効果的な活用の改善が示された。一人1台の端末とクラウド活用,それらに必要な高速大容量の通信ネットワーク環境の実現が図られようとしている。高速大容量,低遅延化,多数同時接続等,ネット環境の整備が急がれる。

しかも,情報通信技術や計測技術の急激な発展により,ビッグデータからの知識創出が新しい世界の経済発展を支えるといわれる今,文系・理系を問わずデータサイエンスの素養は不可欠となっている。

このような背景の中で,小・中・高等学校を通じ,新学習指導要領におけるSTEAM教育の柱とされるプログラミング教育を充実し,2020年度から小学校においてプログラミング教育を導入し必修化することになった。大まかなねらいは,**図7**に示す。

2021年度は中学校の新学習指導要領「全面実施」。「2021年度の中学2年生,中学3年生の生徒達は,新しい学習指導要領で学んでおかなければならない」ということである。追加となったプログラミングに関する項目「ネッ

①「プログラミング的思考」を育むこと。
②プログラムの働きやよさ,情報社会がコンピュータ等の情報技術によって支えられていることなどに気付くことができるようにするとともに,コンピュータ等を上手に活用して身近な問題を解決したり,よりよい社会を築いたりしようとする態度を育むこと。
③各教科等の内容を指導する中で実施する場合には,各教科等での学びをより確実なものとすること。

※プログラミング的思考
「自分が意図する一連の活動を実現するために,どのような動きの組合せが必要であり,一つ一つの動きに対応した記号を,どのように組み合わせたらいいのか,記号の組合せをどのように改善していけば,より意図した活動に近づくのか,といったことを論理的に考えていく力」
小学校学習指導要領(平成29年告示)総則編より

図7　プログラミング教育導入のねらい

トワークを利用した双方向性のあるコンテンツのプログラミングによる問題の解決」を3年生は学習することが求められる。さらに，小学校でプログラミングを学習して入学してくる1年生には，プログラミング的思考の充実・発展を図ることが求められる。

双方向性のあるコンテンツのプログラムは，入力した情報に応じて異なる情報を返すこと（双方向性）をプログラムとして制作する。そこで表現される内容も，深い学びの鍵となる技術の「見方・考え方」に基づいたコンテンツとして作成する必要がある。プログラミングによるデータのやりとりがわかりにくいことを考慮して，コードを使用する場合は，コードを覚えるのでなく，プログラムの流れや役割を理解させることを重視する。

そこで，新学習指導要領では，新たにアクティビティ図の使用が示された。実社会でも用いられているアクティビティ図などの統一モデリング言語（UML）を使うと，並列処理などが簡単に表現可能とされている。これまで通りのフローチャートでも良い。

この実習では，ネットワークの利用が求められる。しかし，学校の環境によってはインターネットの接続の制限への対策，あるいは一斉アクセスによるフリーズへの備えとして，校内LANや特定の場所・範囲で通信できるネットワークの工夫が必要である。例えば，ペアでの通信（クロスケーブル等），3-5人のグループ通信（ハブ，ルーター等）によるサーバー・クライアントの役割分担などが考えられる。なお，プログラミング言語はネットワークに対応できるという前提で，生徒の実情に応じて選択することが求められている。

プログラム言語も分野ごとに様々な言語が発達している。世界で最も人気のプログラミング言語といわれているJavaScriptはブラウザ上で動作できるプログラミング言語として発達した。機械制御に多く使用されるC言語，Web制作に特化したPHP，データ解析・機械学習に人気のPythonなど，様々な言語がある。近年では，ビジネス実務においてもプログラミング学習においても人気が高まっているPythonは，コードがシンプルで初心者でも学習しやすいといわれているプログラミング言語である。Scratch（マサチューセッツ工科大学メディアラボ開発），プログラミン（文部科学省開発），micro : bit（イギリスBBC開発）がビジュアルプログラミング言語と言われる。C言語，JavaScript，Pythonはテキストプログラミング言語といい，キーボードを使い文字でプログラミングを記述する。高等学校への接続を考慮するとテキストプログラミング言語の習得も必要である。

中学校技術科教育でパソコン上でのプログラミング教育が本格的になる。プログラミング言語の構成要素と機能及び活用について，機会を捉えて習得する自己研鑽が必要となる。プログラミング言語に精通しておくことは，個別最適化を図る意味でも求められる。

生徒といっしょに問題解決を図る学習が大切である。犯罪・人権侵害行為を防ぐ情報技術システムはどうしたらよいか考え，生徒と共に問題点の発見・解決に向けたプログラムを制作することを勧める。

8時間の指導計画（試案）を図８に示す。

(2)「A 材料と加工の技術」の指導について

現行の「(3) 材料と加工に関する技術を利用した製作品の設計・製作」が，改訂では，「(2) 材料と加工の技術による問題の解決」となり，問題の解決の一環として「設計・製作（ものづくり）」が位置付けられた。また，改訂で「設計や振り返り」が重視され，(2) アに「検査・点検など」の新設とともに，(2) イに製作過程における「評価・改善及び修正」が追加された。振り返りについては，設計・試作などを通しての評価・改善，製作過程の部材の検査，最終的な製作品の評価を含んでいる。また，現行の「評価・活用」が改訂では「評価，選択と管理・運用」に変更され重要性が明確になった。さらに，「改良と応用」により問題解決能力の育成と，技術を開発する力の育成の重要性と方向性も明示されている。指導において特に，学びを再構築し，そこから見えるものから「技術の見方・考え方」を鍛え，より深い知識・技能を自己形成する場の設定を意識する必要がある。

「開発者の設計に込めた意図を読み取らせること」の指導は，先人の知恵に気づかせることであり，対話的な学びを求めている。授業改善として「木造建造物等の削りが鎌倉時代を境に変わってきている。天然砥石の登場は，鎌倉時代にはいったころではないかと言われている。」といった対話を経て，「朝学習（ドリル）」ならぬ「朝研ぎ」時間を設定し，砥石で鉋《かんな》の刃を心静かに研ぎ，砥石と鉋の刃と対話する時間を試みてはどうでしょうか。

工具・機器については使用前の点検・調整や使用後の手入れが大切であることや，刃物などの工具や機器については，使い方を誤った場合には身体を

時間	指導過程	指導事項及び内容	指導上の留意点
1	問題の発見 課題の設定	なりすましの発信や不正な口座開設，無責任なうわさ 社会とのつながり→本人認証（セキュリティ）の必要性 使用開始時に本人認証し送受信できるコンテンツのプログラムの作成	SNSによる誹謗中傷，個人情報の流出，データの改ざん・ねつ造 ↓ ネットワークの危険性と便利さ ↓ 問題を見いだし，課題化する
2	設計①	全体構想「入力―処理―出力」（基本的機能） ・入力…パスワード，文字入力，IPアドレス ・処理…PW（本人認証）の判断（回数），通知 ・出力…認証結果の表示，文字の表示・送信 ※経験の差異の把握→ヒントによる問題解決の支援	送受信プログラムの課題 ・ID・PW設定（パスコード機能） ・NGワード制限機能 ・既読機能　・着信機能 ・スタンプ機能　・タイマー機能
3	設計②	制作工程表「問題解決に必要な要素の明確化」 ①問題　②課題　③全体構想　④使用メディア ⑤アクティビティ図（フローチャート） ⑥User Interfaceデザイン ※プログラミング的思考を促す ※他人の意見を聞き工夫を生かすプログラム作成	コンテンツデザインのコンセプト ・見やすさ，伝えやすさ →装飾等に懲りすぎない アクティビティ図による思考整理 →処理手順の思考・整理を重視 →自分の考え→よりよい発想へ
4	設計③	詳細設計 ・パスワードが入力され本人認証でき，入力間違いの場合のチャット機能を備える ・ログイン画面の設計（IPアドレスの入力） ・処理の流れをアクティビティ図にまとめる ・設計したことを制作工程表にまとめる →不正アクセス，故障・障害，信頼性を意識して設計	通信環境（セキュリティ）の確認 ・ファイアウォール　・暗号化 ・ウィルス対策 通信プロトコルの必要性 ・インターネット　・構内LAN ・Bluetooth　・Wi-Fiルーター ・ペア通信　・3人通信（サーバー） ・サーバーとクライアント（複数）
5	制作①	設計（制作工程表）を元に制作する 小学校のプログラミング経験を生かす。個人差に配慮！ ・スタート（起動） ・パスワードの入力 ・IPアドレスの入力 ・メッセージの入力・表示・送信 ・パスワードが間違った場合 ・エラーメッセージの通知 プログラムはシンプルに一機能を徐々に増やす	小学校のプログラミング教育との接続を考慮 ・ビジュアルプログラミング言語 →Scratch，プログラミン ※経験不足，作成が進んでいない等の生徒には，解決する手段 ※情報モラルを意識した制作と活動
6	制作②	プログラム　フィルタリング（不適切発言の発振防止） ※警告メッセージ（NGワード） ※自分自身では問題解決が難しい生徒には，細やかな点検・助言を行う	高等学校への接続考慮，発展課題（プログラミング言語の汎用性） →C言語→Python，JavaScript
7	制作③	思った通りの動作をしない場合はデバックによりプログラムを修正する。 →ミスや誤動作の原因は考えさせた後に助言する。 →一度に全てを改善しようとせず一つ一つ改善を図る。 ※動作の不十分な分析には，適宜，指導・助言する。	習熟レベルに対応した指導・支援 問題解決→目的の動きを予想し実際の動きを確認し修正 →個々にカット＆トライを体験（時間確保） ※技能と感覚を磨く作業を重視。
8	評価 改善	プログラムと画面，処理手順，問題解決等を簡潔に発表 →相互評価（有効性，機能性） ※情報技術と人間の在り方→人間性，倫理観 ※質問を促し議論が活発になるように誘導する 不備の改善（間違って入力しても処理が進行など） 安全性の再確認 →取り組みを振り返り学習のプロセス，発見・工夫・苦労した点などに着目する。さらなる改善を追求。	・問題の発見，課題の設定，解決の手順，全体構想，制作工程表，プログラム作成，送受信の実行，修正等の一連を概念化する。 ・感想を含め自分が何を学び，何を理解できるようになり，これをどのように使い，考えや見方が変容したかをまとめさせる。

図8「ネットワークを利用した双方向性のあるコンテンツのプログラミングによる問題解決」の試案

傷つける恐れがあることから，安全な加工法の指導に加えて，不用意に持ち歩かないことなどに配慮することが明示されている。授業改善として「木工用の刃物として弥生時代に槍ガンナが誕生。現在使用されている大工道具のスタイルは江戸時代の終わりごろに出そろったといわれている。歴史上最高によく切れる大工道具を手に先人たちが築き上げてきたのが今の大工道具につながっている。」といったことから，道具の仕組み・成り立ち，先人の苦労に思いを馳せてみてはどうだろうか。そして，道具・機器のメンテナンス及び安全な使い方・加工法の指導として，授業中に鉋の刃こぼれが生じた場合，即座に対処できる技能等を高めておく必要がある。

ここで，技の世界の深さに圧倒される「全国砥石調査会代表，鉄匠，船大工，大工棟梁，刀匠」といった講師を迎えて行っているサークル活動に参加したことを紹介する。テーマ「道具を知る」「伝統の技を知る」「素材を知る」の下，HV 技術教員だけでなく各分野の本物の技に触れたいと願う人たちの手弁当の集まりである。鉋の研ぎ，自作彫刻刀の焼き入れ，鉋台の仕込み，アーク溶接のマスター，槍ガンナの仕込みと研ぎ，全国の天然砥石の試し研ぎ，突き鑿《のみ》と追入れ鑿の柄付けと研ぎ，玉鋼をつくる（たたら製鉄），鋸《のこぎり》の研ぎ，包丁の研ぎ・ひずみ取りなど，実技を伴う研修を積み重ねてきた。

京都の砥石工業所社長から天然砥石の話を聞き印象に残っていることは，「2 億 5000 万年前，古赤道付近からプレートにのって 1 年に数センチメートルの速度で日本列島に近づき，隆起したものと推測されている。」「良い刃物に見合う良質な天然砥石はすでになく，地金に使用される良質な和鉄もいずれ底を尽き，腕のいい鍛冶職人も極端に減少している。」など。天然だからこそ，一枚一枚，形や色，厚さが違い，各層ごとに地熱で焼けた跡が残って天然砥石であることを象徴している痕跡が認められた。

実際に刃物をあて，試し研ぎをして品定め。刃物と砥石の相性を確かめながら，天然砥石には縁もなかったが，ルーペで表面観察し自分の好きな砥石を手に入れることもできた（砥石と対話）。

砥石の基礎トレーニングは荒砥・中砥。平面を水面のごとく水平にすることが大切で，GC400

番で水平に砥面を仕上げ。荒砥・中砥で刃先を水平に仕上げないうちに，合砥石（仕上げ砥石）に移ってはいけないこと。各指の筋肉バランスを身に付けるには，ストロークの練習を繰り返すしかないこと。持ち方も個性に合うように細かく指導。小指の使い方がポイント。刃先の角度を決め，力を入れないように！　力をぬき，砥面を滑らせるように！　こうしないと刃先が逃げてしまうとのこと。「地金を削る音」「鋼を削る音」を聴き分け，同時に鳴るように削ることがポイント！　さらに，砥石中央が凹部になりやすいので，四隅を意識してうまく利用することが大切であること。刃先の面が水平に，角度が決まったら，研ぐ作業から合砥石で磨きの作業へ移ること。水の調整も大事なことも知ることができた。かえり刃は仕上げの過程で自然にとれるものだということ！　等々，技能についての問題解決の連続であった。

こうして指導者自ら何もできない自分に近づく。実際に実技をすることで，生徒が何を理解し，どんなことにつまずき，どんなことに喜びを感じ，どのようなことで悩み苦しんでいるのか，何を期待しているのか等，瞬時に，しかも的確に判断できてこそ実践と理論に裏打ちされた「知識・技能」「思考力，判断力，表現力」を育成できる。生徒の目の高さに立った問題解決の経験を実体験し，その後の授業改善，生徒の前での道具の使用法や扱い方にいい影響を及ぼすことがわかり，求めて学び続ける必要性を感じることができた。

鍛冶職人と鉋塾，宮大工の棟梁をお迎えしての研修では，自分の作業レベルに合わせて，材料を選び，鉋を自作した。①初めての人は，準完成品により，擦り込み作業から，②経験のある人は，荒堀したものに刃口を開ける作業から，③自信のある人は，未加工品に曲尺を用い墨入れの作業から，という選択肢から①を選択した。自作の鉋を作ることを通して，自らの技能の未熟さを痛感しながらも丁寧に，様々に直面する課題に向き合い問題解決する体験をさせていただき自作の鉋ができたときはなんともいえない感動があり，苦労の末の感動体験が大切であることを痛感した。作業の合間の談話，講話の中で，日本古来の優れた文化と資源を守っている情熱に触れ，印象に残ったことを紹介する（図9）。

・木の魅力は鍛造された鋭利な刃物とその性能を引き出す優れた砥石や取扱いの技による加工で発現する。木の魅力を最大限に発揮する日本の大工道具とそれを使いこなす工匠の技があってこそ！　さらに優れた鉋の刃，台の調子，良質な砥石と研ぎ，削り方が必要である。
・鉋の刃は刃鋼材と地金材でできている。鋼の性能を余さず生かして硬く粘り強い緻密な刃をつくる鍛冶の技術が不可欠。そしてさらに，緻密な砥石による研ぎによって切れ味が生まれる。
・台の調子は題材の質と仕込みの技術に左右され，その調整の可否が削れるか削れないかを決定する。
・木を薄く削るだけと思えばそれだけで終わる。その行為で生まれる木肌の感触は日本人の忘れてはならない高度な文化を秘めている。手のひらにのせた鉋屑が透けて指紋までが見える薄さ（10ミクロンの世界）。
・木工用の刃物として弥生時代にヤリカンナが誕生。現在使用されている大工道具のスタイルは江戸時代の終わりごろに出そろったといわれている。歴史上最高によく切れる大工道具を手に先人たちが築き上げてきたのが今の大工道具につながっている。

図９　職人の談話の中で印象に残ったこと

４　おわりに

時代の変化に応じて求められる資質・能力とともに，日本の伝統文化に係る技の伝承等，多様性が求められていることを強く感じる。多様な専門性を持つ貴重な人材と効果的に連携・分担し，組織的・協働的に諸課題の解決に取り組む授業の創造と授業者自身の学ぶ姿勢が必要である。

生徒の授業を受けること，個別に学ぶこと，理解することには個人差がある。個々の生徒とのふれあいや言葉かけを大切にし，ほめたり励ましたり，悩みを聞いたり，わからないところやつまずきなどの状況に個別に指導することは授業の原点であることは周知のことである。今回の学習指導要領改訂により，一人一人の個性をどう把握するか，それを特に問題解決や振り返りの指導場面でどう生かすのか，学習や指導の個別化を図るためには，個性を生かす教育を実践することは，言い古された課題であるが，個別最適化のように新しい視点から，本質的な学習に立ち返り見直す必要性が出てきている。

それぞれの生徒の学習段階の状況を見極め，次の一手はどう打つのか具体的な支援が必要か考えられなければならない。生徒自らが自己の学習の見通しを立て，実践し，振り返ってきちんと整理し，自己をより深く見つめ直す態度形成を図ることが求められる。今一度，「教材でいったい何をねらっているのか明確にすること」「知識や技能が根底にあって，創意工夫する態度・

意欲を育成すること」「指導した以上は，どう身につけているのか，多面的多角的な評価の工夫が必要であること」等の視点を踏まえ，技術の概念形成を含め，「問題解決による工夫・改善の喜びを共有するものづくり」の実践に取り組みたいものである。

（小川　潔）

〈引用文献・参考文献〉

中央教育審議会答申（平成 28 年 12 月 21 日）「幼稚園，小学校，中学校，高等学校及び特別支援学校の学習指導要領等の改善及び必要な方策等について」（https://www.mext.go.jp/b_menu/shingi/chukyo/chukyo0/toushin/__icsFiles/afieldfile/2017/01/10/1380902_0.pdf）

古川稔・杉山久仁子編著（2017）『平成 29 年改訂　中学校教育課邸実践講座　技術・家庭』ぎょうせい。

古川稔編著（2017）『平成 29 年版　中学校新学習指導要領の展開　技術・家庭　技術分野編』明治図書出版株式会社。

文部科学省（平成 29 年）「中学校学習指導要領（平成 29 年告示）解説（技術・家庭編）」。

竹田敏彦（2018）「道徳科の指導と評価の在り方――特別の教科　道徳」の趣旨を生かして」『安田女子大学紀要』46.

文部科学省（令和 2 年）「小学校プログラミング教育の手引（第三版）」（https://www.mext.go.jp/content/20200218-mxt_jogai02-100003171_002.pdf）

文部科学省（平成 30 年）「Society 5.0　に向けた人材育成　～社会が変わる，学びが変わる～」（https://www.mext.go.jp/component/a_menu/other/detail/__icsFiles/afieldfile/2018/06/06/1405844_002.pdf）

文部科学省（平成元年）「GIGA スクール構想について」（https://www.mext.go.jp/a_menu/other/index_00001.htm）

竹政昭利ほか（2017）『かんたん UML 入門』技術評論社。

岩田宇史（2019）『いちばんやさしい JavaScript の教本』インプレス。

辻真吾・下平英寿（2019）『Python で学ぶアルゴリズムとデータ構造』講談社。

杉村幸一郎（1997）『削ろう会』第一号，第二号，削ろう会事務局。

因島市中学校技術科研究サークル（現広島県学校技術科研究サークル）Web ページ

第5章

これからの教科等指導に求められるもの（4）

――「特別の教科 道徳」（道徳科）教育の理論と実践から

1　新学習指導要領「特別の教科 道徳編」の改訂の趣旨及び要点

(1) 改訂の経緯

道徳性を育む要となる道徳の時間は，1958年に特設され週の時間割の中に位置づけられ取り組まれてきた。学校の児童生徒の実態等に基づき道徳教育の重点目標等を設定し充実した指導を重ね，確固たる成果を上げている学校がある一方で，例えば，歴史的経緯に影響され，いまだに道徳教育そのものを忌避しがちな風潮があること，他教科に比べて軽んじられていること，読み物の登場人物の心情理解のみに偏った形式的な指導が行われる例があることなど，多くの課題が指摘されてきた[(1)]。

また，いじめ問題に起因して，子供の心身の発達に重大な支障が生じる事案や，尊い命が絶たれるといった痛ましい事案まで生じており，いじめを早い段階で発見し，その芽を摘み取り，一人でも多くの子供を救うことが緊急課題になっていた[(2)]。

このため2014年2月には，文部科学大臣から，道徳教育の充実を図る観点から，教育課程における道徳教育の位置付けや道徳教育の目標，内容，指導方法，評価について検討するよう，中央教育審議会に対して諮問がなされ，同年3月から道徳教育専門部会を設置し，審議を重ね，同年10月に「道徳に係る教育課程の改善等について」答申を行った。

この答申では，

① 道徳の時間を「特別の教科　道徳」（仮称）として位置付けること
② 目標を明確で理解しやすいものに改善すること
③ 道徳教育の目標と「特別の教科　道徳」（仮称）の目標の関係を明確にすること
④ 道徳の内容をより発達の段階を踏まえた体系的なものに改善すること
⑤ 多様で効果的な道徳教育の指導方法へと改善すること
⑥ 「特別の教科　道徳」（仮称）に検定教科書を導入すること
⑦ 一人一人のよさを伸ばし，成長を促すための評価を充実すること

などを基本的な考え方として，道徳教育について学習指導要領の改善の方向性が示された[(3)]。

この答申を踏まえ，2015年3月27日に学校教育法施行規則を改正し，「道徳」を「特別の教科である道徳」とするとともに，小学校学習指導要領，中学校学習指導要領及び特別支援学校小学部・中学部学習指導要領の一部改正の告示を公示した。

(2) 改訂の趣旨

今回の改正は，いじめ問題への対応の充実や発達段階をより一層踏まえた体系的なものにする観点からの内容の改善，問題解決的な学習を取り入れるなどの指導方法の工夫を図ることなどを示したものであった。このことにより，「特定の価値を押し付けたり，主体性をもたず言われるままに行動するよう指導したりすることは，道徳教育が目指す方向の対極にあるものと言わなければならない」等との答申を踏まえ，発達の段階に応じ，答えが一つでない道徳的な課題を一人一人の児童生徒が自分自身の問題と捉え，向き合う「考える道徳」，「議論する道徳」へと転換を図るものであった[(4)]。

(3) 改訂の基本方針と要点

これまでの道徳の時間を要として学校の教育活動全体を通じて行うという道徳教育の基本的な考え方を今後も引き継ぐこととし，道徳の時間を教育課程上「特別の教科　道徳」（以下「道徳科」という）として新たに位置づけた。そして，道徳科を要として道徳教育の趣旨を踏まえた効果的な指導を学校の教育活動全体を通じてより確実に展開することができるよう，道徳教育

の目標等をよりわかりやすい表現で示すなど，教育課程の改善を図った。[5]

①道徳科の目標

> 第１章総則の第１の２の（2）に示す道徳教育の目標に基づき，よりよく生きるための基盤となる道徳性を養うため，道徳的諸価値についての理解を基に，自己を見つめ，物事を（中学校「広い視野から」追記）多面的・多角的に考え，自己の生き方（中学校「人間としての生き方」）についての考えを深める学習を通して，道徳的な判断力，心情，実践意欲と態度を育てる。
>
> （小・中学校学習指導要領〔「第３章　特別の教科　道徳」の「第１　目標」〕）

道徳科の目標を「よりよく生きるための基盤となる道徳性を養う」として，学校教育全体を通じて行う道徳教育の目標と同一であることが分かりやすい表現にした。また，従前の「道徳的実践力を育成する」ことを，具体的に「道徳的な判断力，心情，実践意欲と態度を育てる」と改めるなどの改善が行われた。

道徳性とは，人間としてよりよく生きようとする人格的特性であり，道徳性を構成する諸様相である道徳的判断力，道徳的心情，道徳的実践意欲と態度を養うことを求めている。[6]

- 道徳的判断力とは，それぞれの場面において，善悪を判断する能力
- 道徳的心情とは，道徳的価値の大切さを感じ取り，善を行うことを喜び，悪を憎む感情
- 道徳的実践意欲とは，道徳的判断力や道徳的心情を基盤として道徳的価値を実現しようとする意志の働き
- 道徳的態度とは，それらに裏付けられた具体的な道徳的行為への身構え

②道徳科の内容

道徳科の内容は，教師と児童生徒が人間としてのよりよい生き方を求め，共に考え，共に語り合い，その実行に努めるための共通の課題である。そして，学校の教育活動全体の中で，様々な場や機会を捉え，多様な方法によって進められる学習を通して，児童生徒自らが調和的な道徳性を養うためのも

のである。

内容の示し方については，いじめ問題への対応の充実や発達の段階をより一層踏まえた体系的なものに改善された。

新たに追加された内容項目（小学校）は，第１・２学年「個性の伸長」「公正，公平，社会正義」「国際理解，国際親善」，第３・４学年「相互理解，寛容」「公正，公平，社会正義」，第５・６学年「よりよく生きる喜び」である。

内容項目のまとまりを示していた視点は，従前通り四つの視点によって構成し，児童生徒にとっての対象の広がりに即して，整理し順序を改められた。

A　主として自分自身に関すること
B　主として人との関わりに関すること
C　主として集団や社会との関わりに関すること
D　主として生命や自然，崇高なものとの関わりに関すること

内容項目は，道徳的価値を含む内容を，短い文章で平易に表現したものであり，内容項目ごとにその内容を端的に表す言葉が付記された。

2　これからの「特別の教科 道徳」（道徳科）教育に求められること

(1) カリキュラム・マネジメントによる道徳教育の推進

学習指導要領改訂の基本方針の一つが，「社会に開かれた教育課程」の実現である。そのためには，カリキュラム・マネジメントの取組が重要となる[(7)]。カリキュラム・マネジメントとは，教育課程を編成し，実施し，評価して改善を図る一連のPDCAサイクルを確立させ，発展させることを目指すものである。学校内はもとより，保護者や地域の人々等を巻き込んだ教育課程を中心に学校教育の改善・充実を図る必要がある。

道徳教育及び道徳科においては，児童生徒や学校，地域の実態を適切に把握し，校長の方針の下，重点目標を設定して，全体計画・別葉，年間指導計画を作成し，保護者や地域の人々と連携・協働しながら実施し，評価，改善を図ることが求められる。

(2) 道徳科の特性を生かした学習指導の工夫

道徳科の指導においては，ねらいに含まれる道徳的価値の意味を捉え，自分の経験や感じ方を見つめながら，他者と対話したり，協働しながら，物事を（広い視野から）多面的・多角的に考え，自己の生き方（人間としての生き方）についての自覚を深めていく学習を展開することが必要である。そして，それに応じた学習指導過程や指導方法を工夫することが大切である。道徳科の学習指導過程には，特に決められた形式はないが，一般的には導入，展開，終末の各段階を設定することが広く行われている[8]。

〈道徳科の学習指導過程　例〉

導入：主題に対する児童生徒の興味や関心を高め，学習への意欲を喚起して，児童生徒一人一人のねらいの根底にある道徳的価値や人間としての生き方についての自覚に向けて動機付けを図る段階である。

展開：ねらいを達成するための中心となる段階であり，中心的な教材によって，児童生徒一人一人が，ねらいの根底にある道徳的価値の理解を基に，自己を見つめ，物事を（広い視野から）多面的・多角的に考え，道徳的価値や自己の生き方（人間としての生き方）について自覚を深める段階である。

終末：ねらいの根底にある道徳的価値に対する思いや考えをまとめたり，道徳的価値を実現することの難しさなどを確認して，今後の発展につなげたりする段階である。

(3) 質の高い多様で効果的な指導方法の実施

道徳教育の質的転換を図るためには，単なる生活経験の話し合いや読み物教材の登場人物の心情の読み取りに偏ることなく，学校や児童生徒の実態に応じて，質の高い多様な指導方法を展開することが必要である。

次に示す指導方法は，「「特別の教科 道徳」の指導方法・評価等について」報告において，質の高い多様な指導方法の一例として示されたものである[9]。

〈読み物教材の登場人物への自我関与が中心の学習〉

教材の登場人物の判断や心情を自分との関わりにおいて多面的・多角的に考えることを通し，道徳的諸価値の理解を深めることについて効果的な指導であり，登場人物に自分自身を投影して，その判断や心情を考えることにより，道徳的価値の理解を深めることができる。

〈問題解決的な学習〉

児童生徒一人一人が生きる上で出会う様々な道徳的諸価値に関する問題や課題を主体的に解決するために必要な資質・能力を養うことができる。

問題場面について児童生徒自身の考えの根拠を問う発問や，問題場面を実際の自分に当てはめてみることを促す発問，問題場面における道徳的価値の意味を考えさせる発問などによって，道徳的価値を実現するための資質・能力を養うことができる。

〈道徳的行為に関する体験的な学習〉

役割演技などの体験的な学習を通して，実際の問題場面を実感を伴って理解することを通して，様々な問題や課題を主体的に解決するために必要な資質・能力を養うことができる。

問題場面を実際に体験してみること，また，それに対して自分ならどういう行動をとるかという問題解決のための役割演技を通して，道徳的価値を実現するための資質・能力を養うことができる。

これらの指導方法は，型として決められたものではなく，様々な授業展開が考えられ，例えば読み物教材を活用しつつ問題解決的な学習を取り入れるなど，それぞれの要素を組み合わせた指導を行うことも考えられる。学校や学級の状況などを踏まえ，道徳科の特質を生かすことに効果があると判断した場合は，効果的に活用することが大切である。

(4) 道徳科の評価

①児童生徒の評価の基本的な考え方

次に示す児童生徒の評価の基本的な考え方は，「「特別の教科 道徳」の指導方法・評価について」報告において示されたものの概要である[10]。

・数値による評価ではなく，記述式とすること。

・個々の内容項目ごとではなく，おおくくりなまとまりを踏まえた評価とすること。
・児童生徒がいかに成長したかを受け止めて認め，励ます個人内評価として行うこと。
・学習活動において児童生徒がより多面的・多角的な見方へと展開しているか，道徳的な価値の理解を自分自身との関わりの中で深めているかといった点を重視すること。
・発達障害等のある児童生徒が抱える学習上の困難さの状況等を踏まえた指導及び評価上の配慮を行うこと。
・調査書に記載せず，入学者選抜の合否判定に活用することのないようにすること。

②授業で見取る児童生徒の評価

評価について学習指導要領には，次のように示されている。

> 生徒の学習状況や道徳性に係る成長の様子を継続的に把握し，指導に生かすよう努める必要がある。ただし，数値などによる評価は行わないものとする。
>
> 中学校学習指導要領（「第３章　特別の教科　道徳」の「第３　指導計画の作成の取扱い」の４）

これは，道徳科の評価を行わないとしているのではない。道徳科において養うべき道徳性は，児童生徒の全人格に関わるものであり，数値などによって，不用意に評価してはならないことを特に明記したものである[11]。

道徳科における学習評価は，道徳科の授業における児童生徒の学習状況や道徳性に関わる成長の様子を年間の授業を通して継続的に把握し，指導に生かすことを示している。

道徳科における学習評価にあたっては，道徳科の目標に明記された学習活動に着目し，年間や学期といった一定の期間的なまとまりの中で，児童生徒の学習状況や道徳性に係る成長の様子について，次の２点を重視して把握することが大切である。

・一面的な見方から多面的・多角的な見方へと発展しているか。
・道徳的価値の理解を自分自身との関わりの中で深めているか。

道徳性の評価の基盤には，教師と児童生徒との人格的な触れ合いによる共感的な理解が重要である。そして，児童生徒が自らの成長を実感し，さらに意欲的に取り組もうとするきっかけになるような評価を目指すことが求められている[12]。

3 「特別の教科 道徳」（道徳科）教育の工夫と改善

広島県世羅郡世羅町立甲山中学校（2020年度生徒数120名，学級数6学級）の特色ある取組を紹介する（図1）。2019年度より「道徳教育改善・充実」総合対策事業メニュー1の指定を受け，道徳科における「主体的・対話的で深い学び」の実現を目指し，発問の工夫や多様な方法を取り入れた指導の工夫などの授業改善を進めてきた。2020年度は，研究主題を「主体的・協働的に，よりよく生きようとする力を育む道徳教育―道徳科を要としたカリキュラム・マネジメントの充実を通して―」とし，道徳科を要としたカリキュラム・マネジメントの充実や全教師参加型の指導体制の確立などに取り組んできた。

甲山中学校の研究は，道徳科を要としたカリキュラム・マネジメントを中核に据えた研究構想により進められている（図2）。

道徳教育推進委員会は，校長の方針の下に道徳教育推進教師を中心として運営され，各部会に対して役割が明確に示されている。

毎週1回，校務運営委員会と兼ねて開催され，年間計画の進捗状況，生徒の様子や授業上の悩み，小学校，保護者，地域との連携などについて協議されている。

このことにより，道徳科の指導の特色がより明確になっている。

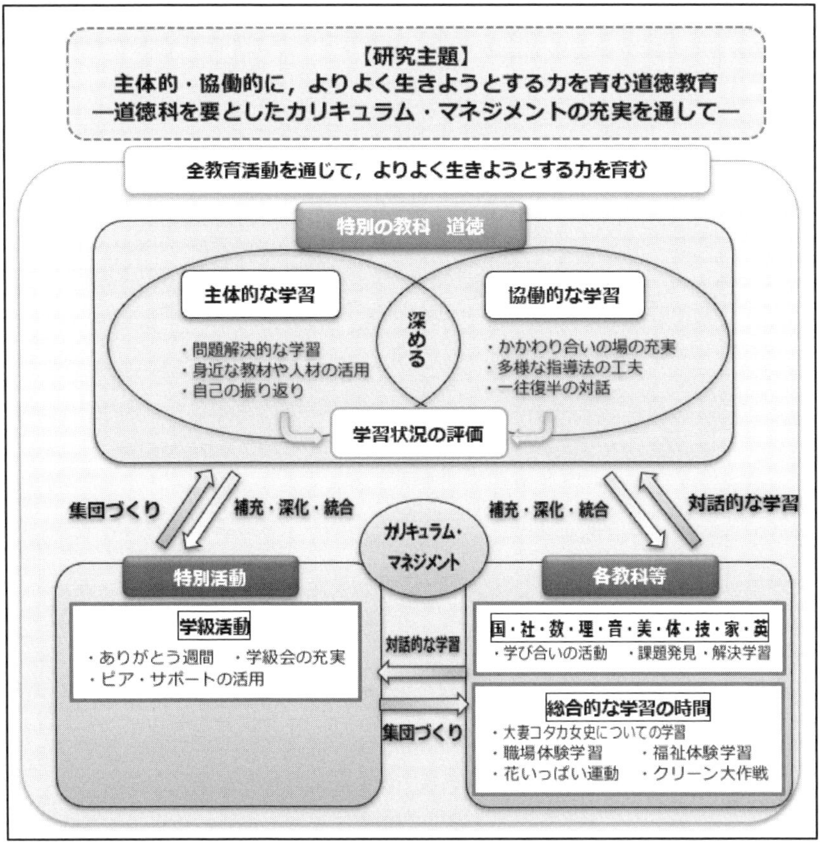

図１　2020年度研究構想図（一部抜粋）

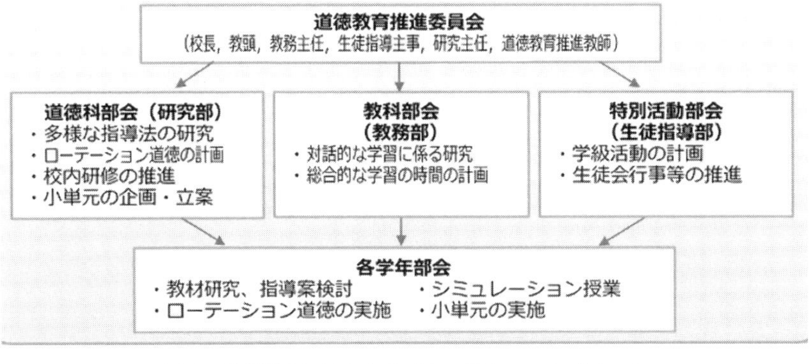

図２　道徳科を要としたカリキュラム・マネジメント

(1) 道徳科を要としたカリキュラム・マネジメントの充実

【道徳教育全体計画(別葉)の工夫改善】

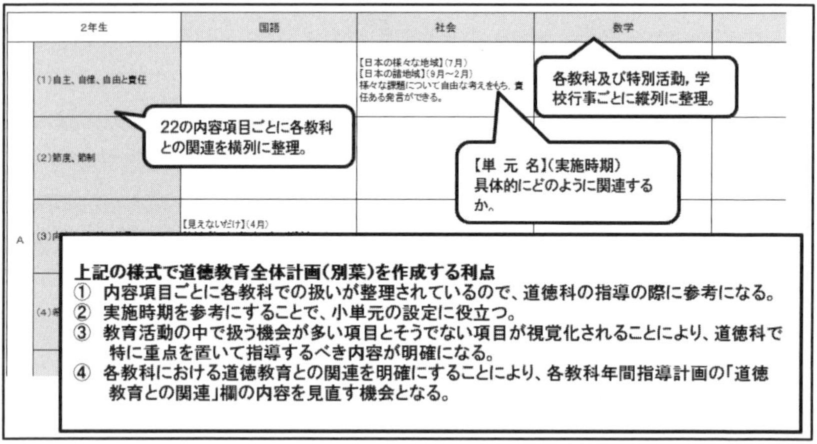

別葉の様式を一新し，日々の授業に生かせるように取り組んでいる。このことにより，日常的に道徳教育の会話が弾むようになり，道徳教育への関心が高まってきている。

各教師は，授業後に問題点や改善点を赤字で別葉に記入し，次年度に生かせるよう工夫している。

(2) 全教師が関わる指導体制の構築

【ローテーション道徳の実施】

複数学級ある学年では，各クラス担任が教材を分担し，クラスを入れ替えて授業を行うこともある。このようにすることで，1つの教材を複数回実践することができ，短いスパンでの授業改善が見込める。

3年A組	T1	T2	教材名
第10週(7/20~)	A組担任	道徳推進教師	「私を支えてくれた言葉」
第11週(7/27~)	B組担任	道徳推進教師	「背筋を伸ばして」
第12週(8/3~)	道徳推進教師	A組担任	「命見つめて」
第13週(8/17~)	副担任	道徳推進教師	「あなたはすごい力で生まれてきた」

時には道徳推進教師があえてT1の役割を担うことにより，授業を通して研究の方向性を示すことができる。その際，T2を担う学級担任にとっては生徒の学習状況を客観的に見取るチャンスとなる。

副担任もローテーションに組み込むことで，道徳科の授業研究が全職員で推進するものになる。(ただし，副担任への負担も考え，定期的に組み込むことはしない)

年間指導計画を基に年間4週分程度の実施計画が作成されている。このことにより，すべての教師が道徳科の授業に直接関わることになり，学校全体の意識の高まりと授業力向上につながっている。特に，初任者や副担任の道徳科の授業力向上に効果的である。

(3)「主体的・対話的で深い学び」を促す指導方法の工夫改善

【①主題分析シートを用いた授業づくりの工夫】

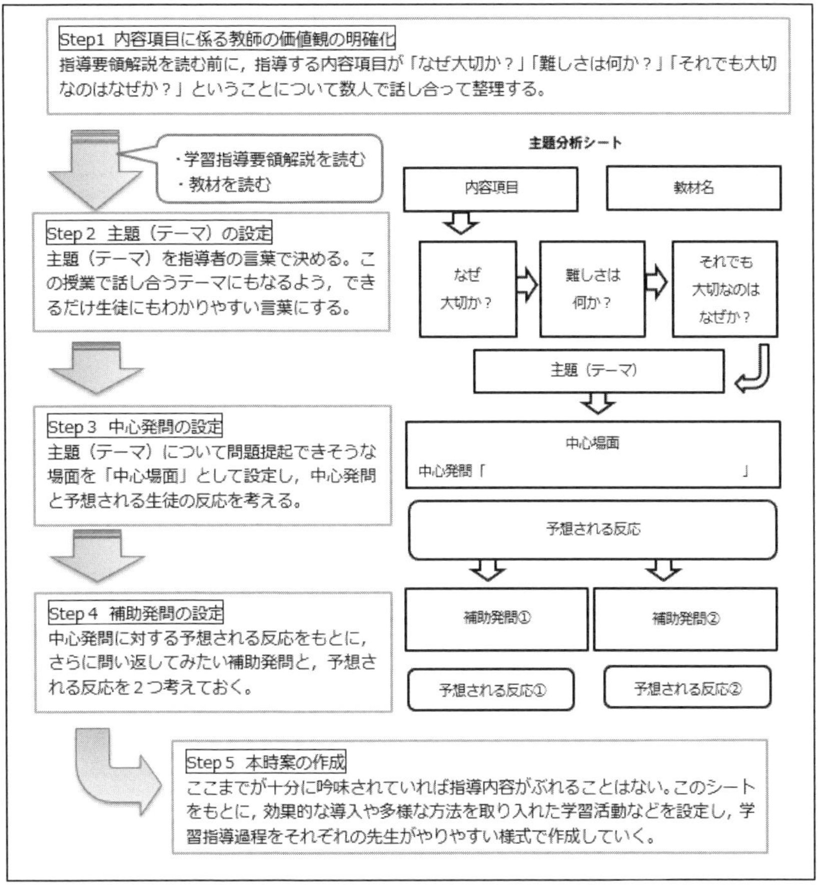

主題分析シート活用のポイントは，Step 1を十分に議論することである。このことにより，ねらいとする道徳的価値について教師の理解が深まり，質の高い中心発問につながる。そして，教師が補助発問を具体的に考えることにより，生徒の持っている価値観をゆさぶり，納得と発見のある深い学びに

導くことができる。

【② p 4 c《ピー・フォー・シー》（philosophy for children）「子どものための哲学」】

p4cのルール

①コミュニティーボールを持っている人だけが話せる。
②意見を聞いてみたい相手やまだ発言していない人にボールを渡す。
③考えがうかばないときや話したくないときは，パスができる。

過去のテーマの例

「世界平和を実現するためには？」

「人間の命とはどんなものか？」

教師は基本的に介入しないが，対話が円滑に進むよう活動を見守ったり，対話が停滞した時に新たな視点から問いを投げかけたりするなどの役割を担う。

英語の名称の頭文字を取って，p4c（ピー・フォー・シー）と呼ぶ（4はforを遊び心豊かに読み替えたもの）。対話を通して哲学的に問いを深めていく取組である。まず円座になり，疑問を出し合い，その中から一つの問いを選んでみんなで考える。自分たちで考えた共通の問いなので議論への意識は高まる。また，考えがうかばないときはパスができ，リラックスした中で進めることができる。抽象的な問いを議論する手法の一つとして実践されている。

【③役割演技】

グループで役割分担をする。場合によっては，役割を入れ替えながら何度か行う。

代表者の演技を全体で発表する。見ている生徒に感想を聞きながら，道徳的価値に迫っていく。

各場面でセリフを考え，実際にやることにより登場人物の心情に実感をもって迫ることができる。そして，相手の反応などから教材を読むだけでは難しい自分自身との関わりや多面的・多角的に考えることができる。また，代表者の演技を見ることにより共有化が図られている。この手法は，発達段階や個人差を把握しながら中学校３年間計画的に実施されている。

（4）道徳科の学びを実生活に生かすための工夫

【掲示物「道徳のあしあと」】

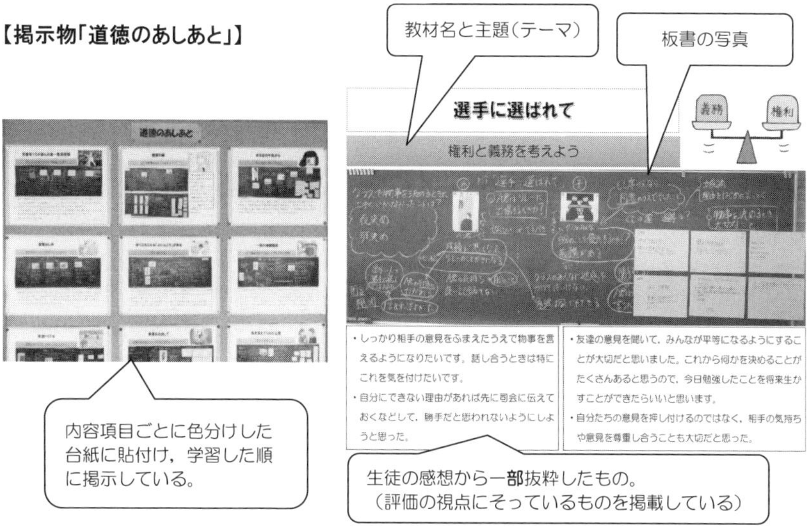

「道徳のあしあと」は，教師と生徒の年間を通した成果物であり，学校全体の一体感を高める役割を果たしている。教師にとっては，他の授業の様子や生徒の振り返りを知ることができ，授業づくりの契機となっている。生徒にとっては，感想が掲載されることにより，道徳科への学習意欲の高まりにつながっている。また，このことを通して小学校や家庭，地域社会の理解と協力を得ている。

（堀江　信之）

〈注〉

（1）文部科学省（2017）『中学校学習指導要領解説　特別の教科 道徳編』，pp.1－2

（2）教育再生実行会議（2013）『いじめの問題等への対応について（第一次提言）』，p.1.

（3）中央教育審議会（2014）『道徳に係る教育課程の改善等について（答申）』，pp.5－17.

（4）文部科学省（2017）『中学校学習指導要領解説　特別の教科 道徳編』，p.2.

（5）同書，pp.3－4.

（6）同書，pp.17－18.

（7）文部科学省（2017）『中学校学習指導要領』，p.20.

(8) 文部科学省（2017）『中学校学習指導要領解説　特別の教科 道徳編』，pp.80－81.

(9) 道徳教育に係る評価等の在り方に関する専門家会議（2016）『「特別の教科 道徳」の指導方法・評価等について（報告）』，p.6，及び別紙 1。

(10) 同書，pp.9－16.

(11) 文部科学省（2017）『中学校学習指導要領解説　特別の教科 道徳編』，p.110.

(12) 中央教育審議会（2014）『道徳に係る教育課程の改善等について（答申）』，p.16.

〈参考文献〉

竹田敏彦監修・編，中島正明・角谷昌則編（2019）『道徳科を要とする道徳教育の理論と実践』ナカニシヤ出版。

竹田敏彦監修・編，植田和也ほか編（2020）『いじめはなぜなくならないのか』ナカニシヤ出版。

七條正典・植田和也編著（2016）『道徳教育に求められるリーダーシップ』美巧社。

永田繁雄監修「道徳教育」編集部編（2017）『平成 29 年度版学習指導要領の改訂のポイント　小学校・中学校　特別の教科 道徳』明治図書。

押谷由夫編著（2018）『平成 29 年度改訂中学校教育課程実践講座　特別の教科 道徳』ぎょうせい。

豊田光世著（2020）『p4c の授業デザイン――共に考える探求と対話の時間の作り方』明治図書。

第 6 章

これからの教科等指導に求められるもの（5）

――特別活動の理論と実践から

1　新学習指導要領「特別活動編」の改訂の趣旨及び要点

文部科学省は，『中学校学習指導要領（平成 29 年告示）解説　特別活動編』（平成 29 年 7 月）の中で，「特別活動編」の改訂の趣旨及び要点について次のように示している[1]（傍点は竹田による）。

> (1) 改訂の趣旨
>
> 中央教育審議会答申において，学習指導要領等改訂の基本的な方向性が示されるとともに，各教科等における改訂の具体的な方向性も示されている。今回の特別活動の改訂は，これらを踏まえて行われたものである。
>
> ①特別活動の成果と課題
>
> 特別活動は，学級活動，生徒会活動・児童会活動，クラブ活動，学校行事から構成され，それぞれ構成の異なる集団での活動を通して，児童生徒が学校生活を送る上での基盤となる力や社会で生きて働く力を育む活動として機能してきた。協働性や異質なものを認め合う土壌を育むなど，生活集団，学習集団として機能するための基盤となるとともに，集団への所属感，連帯感を育み，それが学級文化，学校文化の醸成へとつながり，各学校の特色ある教育活動の展開を可能としている。

一方で，更なる充実が期待される今後の課題としては，以下のような点が挙げられる。

（特別活動において育成を目指す資質・能力の視点）

特別活動は「なすことによって学ぶ」ことを方法原理とし，各学校において特色ある取組が進められているが，各活動・学校行事において身に付けるべき資質・能力は何なのか，どのような学習過程を経ることにより資質・能力の向上につなげるのかということが必ずしも意識されないまま指導が行われてきたという実態も見られる。特別活動が各教科等の学びの基盤となるという面もあり，教育課程全体における特別活動の役割や機能も明らかにする必要がある。

（内容の示し方の視点）

内容や指導のプロセスの構造的な整理が必ずしもなされておらず，各活動等の関係性や意義，役割の整理が十分でないまま実践が行われてきたという実態も見られる。

（複雑で変化の激しい社会の中で求められる能力を育成するという視点）

社会参画の意識の低さが課題となる中で，自治的能力を育むことがこれまで以上に求められていること，キャリア教育を学校教育全体で進めていく中で特別活動が果たす役割への期待が大きいこと，防災を含む安全教育や体験活動など，社会の変化や要請も視野に入れ，各教科等の学習と関連付けながら，特別活動において育成を目指す資質・能力を示す必要がある。

②改訂の基本的な方向性

・　特別活動は，様々な構成の集団から学校生活を捉え，課題の発見や解決を行い，よりよい集団や学校生活を目指して様々に行われる活動の総体である。その活動の範囲は学年，学校段階が上がるにつれて広がりをもっていき，そこで育まれた資質・能力は，社会に出た後の様々な集団や人間関係の中で生かされていくことになる。このような特別活動の特質を踏まえ，これまでの目標を整理し，指導する上で重要な視点として「人間関係形成」，「社会参画」，「自己実現」の三つとして整理した。

・　特別活動において育成を目指す資質・能力については，「人間関係形成」，「社会参画」，「自己実現」の三つの視点を踏まえて特別活動の目標及び内容を整理し，学級活動，生徒会活動・児童会活動，クラブ活動，学校行事を通して育成する資質・能力を明確化する。

・　内容については，様々な集団での活動を通して，自治的能力や主権者として積極的に社会参画する力を重視するため，学校や学級の課題を見いだし，よりよく解決するため，話し合って合意形成し実践することや，主体的に組織をつくり，役割分担して協力し合うことの重要性を明確化する。また，小学校から高等学校等までの教育活動全体の中で「基礎的・汎用的能力」を育むというキャリア教育本来の役割を改めて明確にするなど，小・中・高等学校等のつながりを明確にする。

(2) 改訂の要点

①目標の改善

今回の改訂では，各教科等の学びを通して育成することを目指す資質・能力を三つの柱により明確にしつつ，それらを育むに当たり，生徒（児童）がどのような学びの過程を経験することが求められるか，さらには，そうした学びの過程において，質の高い深い学びを実現する観点から，特別活動の特質に応じた物事を捉える視点や考え方（見方・考え方）を働かせることが求められることを示している。

特別活動の目標についても，「人間関係形成」，「社会参画」，「自己実現」という三つの視点を手掛かりとしながら，資質・能力の三つの柱に沿って目標を整理した。そして，そうした資質・能力を育成するための学習の過程として，「様々な集団活動に自主的，実践的に取り組み，互いのよさや可能性を発揮しながら集団や自己の生活上の課題を解決することを通して」資質・能力の育成を目指すこととした。第2章において詳述するように，この学習の過程は，これまでの特別活動の目標において「望ましい集団活動を通して」としてきたことを具体的に示したものである。

そして，特別活動の特質に応じた見方・考え方として，「集団や社会の形成者としての見方・考え方」を働かせることとした。第３章以降において詳述するように，集団や社会の形成者としての見方・考え方は，特別活動と各教科等とが往還的な関係にあることを踏まえて，各教科等における見方・考え方を総合的に働かせて，集団や社会における問題を捉え，よりよい人間関係の形成，よりよい集団生活の構築や社会への参画及び自己の実現に関連付けることとして整理することができる。

②内容構成の改善

特別活動が学級活動，生徒会活動・児童会活動，クラブ活動の各活動及び学校行事から構成されるという大枠の構成に変化はないが，今回の改訂においては，特別活動全体の目標と各活動との関係について，それぞれの活動や学校行事の意義や活動を行う上で必要となることについて理解し，主体的に考えて実践できるように指導することを通して，特別活動の目標に示す資質・能力の育成を目指していくものであることを示した。そのために，従来は項目名だけが示されていた各活動の内容について，それぞれの項目においてどのような過程を通して学ぶのかを端的に示した。

なお，各活動及び学校行事で育成する資質・能力は，それぞれ別個のものではなく，各活動及び学校行事の特質に応じつつ特別活動全体の目標の実現に向けていくものである。このため，告示上，各活動及び行事の目標の中に育成することを目指す資質・能力を三つの柱で示していない。

〔学級活動〕の内容の構成については，小・中・高等学校を通して育成することを目指す資質・能力の観点から，次のように系統性が明確になるよう整理した。

- 小学校の学級活動に「(3) 一人一人のキャリア形成と自己実現」を設け，キャリア教育の視点からの小・中・高等学校等のつながりが明確になるようにした。
- 中学校において，与えられた課題ではなく学級生活における課題を自分たちで見いだして解決に向けて話し合う活動に，小学校の経験を生かして取り組むよう（1）の内容を重視する視点から，

(2)，(3) の項目を整理した。

これにより，学級活動の内容の構成の大枠は小・中学校の系統性が明らかになるよう整理しつつ，それぞれの具体的な内容や示し方は，総則や各教科等の学習内容との関係も踏まえながら，各学校段階に応じたものとした。小学校の学級活動については，前回の改訂では，学年別の内容と共通事項の二つを示していたが，今回の改訂では，内容は各学年共通で示しつつ，学級活動の内容の取扱いにおいて，〔第1学年及び第2学年〕〔第3学年及び第4学年〕〔第5学年及び第6学年〕の各段階で特に配慮すべき事項を示した。

③内容の改善・充実

特別活動全体を通して，自治的能力や主権者として積極的に社会参画する力を育てることを重視し，学級や学校の課題を見いだし，よりよく解決するため話し合って合意形成すること，主体的に組織をつくり役割分担して協力し合うことの重要性を明確にした。

各活動における内容の改善・充実のポイントは次の通りである。

〔学級活動〕

○　小学校段階から学級活動の内容に「(3) 一人一人のキャリア形成と自己実現」を新たに設けた。

○　中学校において「(1) 学級や学校における生活づくりへの参画」の指導の充実を図るため，(2)，(3) の内容を，各項目の関連に配慮して整理した。

○　学習の過程として，「(1) 学級や学校における生活づくりへの参画」については，集団としての合意形成を，「(2) 日常の生活や学習への適応と自己の成長及び健康安全」及び「(3) 一人一人のキャリア形成と自己実現」については，一人一人の意思決定を行うことを示した。

○　総則において，特別活動が学校教育全体を通して行うキャリア教育の要となることが示されたことを踏まえ，キャリア教育に関わる様々な活動に関して，学校，家庭及び地域における学習や生活の見通しを立て，学んだことを振り返りながら，新たな学習や生活への意欲につなげたり，将来の生き方を考えたりする活動を行うこととした。また，その際，生徒が見通しを立てたり振り返ったりするための教材等を活用することとした。

〔生徒会活動・児童会活動〕

○　内容の（1）を「生徒会（児童会）の組織づくりと生徒会活動（児童会活動）の計画や運営」として，生徒（児童）が主体的に組織をつくることを明示した。

○　児童会活動における異年齢集団交流，生徒会活動においてはボランティア活動等の社会参画を重視することとした。

○　小学校では，運営や計画は主として高学年の児童が行うこととしつつ，児童会活動・生徒会活動には，学校の全児童・生徒が主体的に参加できるよう配慮することを示した。

〔クラブ活動〕（小学校のみ）

○　従来に引き続き，同好の異年齢の児童が共通の興味・関心を追求する活動であるとした上で，児童が計画を立てて役割分担し，協力して楽しく活動するものであることを明示した。

〔学校行事〕

○　小学校における自然の中での集団宿泊活動，中学校における職場体験等の体験活動を引き続き重視することとした。

○　健康安全・体育的行事の中で，事件や事故，災害から身を守ることについて明示した。

なお，学級活動（給食の時間を除く。）の標準授業時数は，年間35単位時間とし，生徒会活動及び学校行事については，それらの内容に応じ，年間，学期ごと，月ごと等に適切な時間を充てることについては変更はない。

④学習指導の改善・充実

特別活動の目標の実現のため，学校の教育活動全体の中における特別活動の役割も踏まえて充実を図ることが求められることとして，次のような点を示している。

○　特別活動の深い学びとして，生徒（児童）が集団や社会の形成者としての見方・考え方を働かせ，様々な集団活動に自主的，実践的に取り組む中で，互いのよさや個性，多様な考えを認め合い，等しく合意形成に関わり役割を担うようにすることを重視することとした。

○　小学校・中学校ともに，学級活動における児童生徒の自発的，自治的な活動を中心として，各活動と学校行事を相互に関連付けながら，学級経営の充実を図ることとした。

○　いじめの未然防止等を含めた生徒指導との関連を図ること，学校生活への適応や人間関係の形成などについて，主に集団の場面で必要な指導や援助を行うガイダンスと，個々の児童生徒の多様な実態を踏まえ一人一人が抱える課題に個別に対応した指導を行うカウンセリングの双方の趣旨を踏まえて指導を行うことを示した。

○　異年齢集団による交流を重視するとともに，障害のある幼児児童生徒との交流及び共同学習など多様な他者との交流や対話について充実することを示した。

2　これからの特別活動に求められること

これからの特別活動に求められることとして，上述の **1**（新学習指導要領「特別活動編」の改訂の趣旨及び要点）を踏まえて，次のように整理した。

①教育課程全体における特別活動の役割や機能も明らかにすること。
②内容や指導のプロセスの構造的な整理，各活動等の関係性や意義，役割の整理をして実践を行うこと。
③社会参画の意識を高め，自治的能力を育むこと。
④キャリア教育を学校教育全体で進めていく中で特別活動が果たす役割を明確にすること。
⑤防災を含む安全教育や体験活動など，社会の変化や要請も視野に入れ，各教科等の学習と関連付けながら，特別活動において育成を目指す資質・能力を示すこと。
⑥「人間関係形成」，「社会参画」，「自己実現」の三つの視点を踏まえて特別活動の目標及び内容を整理し，学級活動，生徒会活動（小学校：児童

会活動），（小学校：クラブ活動），学校行事を通して育成する資質・能力を明確化すること。

⑦様々な集団での活動を通して，自治的能力や主権者として積極的に社会参画する力を重視するため，学校や学級の課題を見出し，よりよく解決するため，話し合って合意形成し実践することや，主体的に組織をつくり，役割分担して協力し合うことの重要性を明確化すること。

⑧小学校から高等学校等までの教育活動全体の中で「基礎的・汎用的能力」を育むというキャリア教育本来の役割を改めて明確にするなど，小・中・高等学校等のつながりを明確にすること。

⑨いじめの未然防止等を含めた生徒指導との関連を図ること。

⑩学校生活への適応や人間関係の形成などについて，主に集団の場面で必要な指導や援助を行うガイダンスと，個々の生徒（児童）の多様な実態を踏まえ一人一人が抱える課題に個別に対応した指導を行うカウンセリングの双方の趣旨を踏まえて指導を行うこと。

⑪異年齢集団による交流を重視するとともに，障害のある幼児児童生徒との交流及び共同学習など多様な他者との交流や対話について充実すること。

3　特別活動の工夫と改善

執筆者（竹田）は，大学教授として教職科目「特別活動論（中・高）」を担当している。その講義の一端を示すことによって，特別活動の工夫と改善に迫る。

（1）教職科目「特別活動論（中・高）」の講義の概要

・特別活動の目標を理解し，学級活動（高等学校：ホームルーム活動）・生徒会活動・学校行事における生徒の自主的・実践的な活動，相互作用，集団の運営能力，個性の伸長，自己教育力の育成のための効果的な指導の在り方などを主体的に学ぶことができるような授業を展開する。

・具体的には，特別活動と各教科，道徳科，総合的な学習の時間の関連や，特別活動の全体計画と学級活動・生徒会活動・学校行事の年間指導計画の作成，特別活動における評価の在り方など，特別活動の特質を踏まえた指導に必要な知識や素養を身に付けることを目指す。
・主体的・対話的で深い学び（アクティブ・ラーニング）の手法で授業を展開する。

(2) 教職科目「特別活動論（中・高)」の講義の目標（一般目標)

特別活動は，学校における様々な構成集団による活動を通して，課題を発見・解決しつつ，よりよい集団や学校生活を目指す活動の総体である。

学校教育全体における特別活動の意義を理解し，「人間関係形成」「社会参画」「自己実現」の三つの視点や「チームとしての学校」の視点を持つとともに，学年の違いによる活動の変化，各教科等との往還，地域住民や他校の教職員との連携など，特別活動の特質を踏まえた指導に必要な知識や素養を身に付ける。

①特別活動の意義，目標及び内容を理解する。
②特別活動の指導の在り方を理解する。
＊特別活動の特質：よりよい生活や人間関係を築こうとする自主的，実践的な態度を育てる教育活動（視点――「人間関係形成」「社会参画」「自己実現」)

(3) 教職科目「特別活動論（中・高)」の講義の目標（到達目標)

①学習指導要領における特別活動の目標及び主な内容を理解している。
②教育課程における特別活動の位置付けと各教科等との関連を理解している。
③学級活動・ホームルーム活動の特質を理解している。
④生徒会活動，学校行事の特質を理解している。
⑤教育課程全体で取り組む特別活動の指導の在り方を理解している。
⑥特別活動における取組の評価・改善活動の重要性を理解している。

⑦合意形成に向けた話し合い活動，意思決定につながる指導及び集団活動の意義や指導の在り方を例示することができる。

⑧特別活動における家庭・地域住民や関係機関との連携の在り方を理解している。

(4) 教職科目「特別活動論（中・高）」の講義の実際

執筆者（竹田）が安田女子大学で担当した2020年度の特別活動論（中・高）［3年次生・後期・2単位（30時間）・必修］の一端を紹介する。

①授業の計画（講義内容）

特別活動論（中・高）の講義を90分授業×15回で計画・実施した。15回分の講義内容は表1のとおりである。文部科学省『中学校学習指導要領（平成29年告示）解説　特別活動編』（平成29年7月）をベースに授業計画を試みた。そのうち，第7回と第13回に小テスト，第15回に期末試験を含めた。ポイントは，「特別活動の目標と学級活動・生徒会活動・学校行事の目標の関連」，「特別活動の内容相互の関連，特別活動と各教科・道徳科・総合的な学習の時間の関連」，「特別活動の全体計画と学級活動・生徒会活動・学校行事の年間指導計画の作成」，「学級活動・生徒会活動・学校行事の取扱」である（表1）。

②第2回講義から

第2回講義のテーマは「特別活動の目標」である。ここではその内容の一部である「望ましい集団活動の展開と集団の育成」について取り上げた。特別活動の内容には，「学級活動」「生徒会活動」「学校行事」があり，特別活動ならではの「集団活動」や「体験的な活動」によって，望ましい集団を形成していくことになる（図1）。

③第3回講義から

第3回講義のテーマは「特別活動の目標と学級活動・生徒会活動・学校行事の目標の関連」である。ここではその内容の一部である「特別活動の目標と各活動・学校行事の目標の関連」について取り上げた。特別活動の全体の目標と学級活動・生徒会活動・学校行事の目標との関連や相互の関連に着目させ，共通点や異なる点を明確にさせることから，相互の関連の意味や意義を捉えさせることとした（図2）。

表１　授業の計画（講義内容）

回	講義内容	回	講義内容
1	オリエンテーション 特別活動改訂の趣旨と要点	9	特別活動の全体計画と学級活動・生徒会活動・学校行事の年間指導計画の作成
2	特別活動の目標	10	生徒指導の三機能を生かす教育相談の適切な計画・実施
3	特別活動の目標と学級活動・生徒会活動・学校行事の目標の関連	11	ガイダンス機能の充実，道徳科などとの関連
4	特別活動の基本的な性格と教育的意義	12	学級活動・生徒会活動・学校行事の取扱
5	特別活動の内容相互の関連，特別活動と各教科・道徳科・総合的な学習の時間の関連	13	入学式や卒業式等における国旗及び国歌の取扱い 小テスト②
6	学級活動の目標・内容・指導計画・内容の取扱	14	特別活動の指導を担当する教師，特別活動における評価　アンケート
7	生徒会活動の目標・内容・指導計画・内容の取扱　小テスト①	15	生徒の心に響き，心を耕す特別活動の創造，まとめ
8	学校行事の目標・内容・指導計画・内容の取扱		期末試験（第 15 回の授業の後半で実施。60 分程度。）

④第４回講義から

第４回講義のテーマは「特別活動の基本的な性格と教育的意義」である。ここではその内容の一部である「「いじめ」などの問題行動への対応」について取り上げた。学級活動の実際として，「いじめ」を議題とした議論を展開するにあたっての配慮事項を示した（図３）。

⑤第６回講義から

第６回講義のテーマは「学級活動の目標・内容・指導計画・内容の取扱」である。ここではその内容の一部である「学級活動の指導計画」について取り上げた。特別活動の特質でもある「生徒の自主的・実践的な活動」の実際として，「学級活動における生徒の活動計画」を示した（図４）。

⑥第７回講義から

第７回講義のテーマは「生徒会活動の目標・内容・指導計画・内容の取扱」である。ここではその内容の一部である「生徒会活動の目標」について取り上げた。生徒会活動は学年，学級を越えてすべての生徒から構成される集団での活動であり，異年齢の生徒同士で協力したり，よりよく交流したり，協働して目標の実現をしたりする活動であることを示した。（　）は，学生に

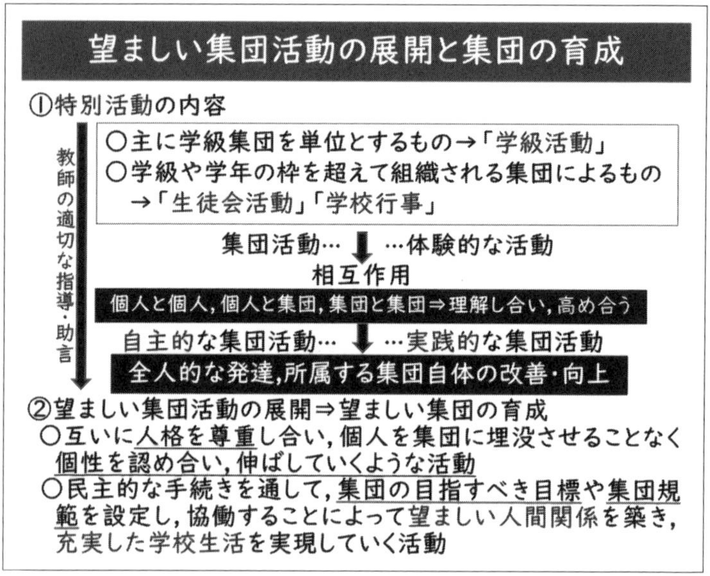

図１　第２回講義の内容から

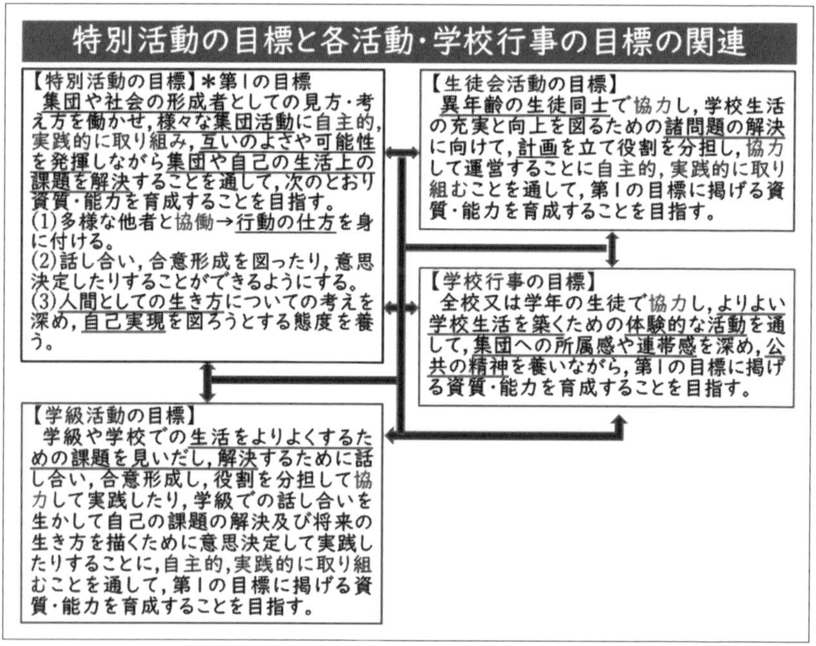

図２　第３回講義の内容から

「いじめ」などの問題行動への対応

【学級活動の目標】

学級活動を通して，望ましい人間関係を形成し，集団の一員として学級や学校におけるよりよい生活づくりに参画し，諸問題を解決しようとする自主的，実践的な態度や健全な生活態度を育てる。

【学級活動の実際】

<議題>

「いじめなどの問題行動にどのように対応すればよいと思いますか。」＊自己決定(判断)→グループトーク→クラストーク

○生徒の肯定的な感情を大切にする。

☆否定的な感情を行動や態度で表すことは許されないことだと指導する。

☆いじめられている生徒を優先的に守る。

○学級担任だけでは問題を解決することができない。

☆先輩や同僚の先生の協力を得ながら，積極的に見守る。

☆保護者や地域社会との連携が欠かせない。

○「学校は楽しいところ」と思わせることができるようにする。

☆一人の生徒もいじめられないような学級づくりをする。

図３　第４回講義の内容から

学級活動の指導計画⑥

□生徒の活動計画に示す内容

＊教師の適切な指導の下に生徒が作成する

○議題

○計画委員会の役割分担

○提案理由や話し合いのめあて

○決まっていること

○話し合いの順序

○気を付けること

○準備

①はじめのことば
②計画委員の紹介
③議題の確認
④提案理由やめあての確認
⑤決まっていることの確認
⑥話し合い
⑦決まったことの発表
⑧振り返り
⑨先生の話
⑩おわりのことば

図４　第６回講義の内容から

生徒会活動の目標①

＊中学校学習指導要領 第5章の第2の〔生徒会活動〕の1「目標」
＊中学校学習指導要領解説 特別活動編 第3章 各活動・学校行事の目標と内容 第2節 生徒会活動 1 生徒会活動の目標

異年齢の生徒同士で協力し，学校生活の充実と向上を図るための諸問題の解決に向けて，計画を立て役割を分担し，協力して運営することに自主的，実践的に取り組むことを通して，第1の目標に掲げる資質・能力を育成することを目指す。

○生徒会活動は，全校の生徒をもって組織する生徒会において，学校における自分たちの生活の充実・発展や学校生活の改善・向上を目指すために，生徒の立場から自発的，(　　　)的に行われる活動である。＊「生徒の生徒による生徒のための生徒会」
○生徒会活動は学年，学級を越えて全ての生徒から構成される集団での活動であり，異年齢の生徒同士で協力したり，よりよく交流したり，協働して目標の実現をしたりしようとする活動である。

図５　第７回講義の内容から

学校行事の目標

＊学習指導要領第5章の第2の〔学校行事〕の1「目標」
全校又は学年の生徒で協力し，よりよい学校生活を築くための体験的な活動を通して，集団への〔　　〕感や連帯感を深め，【　　】の精神を養いながら，第1の目標(特別活動の目標)に掲げる資質・能力を育成することを目指す。

○学校行事において育成する資質・能力
☆学校行事のねらいや内容に即した行動の仕方や習慣を身に付ける。
☆集団や社会の形成者としての自覚をもって多様な他者と尊重し合いながら協働し，【　　】の精神を養い，よりよい生活をつくろうとする態度を養う。
☆学校行事の意義を十分に理解した上で，各学校行事の特質や生徒の実態に応じて，生徒の自主的，実践的な活動を助長することが大切である。

図６　第８回講義の内容から

考えさせたい事項であることから，意図的に空欄にした（図5）。

⑦第８回講義から

第８回講義のテーマは「学校行事の目標・内容・指導計画・内容の取扱」である。ここではその内容の一部である「学校行事の目標」について取り上げた。学習指導要領第５章第２の１で示された学校行事の目標から，学校行事において育成する資質・能力を明確にした。〔　〕【　】は，学生に考えさせたい事項であることから，意図的に空欄にした（図6）。

(5) 特別活動の教育的意義・効果

特別活動は，「学級活動」「生徒会活動」「学校行事」を内容とし，生徒の自主的・実践的な活動を通して，望ましい集団を育成することにある。その際，教師や学校の適切な指導・援助が必要であることはいうまでもない。児童生徒の自主的・実践的な活動や自発的・自治的な活動と教師や学校の指導・援助のバランスが問われているのである。

児童生徒にふさわしい教師・学校であることが，特別活動においても大切にされなければならない。「グローバル化に対応した教職」のありようは，児童生徒をどんな人間に育てたいのかに大きく関わっている。特別活動で育成すべき力と教師が身に付けていなければならない資質・能力は表裏一体の関係にある。そのことを意図した特別活動の指導・援助が不可欠である。

（竹田　敏彦）

〈注〉

(1)　文部科学省『中学校学習指導要領（平成29年告示）解説　特別活動編』，pp.1－10.

〈参考文献〉

渡部邦雄・緑川哲夫・桑原憲一編著（2018）『新学習指導要領準拠　特別活動指導法　改訂版』日本文教出版。

第7章

これからの教科等指導に求められるもの（6）

――総合的な学習の時間の理論と実践から

1　新学習指導要領「総合的な学習の時間編」の改訂の趣旨及び要点

文部科学省は，『中学校学習指導要領（平成29年告示）解説　総合的な学習の時間編』（平成29年7月）の中で，「総合的な学習の時間」の改訂の趣旨及び要点について次のように示している[1]（傍点は竹田による）。

> (1) 改訂の趣旨
>
> 中央教育審議会答申において，学習指導要領等改訂の基本的な方向性が示されるとともに，各教科等における改訂の具体的な方向性も示された。今回の総合的な学習の時間の改訂は，これらを踏まえて行われたものである。
>
> 総合的な学習の時間は，学校が地域や学校，児童生徒の実態等に応じて，教科等の枠を超えた横断的・総合的な学習とすることと同時に，探究的な学習や協働的な学習とすることが重要であるとしてきた。特に，探究的な学習を実現するため，「①課題の設定→②情報の収集→③整理・分析→④まとめ・表現」の探究のプロセスを明示し，学習活動を発展的に繰り返していくことを重視してきた。全国学力・学習状況調査の分析等において，総合的な学習の時間で探究のプロセスを意識した学習活動に取り組んでいる児童生徒ほど各教科の正答率が高い傾向にあること，探究的な学習活動に取り組んでいる児童生徒の割合が増えていることな

どが明らかになっている。また，総合的な学習の時間の役割はOECDが実施する生徒の学習到達度調査（PISA）における好成績につながったことのみならず，学習の姿勢の改善に大きく貢献するものとしてOECDをはじめ国際的に高く評価されている。

その上で，課題と更なる期待として，以下の点が示された。

・　総合的な学習の時間を通してどのような資質・能力を育成するのかということや，総合的な学習の時間と各教科等との関連を明らかにするということについては学校により差がある。これまで以上に総合的な学習の時間と各教科等の相互の関わりを意識しながら，学校全体で育てたい資質・能力に対応したカリキュラム・マネジメントが行われるようにすることが求められている。

・　探究のプロセスの中でも「整理・分析」，「まとめ・表現」に対する取組が十分ではないという課題がある。探究のプロセスを通じた一人一人の資質・能力の向上をより一層意識することが求められる。

(2) 改訂の要点

①　改訂の基本的な考え方

・　総合的な学習の時間においては，探究的な学習の過程を一層重視し，各教科等で育成する資質・能力を相互に関連付け，実社会・実生活において活用できるものとするとともに，各教科等を越えた学習の基盤となる資質・能力を育成する。

②　目標の改善

・　総合的な学習の時間の目標は，「探究的な見方・考え方」を働かせ，横断的・総合的な学習を行うことを通して，よりよく課題を解決し，自己の生き方を考えていくための資質・能力を育成することを目指すものであることを明確化した。

・　教科等横断的なカリキュラム・マネジメントの軸となるよう，各学校が総合的な学習の時間の目標を設定するに当たっては，各学校における教育目標を踏まえて設定することを示した。

③　学習内容，学習指導の改善・充実

・　各学校は総合的な学習の時間の目標を実現するにふさわしい探究課題を設定するとともに，探究課題の解決を通して育成を目指す具体的な資質・能力を設定するよう改善した。

・　探究的な学習の中で，各教科等で育成する資質・能力を相互に関連付け，実社会・実生活の中で総合的に活用できるものとなるよう改善した。

・　教科等を越えた全ての学習の基盤となる資質・能力を育成するため，課題を探究する中で，協働して課題を解決しようとする学習活動や，言語により分析し，まとめたり表現したりする学習活動（比較する，分類する，関連付けるなどの，「考えるための技法」を活用する），コンピュータ等を活用して，情報を収集・整理・発信する学習活動（情報や情報手段を主体的に選択，活用できるようにすることを含む）が行われるように示した。

・　自然体験やボランティア活動などの体験活動，地域の教材や学習環境を積極的に取り入れること等は引き続き重視することを示した。

2　これからの総合的な学習の時間に求められること

執筆者（竹田）は，上述の **1**（新学習指導要領「総合的な学習の時間編」の改訂の趣旨及び要点）を踏まえて，これからの総合的な学習の時間に求められることについて次のように整理した。

①総合的な学習の時間と各教科等の相互の関わりを意識しながら，学校全体で育てたい資質・能力に対応したカリキュラム・マネジメントが行われるようにすること。

②探究のプロセスを通じた一人ひとりの資質・能力の向上をよりいっそう意識すること。

・探究のプロセスの中でも「整理・分析」，「まとめ・表現」に対する取組が十分ではないという課題がある。

・総合的な学習の時間においては，探究的な学習の過程をいっそう重視し，各教科等で育成する資質・能力を相互に関連付け，実社会・実生活において活用できるものとする。

③教科等を越えたすべての学習の基盤となる資質・能力を育成すること。

④自然体験やボランティア活動などの体験活動，地域の教材や学習環境を積極的に取り入れること等は引き続き重視すること。

3　総合的な学習の時間の工夫と改善

総合的な学習の時間の工夫と改善のためには，まず，「総合的な学習の時間の目標」を達成するための取組が大切にされなければならない。文部科学省は，『中学校学習指導要領（平成29年告示）解説　総合的な学習の時間編』の中で，「総合的な学習の時間の目標」について次のように示している[2]（傍点は竹田による）。

第1　目標

探究的な見方・考え方を働かせ，横断的・総合的な学習を行うことを通して，よりよく課題を解決し，自己の生き方を考えていくための資質・能力を次のとおり育成することを目指す。

(1) 探究的な学習の過程において，課題の解決に必要な知識及び技能を身に付け，課題に関わる概念を形成し，探究的な学習のよさを理解するようにする。

(2) 実社会や実生活の中から問いを見いだし，自分で課題を立て，情報を集め，整理・分析して，まとめ・表現することができるようにする。

(3) 探究的な学習に主体的・協働的に取り組むとともに，互いのよさを生かしながら，積極的に社会に参画しようとする態度を養う。

第1の目標は，大きく分けて二つの要素で構成されている。

一つは，総合的な学習の時間に固有な見方・考え方を働かせて，**横断的・総合的な学習を行うこと**を通して，**よりよく課題を解決し，自己の生き方を考えていくための資質・能力**を育成するという，総合的な学習の時間の特質を踏まえた学習過程の在り方である。もう一つは，(1)，(2)，(3) として示している，総合的な学習の時間を通して育成することを目

> 指す資質・能力である。育成することを目指す資質・能力は，他教科等と同様に，(1)では総合的な学習の時間において育成を目指す「知識及び技能」を，(2)では「思考力，判断力，表現力等」を，(3)では「学びに向かう力，人間性等」を示している。

また文部科学省は，同書の中で，「各学校において定める目標及び内容」ついて次のように示している[3]。

> 第3章　各学校において定める目標及び内容
>
> 各学校は，第1に示された総合的な学習の時間の目標を踏まえて，各学校の総合的な学習の時間の目標や内容を適切に定めて，創意工夫を生かした特色ある教育活動を展開する必要がある。ここに総合的な学習の時間の大きな特質がある。

図1[4]を参照されたい。

「各学校において定める目標及び内容」の設定にあたっては，次の事項に配慮するものとされている[5]（傍点は竹田による）。

> (1) 各学校において定める目標については，各学校における教育目標を踏まえ，総合的な学習の時間を通して育成を目指す資質・能力を示すこと。
>
> (2) 各学校において定める目標及び内容については，他教科等の目標及び内容との違いに留意しつつ，他教科等で育成を目指す資質・能力との関連を重視すること。
>
> (3) 学校において定める目標及び内容については，日常生活や社会との関わりを重視すること。
>
> (4) 各学校において定める内容については，目標を実現するにふさわしい探究課題，探究課題の解決を通して育成を目指す具体的な資質・能力を示すこと。
>
> (5) 目標を実現するにふさわしい探究課題については，学校の実態に応じて，例えば，国際理解，情報，環境，福祉・健康などの現代的な諸課題に対応する横断的・総合的な課題，地域や学校の特色に応じた課

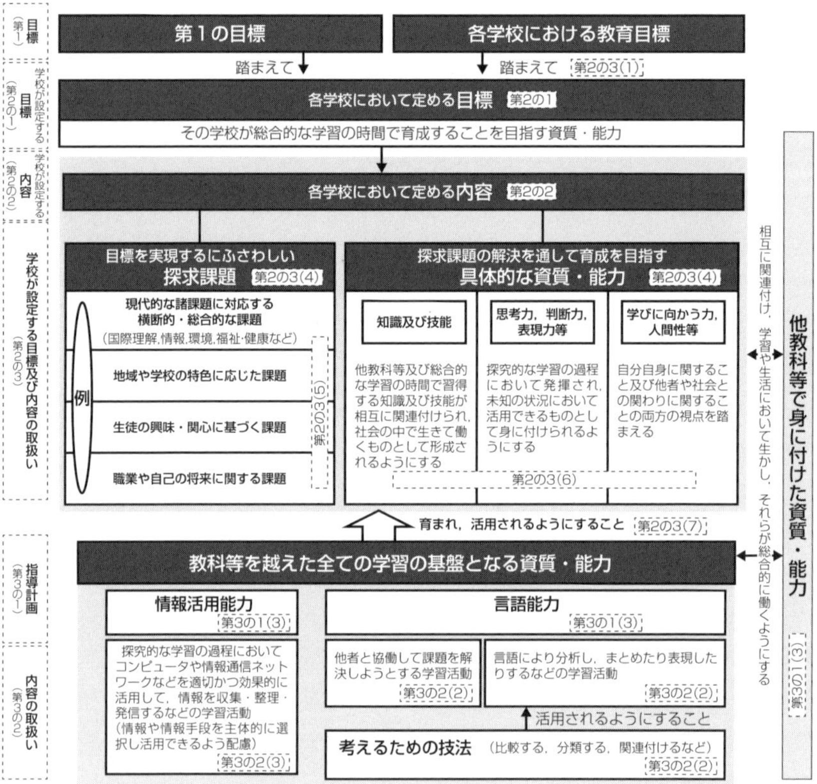

図１　総合的な学習の時間の構造イメージ（中学校）

題，生徒の興味・関心に基づく課題，職業や自己の将来に関する課題などを踏まえて設定すること。

(6) 探究課題の解決を通して育成を目指す具体的な資質・能力については，次の事項に配慮すること。

ア　知識及び技能については，他教科等及び総合的な学習の時間で習得する知識及び技能が相互に関連付けられ，社会の中で生きて働くものとして形成されるようにすること。

イ　思考力，判断力，表現力等については，課題の設定，情報の収集，整理・分析，まとめ・表現などの探究的な学習の過程において発揮され，未知の状況において活用できるものとして身に付けられるようにすること。

ウ　学びに向かう力，人間性等については，自分自身に関すること及び他者や社会との関わりに関することの両方の視点を踏まえること。

(7) 目標を実現するにふさわしい探究課題及び探究課題の解決を通して育成を目指す具体的な資質・能力については，教科等を越えた全ての学習の基盤となる資質・能力が育まれ，活用されるものとなるよう配慮すること。

総合的な学習の時間の工夫と改善のためには，「指導計画の作成と内容の取扱い」に留意する必要がある。文部科学省は，『中学校学習指導要領（平成29年告示）解説　総合的な学習の時間編』の中で，「指導計画の作成と内容の取扱い」について次のような配慮事項を示している[6]（傍点は竹田による）。

1　指導計画の作成に当たっては，次の事項に配慮するものとする。

(1) 年間や，単元など内容や時間のまとまりを見通して，その中で育む資質・能力の育成に向けて，生徒の主体的・対話的で深い学びの実現を図るようにすること。その際，生徒や学校，地域の実態等に応じて，生徒が探究的な見方・考え方を働かせ，教科等の枠を超えた横断的・総合的な学習や生徒の興味・関心等に基づく学習を行うなど創意工夫を生かした教育活動の充実を図ること。

(2) 全体計画及び年間指導計画の作成に当たっては，学校における全教育活動との関連の下に，目標及び内容，学習活動，指導方法や指導体制，学習の評価の計画などを示すこと。その際，小学校における総合的な学習の時間の取組を踏まえること。

(3) 他教科等及び総合的な学習の時間で身に付けた資質・能力を相互に関連付け，学習や生活において生かし，それらが総合的に働くようにすること。その際，言語能力，情報活用能力など全ての学習の基盤となる資質・能力を重視すること。

（(4)－(7) は省略）

2　第2の内容の取扱いについては，次の事項に配慮するものとする。

(6) グループ学習や異年齢集団による学習などの多様な学習形態，地域の人々の協力も得つつ，全教師が一体となって指導に当たるなど

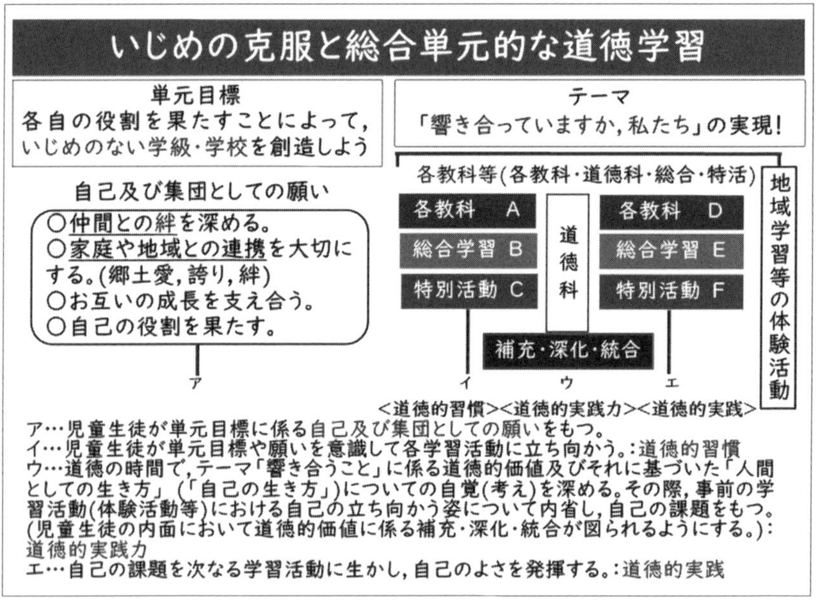

図２　総合単元的な道徳学習の構想

の指導体制について工夫を行うこと。

（(1)－(5)，(7)－(8) は省略）

4　総合的な学習の時間の実際

図２は，総合的な学習の時間を通して取り組んだ「ミュージカル」を要とした「総合単元的な道徳学習の構想」である。この構想は執筆者（竹田）が公立中学校校長のときに作成したものである。校訓の「響き合う」ことを，総合的な学習の時間を要とし，各教科等の有機的な関連を図ることによって追究することとした。

総合単元的な道徳学習とは，道徳科を要とした各教科等（各教科・特別活動・総合的な学習の時間など）の有機的な関連による各教科等横断的・総合的な学習である。

図３（執筆者が作成）は「総合単元的な道徳学習の構想図」である。この

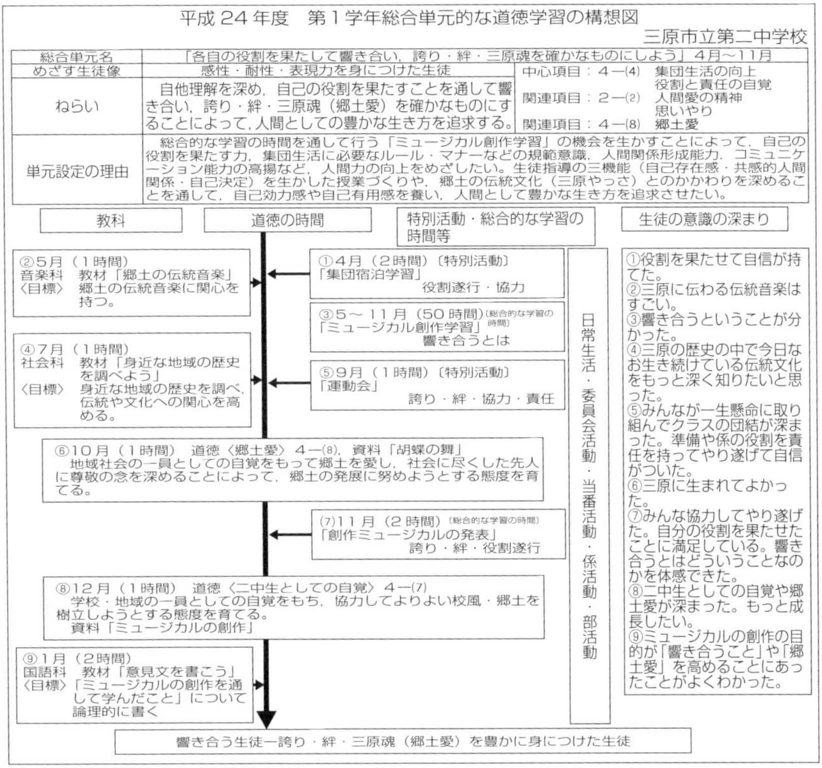

図３　総合単元的な道徳学習の構想図

構想図は，道徳科を道徳教育の要とし，その前後に各教科等（各教科・特別活動・総合的な学習の時間など）を有機的に関連させものであり，「カリキュラム・マネジメント」を意図したものである。そのポイントは，総合的な学習の時間で取り組むミュージカル創作活動と各教科（道徳科を含む），特別活動との接続にある。すなわち，「体験の経験化」（体験の知的加工によって体験の意味・意義を捉えること）である。

上記**１－３**にあげた文部科学省『中学校学習指導要領（平成29年告示）解説　総合的な学習の時間編』（平成29年７月）の事項，とりわけ傍点の部分は，執筆者（竹田）が公立中学校長のときに総合的な学習の時間を通して取り組んだ「ミュージカル教育」に反映されている。

(1) ミュージカル教育の構想

次に示すものは執筆者が公立中学校長として取り組んだ「ミュージカル創作の記録[7]」である。

> 「今日，教育を語るとき，「絆」は欠かせないキーワードとなっている。平成 23 年 3 月 11 日，記憶に止め今後に生かすべき東日本大震災の教訓，人や地域の絆をよりどころとする被災地発の教育モデルはすべての学校，地域において共有されなければならない。」このことは，中国新聞社論説委員の石丸賢氏が，広島県三原市立第二中学校の創作ミュージカルを取材し，2011 年（平成 23 年）9 月 4 日付の朝刊（p.24「解説・評論」）で述べたものであり，「無縁化するコミュニティー，子どもの心をつかみあぐねる学校や家庭〔中略〕。すさむ現実に，誰もが焦る。」ことへの教訓である。
>
> 石丸氏の論説は続く。「総合芸術の一つに数えられるミュージカル。芝居に歌，ダンスで舞台を盛り上げる。照明や効果音，道具作りに加えて宣伝のチラシ作りなど，どの生徒にも「一人一役」の出番と責任を用意する。連帯感を醸すための種まきなのだろう。」「演じ手は地域からも募っている。昨年の公演に感激し，ことしは PTA 会長や民生児童委員も出演する。名前さえ知らなかった生徒と待ち時間におしゃべりが弾む住民たち。「地域で出会えばつい笑顔になる」と互いに感想が出るのは，心の糸がつながりだした証にみえる。」「脚本と配役，音楽にステージ。すべてがそろったとき，ミュージカルの幕は開く。その舞台をコミュニティーに，配役を住民に置き換えて考えられないか，と思う。」「含蓄に富むミュージカル教育の手法は，地域づくりにも十分応用できそうな気がする。」

この石丸氏の論説は，執筆者（竹田）が主宰したミュージカルを，「絆を生む舞台の一体感」と題し，ミュージカル教育として紹介されたものである。執筆者の思いを実に的確に表現している。ミュージカル教育によって，生徒同士の絆や保護者及び地域の皆様との交流が深まり，集団の質や学校力を高めることに成功した。

(2) ミュージカル創作の構想と道徳教育[8]

ミュージカル創作の構想は，中1ギャップの解消や校訓「響き合う二中っ子」の実現を図るべく，「個性の伸長」「人間愛」「人格の尊重」「感謝」「社会連帯」「役割と責任の自覚」「集団生活の向上」「集団の一員としての自覚」「愛校心」「郷土愛」を培うための道徳教育の推進にある。ミュージカル創作のメンバーは，一年生全員と教員，保護者，市民（三原やっさ振興協議会の指導員を含む），そしてプロの脚本家・演出家・声楽家である。このミュージカルは，既成の脚本・演出によってその完成度を高めるものではない。脚本は，プロの脚本家に依頼して，「三原やっさ」の450年の歴史（小早川隆景の三原城の築城祝いとして三原の民衆が踊った「やっさ踊り」）とその当時の民話をベースに，「誇り」「絆」「正義」「誠実」「思いやり」をもって生き抜くことの大切さを描いたものである。そして，プロの演出家による，4月から11月までの8か月にわたる熱き創作のプロセスが続く。このプロセスを経て，生徒たちは最高の舞台（ポポロ〔三原市芸術文化センター〕）に立つ。そして輝く。舞台の表と裏，すべての構成員が主役である。

(3) ミュージカル創作のねらい・目的・意義・効果[9]

このミュージカルは，生徒に校訓の精神ともいえる「響き合うとはどういうことなのか」を早い段階で感得させるねらいがある。そのためには，総合的な学習の時間で創作するミュージカルと道徳科の接続が不可欠である。ミュージカル創作の目的は二つある。一つは創作のメンバーである生徒・教員，保護者・市民，脚本家・演出家・声楽家が創作過程での相互作用(対話)を通して「響き合う」こと，今一つは生徒が三原市の伝統文化との関わりを深め，その後継者としての自覚を高める（「郷土愛」を育む）ことである。ミュージカルは音声表現，言語表現，身体表現を必要とする総合的な芸術である。生徒はそれぞれの役割(キャスト・合唱・舞台美術・大道具・小道具・衣装・音響・映像・照明・広報・ダンス・和楽器・オーケストラ・舞台助監督等）を自覚し，各教科等で習得した知識・技能を活用・探究することを通して，完成を目指す。ミュージカル創作の意義は，生徒が仲間や大人（演出家，キャスト〈保護者・市民〉，三原やっさ振興協議会の指導員，教員など）と切磋琢磨し合うことによって，道徳性・感性・社会力・コミュニケーション能力・論理力（論理的な思考力・判断力・表現力）を身に付けることにあ

図４　ミュージカル「響き合う“やっさ”の青春」：民話の場面

図５　ミュージカル「響き合う“やっさ”の青春」：カーテンコール

る。

生徒は，大人（教師，保護者，地域住民等の市民）との接点を持つことによって成長する。大人も学校に入って生徒理解や学校理解を図ることになる。このように生徒と大人の相互作用を通して，生徒も，教師も，保護者も，市民も道徳性を高めることが可能になる。

ミュージカル教育は各教科等横断的・総合的な学習であり，学校・家庭・地域が一体となったチーム学校としての取組である。**図４**はミュージカル「響き合う“やっさ”の青春」（Part Ⅲ～栄光のトロフィー）（2012 年）の民話の場面（「里の者たちを苦しめる者は容赦しない」と語る小早川隆景。戦の中，動物会議で結束を誓い，身を守ろうとする狼・フクロウ・狐たち），**図５**は同ミュージカルのカーテンコールの場面である。三原市芸術文化センター「ポポロ」に集った三原市民約 800 名の前ですべてのキャストとスタッフが輝いた。

このミュージカル教育を通して，「生徒にふさわしい教師・学校」のありようを追求し，学級→学年→学校→保護者→地域の皆様→市民へとその輪が広がることによって，グローバル化に対応した教職の糸口を捉えることができた。学校文化の創造であり，その重要性，教育的効果である。各教科等横断的・総合的な学習の展開である。　（竹田　敏彦）

〈注〉

（1）　文部科学省（2017）『中学校学習指導要領（平成29年告示）解説　総合的な学習の時間編』，pp.5－7.
（2）　同書，p.8.
（3）　同書，p.18.
（4）　同書，p.18.
（5）　同書，pp.23－34から抜粋。
（6）　同書，pp.35－61から抜粋。
（7）　竹田敏彦監修・編（2020）『いじめはなぜなくならないのか』ナカニシヤ出版，pp.114－115.
（8）　同書，p.115.
（9）　同書，pp.115－116.

〈参考文献〉

竹田敏彦監修・編（2020）『いじめはなぜなくならないのか』ナカニシヤ出版，pp.103－118.
竹田敏彦編著（2016）『なぜ学校での体罰はなくならないのか』ミネルヴァ書房，pp.139－147.

第8章

これからの特別支援教育に求められるもの

1　障害のある幼児児童生徒の自立や社会参加に向けた主体的な取組への支援

(1) 新しい「障害」の考え方

国際生活機能分類（ICF.2002）では，人間の「生活機能と障害」を大きく「身体機能・身体構造」と「活動」と「参加」に分類している。生活機能は，心身構造，活動，参加の機能を表す包括用語である。障害とは，機能障害，活動制限，参加制限のすべての障害を表す包括用語である。また，背景因子として，「環境因子」（生活機能と障害への外的影響）と「個人因子」（生活機能と障害への内的影響）を取り上げた。障害観は，医学モデルから環境モデルさらに機能モデルへと推移している（富永・平賀編著 2009)。医学モデルは，医学的処置により患部を切除するのと同じように，対象者の「悪いところ」を探してそれを切除しようとする。障害は個人の要因によって生じることが多いとされ，障害者の多くは，個人の責任にされてしまう。環境モデルは，個人を取り巻く物理的，社会的環境が障害をもたらし，拡大させると考える。機能モデルは，個人の機能と障害との関係を強調する。例えば，同じ移動障害があっても，営業職のほうが，事務職よりも大きな影響を受ける。同じ障害，程度であっても，個人の機能と環境によって異なる障害経験を持つとする。自立観も自分のことは自分でできるという身辺自立，自分の生活費は自分で稼ぐという経済的自立から，自己決定権をベースにした決定の自立に推移しており，自己決定を可能とするために必要な支援体制を障害者の意見や要望を取り入れて，社会の中に整備することが重要とされる。

(2) 障害児教育から特別支援教育へ

2001年に始まり，2007年4月に法制化された特別支援教育への転換は，場の教育からニーズの教育への転換である。学校に子供を合わせるという考え方から，子供に学校のあり方を合わせることへの転換である。従来の特殊教育では，障害の種類や程度に応じて特別な教育の場を用意していたが，特別支援教育では幼稚園，保育所，小学校，中学校，高等学校，中等学校の通常の学級を含むあらゆる教育の場で，子供一人一人の教育的ニーズに適応した支援を行うことが求められる。特別支援教育への転換が必要とされた背景には，通常の学級に在籍する教育的ニーズが満たされず，学習やクラスに適応が困難な子供の存在があった。一方，従来の特殊教育の対象にもなれずに，通常の学級と特殊教育の谷間にある状態の子供が存在していた。そうした子供たちへの教育が必要とされた。

(3) 特別支援教育の意義と目標

特別支援教育が学校教育法に位置づけられて，平成19年4月1日に施行されたことを受け，文部科学省は「特別支援教育の推進について（通知)」を出している。この通知では，特別支援校育とは，「障害のある幼児児童生徒の自立や社会参加に向けた主体的な取組を支援するという視点に立ち，幼児児童生徒一人一人の教育的ニーズを把握し，その持てる力を高め，生活や学習上の困難を改善または克服するため，適切な指導及び必要な支援を行うものである」としている。さらに，「これまでの特殊教育の対象の障害だけでなく，知的な遅れのない発達障害も含めて，特別な支援を必要とする幼児児童生徒の在籍するすべての学校においても実施されるものである」としており，特別な学校だけでなく，通常の学級においても，特別な教育的ニーズに対応することが提言された。同時に，「障害のある幼児児童生徒への教育にとどまらず，障害の有無やその他の個々の違いを認識しつつ，さまざまな人々が生き生きと活躍できる共生社会の形成の基礎となるものであり，我が国の現在及び将来の社会にとって重要な意味を持っている」としている。特別支援教育の理念を実現させるための取組の方向について，次のような内容を提言し，組織的・計画的・具体的な手立てにより，特別支援教育の意義の具現化を目的としている。

・校長，園長の責務に関して――「特別支援教育実施の責任者として，自らが特別支援教育や障害に関する認識を深めるとともに，リーダーシップを発揮し，体制の整備を行い，組織として充分に機能するよう教職員の指導を行うこと」としている。また，「特別支援教育に関する学校経営が特別な支援を必要とする幼児児童生徒の将来に大きな影響を及ぼすことを深く自覚し，常に認識を新たにして取り組むこと」が重要としている。
・体制の整備や必要な取組に関して――各学校においては，校内委員会の設置，実態把握の実施，特別支援教育コーディネーターの指名，関係機関との連携，個別の教育支援計画及び個別の指導計画の作成・活用，教員の専門性の向上が重要としている。
・特別支援学校に関して――これまでの取組をさらに推進しつつ，様々な障害種に対応することができる体制づくりや，学校間の連携などを一層進めていくことが重要であること，特別支援学校のセンター的機能の充実を図ることが必要であるとしている。
・教育委員会などにおける支援として――各学校における支援体制や学校施設設備の整備充実などに努めること，学校関係者，保護者，市民などに対し，特別支援教育の正しい理解が広まるよう努めること，指導主事などの専門性の向上に努めるとともに，教育，医療，保健，福祉，労働などの関係部局，大学，保護者などからなる連絡協議会を設置するなど地域との協力体制の構築を推進することが必要であるとしている。
・保護者からの相談対応や早期からの連携に関して――各学校及びすべての教員は，保護者への相談や保護者の要望などに真摯に対応し，その意見や事情を尊重して，幼児児童生徒への対応を進めていくことが必要であるとしている。

(4) 社会参加に向けた主体的な取組の支援

社会参加を視野に入れた支援の一つとしてソーシャル・スキルの支援が注目される。ソーシャル・スキルとは，社会的な場面で自分にとっても相手にとっても快く，社会的に受け入れられる方法で対人的なやり取りを行う際に必要な技術とされる。また，適切なソーシャル・スキルとは，対人的な場面で，その場の状況や相手の反応などをもとにして適切でその場にふさわしい行動をすることとされる。また，ソーシャル・スキルと社会的な適応とは関連があり，友達からの人気が高い子供は好意的なスキルを用いることが多く，反対に友達から拒否され続けていると孤立し，攻撃的な行動や友達を避ける行動をとる傾向が強いとされる。さらに，場合によってはソーシャル・スキルに欠ける子供が，学習についていけなくなり，不登校や引きこもりを示すこともある。ソーシャル・スキルと情緒的適応との関係について，佐藤らはソーシャル・スキルを獲得することができないことで，周囲からの評価が低くなり，自尊感情や自己肯定感の低下につながるとしている（佐藤ら 1988）。このようにソーシャル・スキルの獲得が子供の情緒的，社会的適応に影響を及ぼすことから，ソーシャル・スキルの指導を早い段階から行うことが求められる。定型発達を示す子供の場合，日常生活の中で養育者や保育士，教師などの指導を通して獲得されていくことが多いが，発達障害のある子供の場合は相手の感情や意図を理解し，相手に対して適切な対応を行うことが困難なことから，早い段階から計画的に指導を行うことが必要である。ソーシャル・スキルの指導で大切なことは，指導を通して獲得したソーシャル・スキルを，子供が日常場面で適切に使用できることである。そのために，日常場面で少しでも使用することができたら，少し大げさに表情豊かに，子供のわかる言葉で認める（褒める）ことが必要である。また，時間が経ってしまうと効果が見られなくなることから，できたと思われる行動の直後に認めることが重要である。

2　幼児児童生徒一人一人の教育的ニーズの把握

(1)　特別な教育的ニーズを持つ子供に対する支援での留意事項

特別の教育的ニーズを持つ子供への支援を行う際には以下のことに配慮することが必要である（船津ほか編著 2020）。

・障害種別の判断も重要であるが，それ以上に幼児児童生徒一人一人が示す困難に，より重点をおいた対応を心がけること。

・医師などによる障害の診断がなされている場合でも，その障害の特徴や対応を固定的にとらえることのないよう充分に注意すること。
・円滑に学習や学校生活を行うことができるように必要な配慮を心がけること。
・入学試験やその他の試験などの評価を実施する際には特性に応じた配慮を心がけること。
・障害の特性による学習上，生活上の困難を有していることが多いので，周囲の理解と支援が重要であり，生徒指導上も十分な配慮が必要であること。
・生徒指導上の諸問題に対しては，その背景に障害が関係していることも充分配慮して，慎重に対応すること。
・生徒指導を担当する場合は，障害についての知識を深めるとともに，特別支援教育コーディネーター，養護教諭，スクールカウンセラーなどと連携し，適切な対応ができるよう体制を平素から整えておくこと。
・障害のある幼児児童生徒と障害のない幼児児童生徒との交流及び共同学習は，双方の教育的ニーズに対応した内容・方法を検討し，早期から組織的，計画的，継続的に行うこと。
・将来の進路を主体的に選択することができるよう，早い段階からの進路指導の充実を図ること。入学時や卒業時に学校間で連絡会を持つなどして，継続的な支援ができるよう心がけること。また，定期的に研修会などを持ち，専門的な知識を深めること。

(2) 情緒障害のある子供の教育的ニーズの把握について

現在，文部科学省では，情緒障害を「情緒の現れ方が偏っていたり，その現れ方が激しかったりする状態，自分の意思ではコントロールできないことが継続し，学校生活や社会生活に支障となる状態を指す」と定義している。その対象としては，発達障害に包括される障害である自閉症及びそれに類するもの，言語発達の遅れや対人関係の形成が困難であるため社会的適応が困難であるもの，主として心理的な関与が大きく社会的適応が困難である様々な状態を総称するものとし，選択制緘黙《かんもく》，不登校，情動行動，チックなどを挙げている。選択制緘黙に対しては，指導担当者とのリラックスできる環境や人間関係の形成，児童生徒ができるだけ主体的に動ける環境設定，動作や文字による意思表示の機会を設定する，不安・緊張を感じる程度の低い環境から段階的に話をする場所や相手を拡げていくことが必要である。不登校に対しては，登校に関わる不安・緊張の緩和，家庭との連携，生活リズムの調整，部分登校からの段階的登校，ソーシャル・スキルの指導，学校以外の選択肢と特別支援教育コーディネーターなどとの連携など発達障害への対応が必要である。

(3) 発達障害のある子供の教育的ニーズの把握について

広汎性発達障害（自閉症スペクトラム障害），学習障害，注意欠陥／多動性障害について，その特性と教育的ニーズの把握と支援の在り方について以下に示す。

①－1　広汎性発達障害

広汎性発達障害は自閉症スペクトラム障害とも呼ばれる，社会性の障害を中心とする発達障害の総称である。「精神疾患の分類と診断の手引き（DSM-V)」という国際的診断基準において次の三つの症状によって診断される。①社会性の障害，②コミュニケーションの障害，③想像力の障害とそれに基づく行動の障害で，一般的にはこだわり行動と呼ばれるものの三つである。それ以外の特性として，知覚過敏性，多動，学習障害，不器用などの問題を示すことがある。また，注意欠陥／多動性障害の特徴を併せ持つ場合も多い。

①－2　広汎性発達障害の教育・支援

自分の思いなどを相手にうまく伝えられないこと，相手の思いなどを理解することがうまくいかないこと，興味や関心の幅が狭くこだわりや常同行動パターンを示しやすいことなどが，不安を高め，集団生活への適応を困難にしている。環境をわかりやすくすること，本人の社会的な能力を高めること，障害特性による様々な困難に対する不安の軽減を図ることが必要である。そのために，注目させてから具体的に指示する，見通しが持てるようにする，ルールを明確にする，視覚的な情報を活用する，社会的な行動を教える，コミュニケーションの基本的態度の形成を図る，環境を構造化する，感覚の過敏さへの対応を図る，具体的でわかりやすい評価などに配慮し，関わることが必要である。

②－1　学習障害

学習障害（LD）の定義については，1999年に文部省（当時）が，「学習障害とは，基本的には，全般的な知的発達の遅れはないが，聞く，話す，読む，書く，計算する，または推論する能力のうち，特定のものの習得と使用に著しい困難を示す様々な状態を指すものである。学習障害は，その原因として，中枢神経系に何らかの機能障害があると推定されるが，視覚障害，聴覚障害，知的障害，情緒障害などの障害や，環境的な要因が直接の原因となるものではない。」としている。

②－２　学習障害の教育・支援

わかりやすい授業を実施することが前提となるが，個々の特性に個人差が見られることが多いことから，子供の教育的ニーズに合わせて支援方法や環境を弾力的に調整していくことが必要となる。例えば，「マス目のある用紙を使用し，位取りがわかりやすくする」「板書の書式を決めておく」「個別に聞いたり，言語化させたりして確認する」「提出期間やテスト時間を調節する」などの工夫が必要である。より個に応じた支援を行うためには，得手不得手の差（個人内差），情報の収集や理解，表現の仕方などの認知特性を把握し，個別の指導計画を作成することも必要である。また，周囲からの評価の低下による本人の自己評価や自己肯定感の低下や，無気力など二次的障害への予防的対応も重要とされる。

③－１　注意欠陥／多動性障害

日本精神神経学会の定義によると，基本的な障害は注意散漫（不注意），多動性，そして衝動性が挙げられる。とりわけ注意の問題が主要な困難とされるが，近年では，衝動性や多動性との関連を含め，中核的な障害として情動面の調整の困難，行動や反応の抑制困難が推定されている。これらの障害像は，幼少期からみられ発達期を通して進行する。幼稚園や保育園で集団行動への参加が困難として気づかれ，小学校入学以降，学力低下，学業不振，友人や家族との関係の悪化という状態が多く認められる。このような困難さは，失敗経験，叱責を受ける経験とも重なり，思春期以降に二次的な問題として自尊心の低下やうつ病などをきたすことが多いとされる。

③－２　注意欠陥／多動性障害の教育・支援

本質的な困難さは，待つべき状況を理解できていても指示があるまで待つことが難しい，環境内の複数の情報から必要な情報を選び出して適切に用いることが難しいといったことである。これらの困難さを本人の努力不足に帰着せずに，環境調整の側面からの支援を重視し，本人の自尊心の低下や自己否定を軽減することが必要である。一斉授業で大勢の人がいる中では混乱して適応できない場合でも，少人数や個別では安定していることがある。多くの情報を一度に処理することが難しいことから，必要な情報以外は隠すなどの工夫も必要である。席の配置や課題の提供の仕方，重要な箇所を色分けしてわかりやすくする工夫も大切である。これからやることが何かを，目に見える形で示し，適切な行動が見られた場合には一貫した態度で評価することも大切である。同じ行動に対して褒められたり，時には叱られたりといった一貫性のない関わりが混乱を大きくさせる。活動前に自分のことばで決めたことを説明させる，活動後には自分のことばで活動を振り返ることを促す関わりも有効であるとされる。自信を持って取り組めることを増やしていくとともに，周囲の子供から孤立を避けるために賞賛を得られる機会を得られる機会を持つことも重要である。そわそわしている，席に座っていられないといった状態や，思いや考えが変化したり，強いこだわりを示したりする時に，直接無理に押さえ込むことは逆効果である。動いてもよい場所や時間をルールの中で決めて，あらかじめ示して，ルールを守っていることをその都度評価し，小休止や気分転換，好きな活動を行える時間を取り入れることも必要である。家庭との連携を図りながら，本人が示す行動に対しての一貫した関わりを行うことが重要である。

(4) 求められる教師像について

特別支援教育の中では，日々を生きること自体が切実な重度の障害のある子供たちから，特定の物事に強い関心を抱いて特別な能力を持ちつつも人との関わりが苦手な子供や，読み書きが苦手で学業に困難を感じている子供など多くの子供が教育的支援を受けている。大切なことは，一人一人個性や特性の違う子供たちが，人間としての尊厳を大切にされながら，目を輝かせて，成長していくことと考える。そのために，関わる側が，子供一人一人を，尊厳のある人間として大切に接しているか，上からの目線でなく，子供たちがどのように感じ，どんな気持ちでいるかを，子供の目線に立って見ようと心がけているか，関わる側の日々の言動が子供の言動の手本となっていることへの自覚を持って行動しているかを常に自己チェックしておくことを心がけておくべきであろう。教師が率先して，障害の理解に力を注いでいく必要がある。特に発達障害の場合，外見だけではどこに障害があるのかがわかりにくく，どのような支援を行えばよいかもわからないことが多い。障害への理解（心のバリアフリー）は，子供のときからの教育によって育まれていくことが知られており，障害のある人たちについての理解を小さいときから学校教育の中で進めていくことにより，自然な関わりができるようになるとされる（梅永 2012）。学校場面での障害理解のための取組として，障害のある人をモデルとした絵本の読み聞かせが有効である。障害のある人に関する生活や生き方などに触れて，話し合いの場を設ける。教師は「こうあるべきだ」といった結論を先に出すのではなく，子供が自分自身で考えられるように支援を行うことが必要である。また，特別支援学級や特別支援学校に通う子供との交流の機会を設け，一緒にスポーツや遊び，活動などを体験することも重要なことである。こうした体験を通して障害への理解が深まり，自然な対応ができるようになると考える。特別支援教育は，障害のある子供だけを対象とするものではなく，すべての子供たちにとって欠かすことのできない教育と考えることが教師に求められる（柳本・河合ほか 2019）。

（5）家族支援と連携の大切さ

家族が教育現場に望むことは，発達障害の特性を理解して子供と向き合ってほしいということであろう。子供の特性を「わがまま」「怠惰」「周囲を混乱に巻き込む困った子供」というように表面的に理解するのでなく，なぜ，そのように感じるのか。本人の持つ特性が影響しており，決してわざとしているのではない。その特性に配慮し，それらに応じた対処を行うことである。「自閉症だから，こんなことをする」「学習障害だから，このような支援をすればよい」といった理解の仕方ではなく，診断名は同じでも，一人一人個性を有しているという視点に立ち，苦手なことだけでなく，得意なこと，魅力的なところを理解することが望まれる。同じ学習障害，注意欠陥／多動性障害，広汎性発達障害と診断されていても，個々の特性は千差万別である。支援の方法も個々の特性や環境などに配慮して柔軟にすることが重要である。本人の年齢や成長に応じた生涯を念頭においた支援も必要である。子供が成長しているにもかかわらず，いつまでも同じ課題に取り組まされていたり，同じ方法のままの支援がなされていたりする場面をよく見かけるが，子供の成長に合わせて，支援の方法や内容を調整することも必要である。そのためには，進級や進学によって学年，学校が変わっても，家庭と連携を保った連続性のある支援が是非とも必要である。障害のある子供のきょうだいに対する配慮も欠かせない。親に甘えたいときもあろうが，親の手を障害のある同胞に取られたりすることも多い。一生懸命に親のお手伝いをし，同胞の世話をするきょうだいや，親の期待を過剰に感じているきょうだいも多い。きょうだいのストレスに関する指摘が多い反面，障害に対する理解が深まるなどの肯定的な影響についても注目されている。その背景には家庭や学校における関わり方が存在しているという指摘がなされる。きょうだいの支援も視野に入れた家族支援も望まれる（船津ほか編著 2009）。

3　持てる力を高め，生活や学習上の困難を改善又は克服するための適切な指導・支援

(1) 将来を見据えた支援の必要性について

小・中学校から開始された特別支援教育は，現在では幼稚園，保育園といった早期教育から，高等学校や大学，就労の場面へと幅が拡げられている。平成 14 年に文部科学省が実施した「通常の学級に在籍する特別な教育的支援を必要とする児童生徒の全国調査」の結果，通常の学級に在籍している児童生徒の 6.3％ が発達障害の状態像を示していることが報告され，特別支援教育コーディネーターの指名，個別の教育支援計画の作成，広域特別支援連携協議会の実施，専門性の強化などが提言された。この提言を受けて，「特別支援教育推進体制モデル事業」が推進され，発達障害のある児童生徒の校内支援体制の構築，特別支援教育コーディネーターの指名，専門家チームとの連携など総合的なシステム構築が進められ，対象も小・中学校から幼稚園，保育園，高等学校へ広がっていった。学校において特別支援教育を支えるシステムが構築され，特別支援学校のセンター的機能が位置づけられるなど，教職員全員で特別支援教育を実施するという意識が高まってきている。一方，特別支援教育を支えるツールとしての，個別の教育支援計画，個別の指導計画の活用が充分になされていない現実もある。通常の学級でみられる問題の多くが発達障害とも関連しており，学力面での課題や不登校，いじめなどの問題を抱える子供の中に発達障害の子供が含まれている（船津ほか編著 2020）。2005 年 12 月の中央教育審議会（文部科学省 2005）は，特別支援教育の推進が，いじめや不登校の未然防止，学力の向上，心の育成につながることを指

摘し，「特別支援教育の理念と基本的な考え方が普及・定着することは現在の学校教育が抱えている様々な問題の解決や改革に大いに資する」としている。特別支援教育の普及・定着のために必要なものとして，個々の児童生徒に対応する計画の作成と活用，専門機関との連携，小・中・高といった学校間の連携，保護者との連携など多くの課題が山積している。対象となる幼児児童生徒および学生の優先課題を整理し，重点的に支援する内容を明確にし，幼稚園，保育園，学校での役割を明確にして，子供の将来を見据えたきめ細かい個に応じた支援を実践していくことが望まれる。

(2) 発達障害への心理的理解の必要性について

発達障害への人間の基本的ニーズに基づいた理解が必要である。人間の基本的ニーズには，生理的ニーズと心理的ニーズがあり，心理的ニーズは，愛情，独立，所属，成就完成，社会的承認のニーズに区分される。生理的ニーズは，排泄，睡眠，呼吸，摂食，水分摂取，性など人間が生きるために必要なものであり，誰もが「普通に」達成できるものである。しかし，普通に達成できることが，独力で達成できないことがあり，またその状態や状況に置かれて生きている子供（人）がいることを忘れてはいけない。愛情のニーズについて，子供が障害を持って生まれ育つとき，家庭という閉鎖的空間において要求が満たされなかったり，寂しい想いをしたり，邪魔者扱いにされたり，虐待を受け，愛されたいニーズが満たされない場合がある。誰もが家庭，地域，学校などの環境で育まれ，安心して自立，成長したいニーズを持っている。独立のニーズについて，人は誰でも，一人の人間として，「自分でやってみたい」「自分自身の力でチャレンジしたい」という思いがある。学校や地域社会などで自分らしく自立生活をしようとしても，社会には物理的，社会的，制度的，心理的な障壁があるため独立したいニーズを満たすことができないことが多い。所属のニーズについて，障害があるために社会参加が制約され，集団活動の機会が不足し，家に閉じこもりがちになるなど，社会性や自立する力を身に付ける機会が少なくなる場合も多い。残念なことではあるが，学校，地域社会，職場などにおいて偏見や差別などを受け，社会関係が充分に結べなくなっていることもうかがえる。成就完成のニーズと社会的承認のニーズについて，自分は「できない存在」や「必要とされていない存在」と感じてしまうと，生きがいを失い，前向きに生きることができなくなり，社会交流や社会参加をすることが困難になる。誰もが自由な意思を持って，社会に参加して，そこから「社会から必要とされている（認められている）」「社会生活において自立し，自分の力で生きている」という実感できることが必要である。障害があろうとなかろうと，誰でも一人の人間であるという根本的な命題に立ち返り，同じ視線を保って心と生活を理解することが求められよう（汐見・奈須監修 2020）。

子供の行動への理解と対応に関して，周囲から見て「この子供は，このようなことをして困る」といった否定的な捉え方でなく，「問題行動」とされる行動は，個人と環境との相互作用から生じるものと捉え，環境整備と個人への支援の両面から対応することが必要である。一番「困り感」を感じているのは，周囲ではなく子供（当事者）自身であり，子供の気持ちに寄り添い，子供の立場に立って理解しようとする視点が望まれる。

(3) 子供を主体とした支援の必要性について

アメリカの精神遅滞学会は，2007 年 1 月からその名称をアメリカ知的障害・発達障害学会と変更した。その背景には，これまで十分な支援が用意されてこなかった，知的な遅れが比較的軽度な人々も含めて支援を行っていこうとする姿勢がうかがえる。これと時を同じくして，わが国でも，これまでの知的障害者福祉法，身体障害者福祉法，精神保健福祉法で対象とされてこなかった，いわば法の谷間に置き去りにされていた，発達障害のある人たちを対象とした発達障害者支援法が 2004（平成 16）年に成立した。この法律では，発達障害を「自閉症，アスペルガー症候群その他の広汎性発達障害，学習障害，注意欠陥多動性障害その他これに類する脳機能の障害であってその症状が通常低年齢において発現するものとして政令で定めるものをいう」としている。発達障害について，診断と評価のためのツールが従来の知能検査，発達検査の活用を含めて提案されているが，確定的なものはいまだ検討の段階にある。障害の違いから来る特徴の把握に努めながらも，連続性にも配慮して個別的な障害名の付与に留まらずに，対象となる人の状態像を環境や支援との関連で個別に理解し，そこから支援の手立てが導き出されるようなツールの開発が必要である。その際，人の成長と発展，自己選択，自己決定およびエンパワメントを重視する本人中心の支援であること，本人中心の支援方法を通して，人と環境の相互作用から生じる力，および機能と活動の制約の低減を重視すること，個人の幸福，生活の質（QOL），そして質の評価に重点をおくこと，インクルージョンと平等の理念に基づいた，「普通の」環境の中で，支援が提供されることがきわめて重要であると考える。

「障害理解」においては，「障害」に関する知見という枠組みだけが増えるのみにならないように，知識をそのまま目の前の人に当てはめるのではなく，関わりという実践的な取組の経過，結果を配慮しつつ理解していくことが必要である。特別支援教育における実践等で，他者を理解し，関わる際に，他者に対して「こうあって欲しい」「こう変わって欲しい」という自己の枠組みを最初に持たないことが求められよう。「障害理解」に必要なことは，障害の特性のみに視点を当てて，障害から生じる問題を改善することに関わりを行うことではなく，障害のある人が実際の生活場面で障害が障害として問題でなくなるような知見と関わりがなされることが必要である（高橋・加瀬 2020）。残念なことに，多くの場面で，自己と障害を切り離して健常者の視点から，「障害」を考える傾向が見られる。障害のある人やその家族が「障害児者」や「障害児者の家族」という枠組みから解放され，障害という視点から自己や家族を捉えることなく，自由に自己を生き，家族や友人と関わり合える支援が求められている。

（4）特別支援教育の今後の課題

発達障害とニートとの関連が指摘されている。ニートとは学校や仕事場に行っておらず，職業訓練なども受けていない 15 歳から 34 歳までの若者のことを指し，厚生労働省の調査では，全国で約 60 万人存在するとされる。就労してもアルバイトなど不安定な雇用形態で就労している場合が多く，職場での人間関係のトラブルを抱えて，退職，離職へと追い込まれる場合も少なくない。発達障害のある人が離職や退職を繰り返す理由として梅永は，仕事の技術面での課題と同時に，いじめにあったり，無視されたりなど人間関係面での問題が多く認められているとする（梅永 2004）。また，将来の自立を目指している多くの発達障害のある人からの要望として，教師や周囲の人たちに対して障害の理解や啓発を進めてほしい，発達障害の特性や支援方法について関心を示してほしい，マイナス面だけに着目するのではなくプラス面を評価してほしい，どんなことでも気軽に相談ができる居場所がほしいなどといったものが示されている（梅永 2007）。

梅永は学校教育において社会的自立，就労を目指すのであれば大人になってからの生活を意識した支援が必要であるとし，今後の特別支援教育に求められる課題について次のように述べている。従来の障害のある子供への支援においては一人一人の子供の生活する環境や子供自身の興味・関心に留意した支援がなされておらず，発達段階を順序立てて「何歳だから，こうしたことができるようにしよう」といった発達年齢を重視した支援が行われてきている。こうした支援に適応できず，支援と現実での生活がかけ離れてしまって，自立した生活につながりにくいという問題が多く認められている。こうした問題を解決につなげるためには，一人一人の子供の発達特性に即応した支援と，地域における生活に密着した社会的自立を視野に入れた関わりが必要である（梅永 2012）。発達障害のある子供の年齢，発達特性，生活環境などに即応した支援方法，障害に対する適切な理解と啓発，できないところや苦手なところに着目して無理に伸ばしていく支援から脱皮して，子供のできるところ得意なところに焦点を当てて，子供自身が困っているところに寄り添った支援が求められる。

特別支援教育は，一人一人の子供を理解することが基本である。知的発達，性格，興味・関心，身体的発達，基本的生活習慣，生活習慣，人間関係など多面的に理解することが求められる。支援に向けて子供の実態の把握を行い，具体的な支援方法を考慮し，実践することが必要である。学校教育の場面で適切で一貫性のある支援がなされるためには，教職員の間で共通理解を持ち，校内支援システムの構築を行い，個々に応じた支援を行うことが急がれる。担任が一人で悩んだり抱え込んだりすることがないように，特別支援教育コーディネーター，校長，教頭を含む全教員および職員，スクールカウンセラーなどと連携をとり，チーム学校の体制で支援を行っていくことが必要である。障害の特性は，固定的なものでなく，幼児期から学童期，思春期，青年期，成人期と発達に伴って特性は変化していくことに留意し，発達の実態に即応した支援を継続していくことが必要である。特別な支援を必要とする子供にとってわかりやすい支援は，他のすべての子供にとってもわかりやすい支援であることから，今後ユニバーサルデザインの視点に立って，子供一人一人に応じた支援を積み重ねていくことが求められる。　　（船津　守久）

〈引用文献・参考文献〉

相澤穣治ほか編著（2007）『障害者福祉論』〈シリーズ福祉新時代を学ぶ〉株式会社みらい。

安藤美華代ほか編著（2010）『子どもの発達障害・適応障害とメンタルヘルス』ミネルヴァ書房。

梅谷忠勇ほか編著（2006）『特別支援児の心理学――理解と支援』北大路書房。

梅永雄二編著（2004）『こんなサポートがあれば！1』エンパワメント研究所。

梅永雄二編著（2007）『こんなサポートがあれば！2』エンパワメント研究所。

梅永雄二（2012）『障碍者心理学――障碍児者の特性理解と具体的支援方法』福村出版。

小野次郎ほか編著（2008）『教育現場における障害のある子どもへの指導と実践』朱鷺書房。

降籏志郎編著（2004）『軽度発達障害児の理解と支援』金剛出版。

佐藤容子・佐藤正二・高山巌（1988）「仲間関係に問題をもつ子ども――仲間アセスメントによる分析」『宮崎大学教育学部紀要教育科学』63，pp.17－23.

汐見稔幸・奈須正裕監修（2020）『特別支援教育』ミネルヴァ書房。

菅原伸康編著（2011）『特別支援教育を学ぶ人へ』ミネルヴァ書房。

高橋智・加瀬進監修，日本特別ニーズ教育学会編（2020）『現代の特別ニーズ教育』文理閣。

船津守久（2020）「障害のある子どものいじめと支援」竹田敏彦監修・編，植田和也ほか編『いじめはなぜなくならないのか』ナカニシヤ出版。

徳田克己ほか編著（2005）『障害理解――心のバリアフリーの理論と実践』誠信書房。

富永光昭・平賀健太郎編著（2009）『特別支援教育の現状・課題・未来』ミネルヴァ書房。

船津守久ほか編著（2009）『介護等体験における人間理解』中央法規。

松本昭子ほか編著（2009）『発達障害児の医療・療育・教育』金芳堂。

宮本慎也ほか編著（2009）『特別支援教育の基礎――確かな支援のできる教師・保育士になるために』東京書籍。

山崎晃ほか編著（2008）『発達障害の基本理解――子どもの将来を見据えた支援のために』〈発達障害の臨床的理解と支援 1〉金子書房。

柳本雄次・河合康編著（2008）『特別支援教育――一人ひとりの教育的ニーズに応じて』福村出版。

第9章

これからの生徒指導に求められるもの

1　はじめに

今日の学校における生徒指導上の諸問題は，ますます多様化・複雑化の様相を呈している。例えば，スマートフォン等のインターネット（以下，ネット）接続機器の発展と普及もその一因であろう。児童生徒は，急速に身近になったネットを活用し，様々な情報に触れ，また時に自身が情報の発信者となりながら，自由なコミュニケーションを享受しているように見える。しかしその反面，多くの児童生徒が，ネットやゲームの過剰使用による睡眠不足や起床困難，集中力低下などの基本的生活習慣の乱れ，ネット掲示板やソーシャル・ネットワーキング・サービス（以下，SNS）上での誹謗中傷や個人情報の暴露や拡散などのネットいじめ問題，ネット上での不適切な言動による「炎上」事件や，安易な動画や画像の投稿・拡散による「児童ポルノ／児童売春」事件等の犯罪への巻き込まれなど，多岐にわたる問題状況に無自覚なまま晒されている（金綱 2020；内閣府 2020；警察庁 2019；2020）。

これらネット関連問題は，他の生徒指導上の諸問題とも無関係ではない。例えば，ネットへの過度なのめり込みや，ネット上でのいじめや誹謗中傷等のトラブルが不登校の一因となるケースの報告もある。またネット関連問題をはじめ，今日多くの生徒指導事案への対応において，家庭や地域との連携は不可欠であるが，効果的な連携に困難を感じている学校は少なくない。加えて，凄惨な児童虐待のニュースは後を絶たない状況である。

阪根（2020）は，これらの今日的諸課題について，「intersectionality（問題や課題の多重性)」として捉えること，すなわち，それぞれを個別の課題として捉えるのではなく，輻輳した背景を持つ課題として捉え，総合的に対応することの重要性を指摘している。本章では，「いじめ」，「虐待」，「不登校」という三つの主要な生徒指導課題を取り上げ，個々の問題の実態と対応の現状を概説するとともに，これら問題の総合的な対応に向けた方策について検討したい。

2　いじめの実態と対応

(1) いじめの定義といじめ防止対策推進法

今日，日本の学校現場におけるいじめ防止に向けた取組は，社会全体でいじめ問題に向き合い，対処していくための基本的な理念と体制を定めた「いじめ防止対策推進法」(平成25年法律第71号)(以下，いじめ防止法)に則って行うことが基本となる。同法は，学校が，いじめ防止等のための対策に関する基本的な方針を定め(第13条)，いじめの防止に資する道徳教育や体験活動等の充実を図る(第15条)とともに，いじめの早期発見のための相談・通報の窓口となり(第16条)，いじめ問題への対応が「計画的」「組織的」に実行されること(第22，23条)と定めている。同法第11条に基づいて制定された「いじめ防止等のための基本的な方針(以下，基本方針)」(文部科学省〔以下，文科省〕2017a)も合わせて参照されたい。いじめ防止法第2条においていじめは以下のように定義づけられている。

いじめ防止対策推進法第２条：定義

この法律において「いじめ」とは，児童等に対して，当該児童等が在籍する学校に在籍している等当該児童等と一定の人的関係にある他の児童等が行う心理的又は物理的な影響を与える行為(インターネットを通じて行われるものを含む。)であって，当該行為の対象となった児童等が心身の苦痛を感じているものをいう。

本定義では，いじめが既存の人間関係の中で起こる問題とした従来からの考え方を踏襲しつつ，従来の定義で要件として示していた「(加害者・被害者間の) 力の優劣差／一方向性」，「行為の継続性／反復性」，「被害の深刻さ」

を表す文言はすべて削除され，「心理的・物理的な攻撃」としていた文言は，「心理的または物理的な影響を与える行為（インターネットを通じて行われるものを含む。）」へと，また「精神的な苦痛」は「心身の苦痛」へとそれぞれ表現が改められた。この定義の改訂は，従来「いじめ」と判断されることのなかった行為，例えば，好意や善意に基づく行為が結果的に相手を傷つけてしまったような事案，まで含めたより広範な行為を「いじめ」と認知するよう求めるものである。

学校現場からは，いわゆる社会通念上は乖離した行為を「いじめ」として認知することの違和感や，教職員をはじめ保護者や地域住民など関係者間での定義の解釈や運用に関わる共通理解の困難さから，否定的な声も少なくない。しかしながら本定義は，いじめが様々なきっかけによって起こり得る問題であり，またどんな些細な行為であっても，見過ごされ，被害が継続すれば，児童生徒の自死という最悪の事態にまで深刻化してしまうこともあるという事実を教訓として踏まえ，できるだけ早期の，いわゆる「いじめの芽」と呼ばれる段階で事態を認知し，対応することを目指したものであることを理解しなければならない（文科省 2016a）。いじめは，「（被害）児童生徒の教育を受ける権利を著しく侵害し，その心身の健全な成長及び人格の形成に重大な影響を与えるのみならず，その生命または身体に重大な危険を生じさせる恐れがあるもの」（文科省 2017a：1）であることを関係者一同が共通理解することから始めたい。

(2) いじめの実態と様相

令和元年度児童生徒の問題行動・不登校等生徒指導上の諸課題に関する調査（以下，文科省調査）（文科省 2020a）によると，いじめの認知件数は，いじめ防止法が施行された平成 25 年度以降年々増加しており，元年度データでは，小，中，高等学校および特別支援学校を合わせてその数は 61 万 2496 件（前年度 54 万 3933 件）にのぼる。学校種別にみると，小学校で 48 万 4545 件（25 年度 11 万 8748 件），中学校で 10 万 6524 件（25 年度 5 万 5248 件），高等学校で 1 万 8352 件（25 年度 1 万 1039 件），特別支援学校で 3075 件（25 年度 768 件）と，いずれの学校種においても平成 25 年度以降継続して増加しているが，特に小学校では，平成 25 年度比で 36 万 5797 件の増加，前年度と比べても 5 万 8701 件の増加とその傾向が顕著である。これには，先述したいじめの定義の改訂に加えて，文科省が平成18年度調査より調査対象とする数値に対する評価の観点をそれまでの「発生件数」から「認知件数」へと改めたことの影響もあろう。滝（2011）は，認知件数の増加について，学校や教員が，いじめ防止法が定める定義を正しく理解し，従来いじめとして認知してこなかった「いじめの芽」まで含め，積極的に認知した結果と肯定的に理解すべきと主張している。

実際に，認知されたいじめの発見のきっかけをみると，いずれの校種においても，「学校の教職員等が発見」した割合（小：70%，中：54%，高：58%，特支：67%）が，「学校の教職員以外からの情報により発見」した割合（小：29%，中：46%，高：41%，特支：32%）を上回っており，学校がいじめの早期発見に向けて努力している姿がうかがえる。ただその一方で，小中学校においては1割程度，高等学校においては4割近い学校がいじめを1件も認知していない事実も見過ごせない。総務省（2018）による「いじめ防止対策の推進に関する調査」では，児童生徒の自死等の重大事態66事案のうち，いじめの認知の判断が法のいじめの定義と異なる，従来の「一方向性」「継続性」「集団性」等の要素を用いた限定的な解釈に基づいて行われた結果，いじめとして認知されなかったケースが37事案（56%）に上ったことが報告されている。いじめ防止の最も重要な第一歩は，法が定めた定義によるいじめの認知であるということの共通認識・共通理解を学校関係者一同で今一度徹底したい。

最後に，いじめの手口別の認知件数をみると，いずれの学校種においても最も多いのは「冷やかしやからかい，悪口や脅し文句，嫌なことを言われる」といった言葉による攻撃で，全体の5－6割を占めている。小，中学校および特別支援学校では，次いで「軽くぶつかられたり，遊ぶふりをして叩かれたり，蹴られたりする」といった軽度の暴力が1－2割，「仲間はずれ，集団による無視をされる」などの関係性攻撃が1割程度である。一方，高等学校では，「パソコンや携帯電話等で，ひぼう・中傷や嫌なことをされる」などいわゆるネットいじめが2割弱と高い値を示している。小，中学校においては，いじめ認知件数全体に対するネットによる手口が占める割合は，小学校で約1%，中学校で約8%と相対的に低い水準で推移しているが，ネット利用の低年齢化に伴って，今後，先に挙げた言葉による攻撃や仲間はずれがネット上で展開されることで，ネットいじめの占める割合が増加していくことも十分考えられる。金綱（2020）は中高校生を対象にネットいじめの加害者と被害者の関係性について尋ねたところ，「学校の友人同士」や「知り合い同士」であると認識されていたことを報告している。このことはネットいじめが従来の対面型いじめの延長線上で起こることを示唆していよう。いずれの学年段階においても，情報リテラシーや情報モラルに関わる指導の充実など，ネットいじめを視野に入れたいじめ防止への対応が急がれる。

(3) 情報共有と組織的対応の徹底に向けて

いじめ防止の取組において，いじめ防止法が定める定義に基づいた早期の積極的認知が重要であることは先述のとおりであるが，それは対応の第一歩である。認知されたいじめは，その内容や深刻度にかかわらず，すべていじめ防止法第22条に基づいて設置された校内のいじめ対策組織に，同第23条に基づいて速やかに報告され，情報が組織的に共有されなければならない。当該行為がいじめにあたるのか否か，また早急に介入すべきか，慎重に経過を見守るべきかなどの判断は，すべてこのいじめ対策組織によって行われることが基本となる。校内いじめ対策組織がその役割を的確に担うためには，個々の教員が児童生徒の些細な兆候や懸念を見過ごさず，また報告や訴えを抱え込まず，対応の要・不要を個人で判断することなく，すべての情報の報告と共有を徹底することが重要である（文科省 2017a）。

3　虐待の実態と対応

(1) 虐待の定義と児童虐待の防止等に関する法律

1990年代以降，児童虐待に関わる報道の増加や民間団体による防止活動の活発化（勝田 2015），さらには1994年の「児童の権利条約」の批准（外務省 1994）などを経て，2000年11月に「児童虐待の防止等に関する法律」（平成12年法律第82号）（以下，虐待防止法）が施行された。本虐待防止法では児童虐待を以下のように定義している。

児童虐待の防止等に関する法律第２条：定義

この法律において「児童虐待」とは，保護者（親権を行う者，未成年後見人その他の者で，児童を現に監護するものをいう。以下同じ。）が監護する児童（十八歳に満たない者をいう。以下同じ。）について行う次に掲げる行為をいう。

1. 児童の身体に外傷が生じ，又は生じるおそれのある暴行を加えること。
2. 児童にわいせつな行為をすること又は児童をしてわいせつな行為をさせること。
3. 児童の心身の正常な発達を妨げるような著しい減食又は長時間の放置，保護者以外の同居人による前二号又は次号に掲げる行為と同様の行為の放置その他の保護者としての監護を著しく怠ること。
4. 児童に対する著しい暴言又は著しく拒絶的な対応，児童が同居する家庭における配偶者に対する暴力（配偶者（婚姻の届出をしていないが，事実上婚姻関係と同様の事情にある者を含む。）の身体に対する不法な攻撃であって生命又は身体に危害を及ぼすもの及びこれに準ずる心身に有害な影響を及ぼす言動をいう。）その他の児童に著しい心理的外傷を与える行動を行うこと。

本定義は，児童虐待を身体的虐待（第1号），性的虐待（第2号），ネグレクト（育児放棄）（第3号），そして心理的虐待（第4号）の4種類に分類している。なお第3号における保護者の同居人による行為および第4号における児童の面前での配偶者間暴力等については2004年の虐待防止法一部改正によって追記されたものである。

(2) 虐待の実態

厚生労働省（以下，厚労省）（2020）によると，令和元年度における児童相談所による児童虐待相談対応件数は19万3780件（前年15万9838件）で過去最多であった。また社会保障審議会児童部会児童虐待等要保護事例の検証に関する専門委員会（2019）は第15次報告において，平成29年4月1日から平成30年3月31日の1年間の心中以外の虐待死事例が50例52人であったことを報告している。児童虐待の相談対応件数は，過去20年間増加の一途を辿っており，例えば平成25年度（7万3802件）と元年度を比べるとその増加率は2倍以上であり事態の深刻さがうかがえる。次に対応件数の内訳をみると，心理的虐待が10万9118件と全体の56.3％を占め最多であり，次いで身体的虐待4万9240件（25.4%），ネグレクト3万3345件（17.2%），性的虐待2077件（1.1%）であった。心理的虐待は，前年度比2万727件の増加と際立っている。厚労省は，心理的虐待の突出した増加について，先述した2004年虐待防止法一部改正により心理的虐待に含まれることとなった児童生徒の面前での配偶者に対する暴力事案への警察の介入が増加したことを理由に挙げている。

(3) 虐待防止のための施策

文科省（2006）は，虐待防止における学校が持つアドバンテージについて，学齢期児童生徒に対して網羅的に目配りができ，その日常的な変化に敏感に反応し，対応できることであると述べている。そのうえで，学校及び教職員に対して，児童虐待の早期発見，虐待被害の防止，及び児童生徒の安全確保に向けた具体的な役割として，①児童虐待の早期発見に努力すること，②児童虐待を発見した際には速やかに福祉事務所または児童相談所へ通告すること，③虐待被害児童生徒に対して適切な保護が行われるようにすること，そして④児童相談所等の関係諸機関との連携強化に努めること，の4点を挙げている。

その後文科省は，2010年に「児童虐待防止に向けた学校等における適切な対応の徹底について（通知）」及び「児童虐待の防止のための学校，教育委員会の的確な対応について」を，また2015年に「一時保護等が行われている児童生徒の指導要録に係る適切な対応及び児童虐待防止対策に係る対応について（通知）」を公布している。これらの通知等においても，学校教職員は児童虐待を発見しやすい立場にあることを自覚し，早期発見に努める義務があること（虐待防止法第5条），そして虐待被害の疑いのある児童生徒を発見した場合には速やかに関係各所に通告する義務があること（同法第6条）が改めて強調された。

2018年，東京都で発生した5歳女児の痛ましい虐待死事件をきっかけに「児童虐待防止対策の強化に向けた緊急総合対策」が関係閣僚会議より出された。しかしながら相次ぐ児童の虐待死事件に歯止めはかからず，翌2019年，「「児童虐待防止対策の強化に向けた緊急総合対策」の更なる徹底・強化について」，「児童虐待防止対策に係る学校等及びその設置者と市町村・児童相談所との連携の強化について」，及び「児童虐待防止対策の抜本的強化について」（文科省 2019a；2019d；2019c）が公布されている。これらの通知等においても，学校は発生予防及び早期発見のためのスクールカウンセラー等を活用した相談体制の強化，及び虐待被害児童生徒発見時の迅速な対応に向けた関係諸機関との連携に関する体制の強化が三度強調されることとなった。またこれらの対応を徹底すべく，学校・教育委員会を対象とした児童虐待防止・対応に関する研修の充実を図ることの重要性を訴えるとともに，「学校・教育委員会向け虐待対応の手引き」（文科省 2020b）が作成・公布された。

4　不登校の実態と対応

（1）不登校の定義

不登校児童生徒数は，平成13年度以降高水準で推移してきたが，特に平成25年度以降は小中学校ともに増加傾向にあり（文科省 2020a），当該児童生徒への支援のための施策の充実が求められている。こうした中，平成29年2月，不登校児童生徒に対する教育機会の確保等を総合的に推進する目的で「義務教育の段階における普通教育に相当する教育の機会の確保等に関する法律」（平成28年法律第105号）（以下，教育機会確保法）が施行された。本法第2条の3において，不登校児童生徒は，「相当の期間学校を欠席する児童生徒であって，学校における集団の生活に関する心理的な負担その他の事由のために就学が困難である状況として文部科学大臣が定める状況にあると認められるもの」と定義されている。一方，文科省は，以下の定義を用いて不登校の実態把握を行っている。

児童生徒の問題行動・不登校等生徒指導上の諸課題に関する調査：不登校定義

不登校とは，年度間に連続または断続して30日以上欠席した児童生徒のうち，何らかの心理的，情緒的，身体的あるいは社会的要因・背景により，児童生徒が登校しないあるいはしたくともできない状況にある者（ただし，「病気」や「経済的理由」による者を除く。）をいう。

(2) 不登校の実態

令和元年度文科省調査によると，不登校による長期欠席者は，小学校では全児童数の 0.8% に相当する 5 万 3350 人（25 年度 2 万 4175 人），中学校では同 3.9% に相当する 12 万 7922 人（25 年度 9 万 5442 人），高等学校では同 1.6% に相当する 5 万 100 人（25 年度 5 万 5655 人）である。また不登校児童の約 34%，中学校不登校生徒の約半数，そして高等学校不登校生徒の約 15 % が 90 日以上の長期欠席者である。いじめ防止対策推進法が施行された平成 25 年度から最新の令和元年度までの推移をみると，小・中学校ともに増加の一途を辿っているが，特に小学校においては平成 25 年度から 2.20 倍増加とその傾向は顕著である。また中学校では，増加率は 1.34 倍に留まるものの，全生徒数に対する不登校生徒数の比率は 2.6% から 3.9% と 1 ポイント上昇している。一方，高等学校については，平成 25 年度から 28 年度まで減少していたが，29 年度より増加に転じ，元年度は 29 年度と同程度の高い割合を維持している（文科省 2020a）。いずれの校種においても状況は深刻であり，解決すべき喫緊の課題である。

(3) 不登校の要因

先の文科省調査において，不登校の主たる要因として小・中学生ともに最多であったのは「無気力・不安」（小 41%；中 39%）であり，次いで「親子の関わり方」（16%），「いじめを除く友人関係をめぐる問題」（17%）であった。また高等学校でも，「無気力・不安」（33%）が最多で，「生活リズムの乱れ・遊び・非行」（15%），「いじめを除く友人関係をめぐる問題」（12%）が後に続いた。いずれの学校種においても，「不安」や「無気力」，そして「学校内や家庭内の人間関係」が不登校の主たる要因といえよう。さらに，主たる要因以外の要因を見てみると，小学校では主たる要因と同様に「無気力・不安」や「親子の関わり方」が挙げられた一方，中・高等学校では「学業の不振」が挙げられた（文科省 2020a）。

小学校低中学年は，まだ保護者への依存度が高く，家庭内の種々の問題は，児童の精神発達や社会性発達に大きな影響を及ぼす。幼児期に家庭の中で十分な社会性を身に付けることができなかった児童は，周囲の児童との人間関係や，集団生活への適応に問題を抱えやすく，不登校のリスクが高まる。一方，小学校高学年から中学校にかけては，思春期が始まり，保護者からの自立を模索し始めるとともに，保護者から友人へと依存の対象が変わる時期である。この時期に周囲の友人との人間関係をめぐって問題を抱えることは，自尊心や自己有能感の低下につながり，やはり不登校のリスクが高まるといえよう（文科省 2009）。

高校生をめぐる状況もまた異なる。「不安」や「無気力」の背景理由として「家庭に係る状況」や「友人関係をめぐる問題」が占める割合は減少し，「学業不振」や「進路に係る不安」に取って代わる。青年期は，自我が確立されてゆく時期であるが，この時期の学業不振は，その先にある進学や就職といった進路選択に直接影響を及ぼす大きな要因である。周囲の友人やクラスメートとの社会的比較の中で自信を喪失してしまうと，同一性拡散の危機にも陥りやすく，不登校のリスクは高まると考えられよう。

以上のように，いずれの学校種においても，不安や無気力など心の問題がその背景にあるため，まずは児童生徒の心に寄り添い，不登校の要因となっている状況について理解しようとする姿勢が不可欠である。必要に応じて学校内外の専門的な知識を持った人的資源の活用も視野に入れながら，異なる背景要因を持つ児童生徒一人一人に適切な支援を提供できるよう努めたい。

（4）不登校児童生徒への適切な支援に向けて

文科省は，平成 27 年 1 月，不登校児童生徒の実態把握と学校内外における支援の在り方を検討する目的で「不登校に関する調査研究協力者会議」を発足し，翌年 7 月に「不登校児童生徒への支援に関する最終報告」をまとめた。本報告では，①不登校は「どの児童生徒にも起こり得ること」として捉え，支援のない状況の継続がもたらす否定的影響と支援の重要性を理解すること，②不登校の背景要因が多種多様であることを理解し，学校内外において支援体制のネットワークを構築し連携協力を図ること，そして③不登校を「問題行動」と判断せず，当該児童生徒に寄り添い共感的な理解と受容の姿勢をもって，社会的自立に向けた支援を行うこと，の 3 点を不登校児童生徒への支援における基本姿勢として定めた。

この基本姿勢を踏まえた具体的支援に向けての鍵となる考え方が 4 点挙げられている。一つ目は支援の視点である。「学校への登校」を唯一の目標にはせず，児童生徒が自らの進路を主体的に捉え，社会的に自立することを目指すのである。二つ目は学校教育の意義と役割である。特に義務教育段階の学校は，個々の児童生徒の自己実現を目指した個性の伸長と，社会の一員としての資質・能力の育成という重要な役割を担っている（文科省 2010c）。児童生徒はこれらを学校教育の中で身に付けていくことが期待されており，学校は児童生徒全員が安心して教育を受けられる魅力ある学校環境の確保に努めなければならない。一方で，不登校児童生徒への支援にあっては，家庭及び学校内外の関係機関と連携協力のもと個別最適な支援を図ることが重要である。三つ目は不登校の理由に応じた働きかけや関わりの重要性である。先述のとおり，不登校の背景要因は様々であり，画一的な対応では解決は難しい。個々の児童生徒が不登校となったきっかけや継続している背景理由を理解し，学校への復帰も含めた主体的な社会的自立への適切な支援と環境づくりが求められる。四つ目は家庭への支援である。特に小学校においては，不登校の背景理由に家庭に関わる状況があるのは先述したとおりである。保護者による当該児童への虐待や児童の非行への対応の困難さ，保護者の夫婦関係や就労状況等による当該児童への関わりの問題など，様々な理由により保護者自身が支援を必要としている場合も少なくない。このような状況にある場合には，医療や福祉，子育て支援に関わる行政機関等との連携のもと，保護者が自らの抱える問題について相談できる環境の整備も合わせて検討される必要がある。

5　これからの生徒指導に向けて

ここまで，「いじめ」「虐待」「不登校」と今日の学校が喫緊に取り組むべき生徒指導課題の実態と対応の現状について述べてきた。いずれの問題についても状況は深刻であり，学校は事態の未然防止，早期発見，早期対応が期待されている。生徒指導諸課題への対応にあたってすべての教員が共通に意識し，学校全体での予防・対応実践につなげたい三つのポイントについて述べたい。

一つ目は，児童生徒理解である。先述したように，学校が持つ最大の強みは日々の教育活動の中で，児童生徒の日常的な変化に敏感に反応し対応できることである。ところが，今日の学校では，ネットの普及等を背景に，児童生徒の抱える問題も多様化・複雑化し，その実態が教員の目に見えにくくなっているといわれる。だからこそ学級・学校内での様子はもちろん，学校外や家庭での様子，興味や関心事など，児童生徒一人一人について，できるだけ多くの情報を入手し，理解に努める必要があろう。的確な児童生徒理解無くして，些細な変化に気がつくことは困難である。

二つ目は，情報共有と組織的対応への意識である。いじめ防止法，虐待防止法，教育機会確保法のいずれも，当該生徒指導課題への対応において，学校内外の関係者及び関係諸機関との適切な情報共有と効果的な連携・協働を求めている。この際重要なことは，確信が持てない事態であってもまずは関係者間で情報を共有し，組織で実態解明に当たることである。組織で対応することで見逃しや見過ごしなどのリスクは格段に減少するのである。

三つ目は，安心・安全な学校環境の醸成への意識である。本章で触れたいずれの関連法規においても，「全ての児童生徒が安心して教育を受けられる学校環境の確保」が基本理念として掲げられている。いじめ，暴力行為，体罰等，児童生徒にとっての不安因子を徹底して取り除くとともに，学校教職員は，どのような状況にある児童生徒にとっても，不安や恐れを抱くことなく，安心して助けを求められる存在にならなければならない。そして児童生徒の助けを求める声には，真摯に耳を傾けなければならない。学校や教員が児童生徒の悲痛な叫びや勇気の声を一度でも聞き逃せば，彼らは二度と声を上げようとはしないであろう。

児童生徒を取り巻く生徒指導諸課題がどれだけ多様化・複雑化しても，予防・対応にあたる教員の基本姿勢は変わらない。これら生徒指導の基本姿勢を忘れずに，種々の生徒指導課題を包括的に捉える視点を持つことが重要である。いじめに関与する児童生徒が，家庭では虐待の被害者であるかもしれない。不登校の背景に，学校でのいじめや，家庭での虐待が潜んでいるかもしれない。個々の問題を個別に捉えていては見えてこない輻輳した背景の可能性に意識を向けることでより効果的な対応が可能となるであろう。生徒指導が目指すべきは，すべての児童生徒に「それぞれの人格のよりよき発達」と「有意義で興味深く，充実した学校生活」を提供することである。そのことを忘れずに学校関係者一同が心を一つに取り組んでゆきたい。

（金綱　知征）

〈引用文献・参考文献〉

勝田美穂（2015）「児童虐待防止の立法過程――昌道連携モデルからの分析」『岐阜経

済大学論集』49（1），pp.1－20.
金綱知征（2020）「インターネット上における仮名や匿名の自己呈示とネットでの問題行動との関連」『科学研究費助成事業研究成果報告書』。
外務省（1994）『児童の権利に関する条約／Convention on the Right of the Child』外務省総合外交政策局人権人道課。
警察庁（2019）『平成30年におけるSNSに起因する被害児童の現状』。
警察庁（2020）『令和元年における少年非行，児童虐待，及び子供の性被害の状況』。
厚生労働省（2020）『令和元年度児童相談所での児童虐待相談対応件数〈速報値〉』。
社会保障審議会児童部会児童虐待等要保護事例の検証に関する専門委員会（2019）『子ども虐待による死亡事例等の検証結果等について（第15次報告）』。
総務省（2018）『いじめ防止対策の推進に関する調査結果報告書』総務省行政評価局。
滝充（2011）『いじめの調査結果について』〈教育委員会月報〉745，pp.7－10.
内閣府（2020）『令和元年度青少年のインターネット利用環境実態調査』。
森田洋司・山下一夫監修，阪根健二編著（2020）『生徒指導のリスクマネジメント』〈生徒指導研究のフロンティア〉学事出版。
文部科学省（2006）『学校等における児童虐待防止に向けた取組について（報告書）』学校等における児童虐待防止に向けた取組に関する調査研究会議（平成18年5月）。
文部科学省（2009）『子どもの徳育の充実に向けた在り方について（報告）』。
文部科学省（2010a）『児童虐待防止に向けた学校等における適切な対応の徹底について（通知）』。
文部科学省（2010b）『児童虐待の防止のための学校，教育委員会の的確な対応について』。
文部科学省（2010c）『生徒指導提要』。
文部科学省（2015）『一時保護等が行われている児童生徒の指導要録に係る適切な対応及び児童虐待防止対策に係る対応について（通知）』。
文部科学省（2016a）『いじめの正確な認知に向けた教職員間での共通理解の形成及び新年度に向けた取組について（通知）別添資料「いじめの認知について」』。
文部科学省（2016b）『不登校児童生徒への支援に関する最終報告』。
文部科学省（2017a）『いじめ防止等のための基本的な方針（平成25年10月11日文部科学大臣決定，平成29年3月14日最終改訂）』。
文部科学省（2019a）『「児童虐待防止対策の強化に向けた緊急総合対策」の更なる徹底・強化について』。
文部科学省（2019b）『児童虐待防止対策に係る学校等及びその設置者と市町村・児童相談所との連携の強化について』。
文部科学省（2019c）『児童虐待防止対策の抜本的強化について』。
文部科学省（2020a）『令和元年度児童生徒の問題行動・不登校等生徒指導上の諸課題に関する調査』。
文部科学省（2020b）『学校・教育委員会向け虐待対応の手引き』。

第10章

求められる「人間力」

1　教育観の見直し

(1)「何を教えるか」から「何ができるようになるか」

直近の学習指導要領改訂では大きな社会の転換点として，グローバル化に加えて，デジタル社会を想定し人工知能（AI）に代表される情報処理技術の飛躍的向上，少子高齢化など喫緊の課題が山積する中，どのような教育を通して人間としての成長を支えるのか検討を重ねながら，その理念構築や改訂作業が進められた。それらの内容については，第1章で述べられているとおりであり，「資質・能力の三つの柱」に込められた願いにもこのような背景が影響している。まさに現代社会において，知識中心ではなく，学んで身に付けた知識をどう活用するかや，さらに働くことを中心としてきた社会から生活をより重視した社会づくりが課題となり，こうした大きな変動に対応したものが教育の目標には求められているのである。

今回の改訂においては，これまでの学校における各教科等の授業において，「教員が何を教えるか」という観点を中心に組み立てられてきたことの問題や弊害として，中央教育審議会（以下，中教審と略記）答申（平成28年12月21日）において次のように指摘されている。

> そのことが，教科等の縦割りを越えた指導改善の工夫や，指導の目的を「何を知っているか」にとどまらず「何ができるようになるか」にまで発展させることを妨げているのではないか（中教審答申：20）

このように,「「何を教えるか」から「何ができるようになるか」」への具体的な教育の見直し,知識を教えて覚えさせる授業からの質的改善が求められている。さらに,よりよい学校教育を通じてよりよい社会を創るという目標を社会と共有すること,学校教育を学校内に閉じずに地域の人的・物的資源を活用し,目指すべきところを社会との共有,連携によりその実現を図ろうとする「社会に開かれた教育課程」が重視されている。

(2)「子供の視点に立つ」という不易な側面

学習指導要領の改訂といえば,変更点や新たに求められるものが注目されがちである一方,忘れてはならないのが変わらないものや変えてはいけない不易な側面である。教員という職業は,目の前に子供がいるからこそできる仕事だ。学校は子供たちが学ぶ場であり,子供たちの成長のためにあるといっても過言ではない。子供たち不在では学校教育は成立しないのである。

教育の道は子どもの存在とともに始まる(鯵坂 1965)

これは,鯵坂二夫の教育や子供に対する捉え方の根底にある考え方を象徴する言葉である。どんなに時代が変わろうとも,教育・子供・教師の関係を考える際に忘れてはならない肝に銘じておきたい考え方である。

今回の改訂に,教育課程部会や教育課程企画特別部会等,様々に関わった奈須正裕は,改訂作業を振り返り,「今回の学習指導要領改訂は,徹頭徹尾「学習する子供の視点に立つ」ことを原理として進められた」(奈須 2017:31)と,教育を見直すうえで「子供の視点に立つ」ことの重要性を述懐している。

つまり,「何を学ぶのか」,「どのように学ぶのか」,「何ができるようになるのか」という観点を考える際に,授業や教室における子供たちの存在,具体的な学びの姿を基点として考えるということである。教育観がどのように変わろうとも,教育はまず子供がいて,そこに教師や教材等が必要になる。前述の学習する子供の視点に立つことの肝要さを確認するとともに,教育は教師から一方的に教えて子供が受動的に受け取り学ぶのではなく,子供自身が主体的に学ぼうとする環境や教師の関わりをどのように改善すればよいかを考えていこうとする方向性である。

ICTやAIを活用した教育の在り方,Society 5.0を目指した社会で求められる学校像や教育像が語られる中，文部科学省からは GIGA（Global and Innovation Gateway for All）スクール構想[1]が示され，児童生徒一人に１台ずつタブレット等の端末が渡され活用されることとなった。時代に対応した教育改革の波にあわせて，教育や学校の在り方を追い求めていくのは結構なことであるが，忘れないでほしいのは教育の持つ不易の部分である。その視点を忘れずに，デジタル社会で生きていく，いや生きていかなければならない子供たちにとって必要な教育の在り方を模索していきたい。

（3）教育基本法から教育の目的を再考

学校の現状を先生方の様子や声から想像すると，教材研究にじっくりと取り組んだり，個に応じた支援や工夫を考えたり，本来の教育活動充実のために優先的に取り組みたいことがあっても十分に時間をかけられず苦渋の選択をしながら実践しているのではないかと推察する。

そもそも学校は何をする場所なのか，教育は何をすることが大切なのか，といった根源的な点を改めて問い直したい。それらの問いに教育基本法の文言を手がかりに，読者自身が誰かに語り伝えることをイメージして自分の言葉で再考し，自己内対話をしてほしい。

周知のとおり，教育基本法第１条には教育の目的として，「教育は，人格の完成を目指し……」と明示され，その前文には次のような一文もある。「我々は，この理想を実現するため，個人の尊厳を重んじ，真理と正義を希求し，公共の精神を尊び，豊かな人間性と創造性を備えた人間の育成を期するとともに，伝統を継承し，新しい文化の創造を目指す教育を推進する。」

この内容は，第２条で示されている教育の目標にもつながっており，第２条各項の多くは道徳科の内容項目で示されているものと重なっている。当然であるが，道徳性を養うことを目標とする教育活動全体で取り組む道徳教育や道徳科の時間が果たす役割は，人格の完成を目指すうえで肝要である。

さらに，2020 年 10 月 7 日に中教審初等中等教育分科会では，答申に向けた中間まとめとして，「「令和の日本型学校教育」の構築を目指して～全ての子供たちの可能性を引き出す，個別最適な学びと，協働的な学びの実現～」を示した。そこでは日本の学校教育の成果として，学習指導だけでなく生徒指導面での役割も担い，知・徳・体を一体で育む「日本型学校教育」が，全ての子供たちに一定水準の教育を保障する平等性の面，全人教育の面，卓越性という面などについて諸外国から高く評価されていることや，OECD による日本の教育政策レビューについて，「日本の教育が成功を収めている要素として，子供たちに対し，学校給食や課外活動などの広範囲にわたる全人的な教育を提供している点」(3 - 4 頁) との指摘を紹介している。

まさに，道徳教育を通しての全人的な教育が，教育の目的である人格の完成を目指して行われる学校教育の基盤として実践されてきた成果ともいえるだろう。このような点も，学校教育が見直される中で忘れてはいけない。

(4) 2030 年に向けた「令和の日本型学校教育」の構築

前述の中教審中間まとめでは，子供たちが 2030 年以降も活躍するために必要な資質・能力について検討し，OECD による 2019 年 5 月発表の“Learning Compass 2030”にもふれている (2 頁)。そこでは，今後，子供たちが社会を変革していくために自ら主体的に目標を設定し，振り返りながら責任ある行動がとれる力を身に付けることの重要性が謳われている。そのような国際的な流れも考慮しながら，日本の学校教育のこれまでの成果や課題を踏まえて今後の在るべき学校教育の姿が「令和の日本型学校教育」として記されて，以下のような点の必要性や重要性を述べている。

> 明治から続く我が国の学校教育の蓄積である「日本型学校教育」の良さを受け継ぎながら更に発展させ，学校における働き方改革と GIGA スクール構想を強力に推進しながら，新学習指導要領を着実に実施することが必要 (17 頁)

> 従来の社会構造の中で行われてきた「正解主義」や「同調圧力」への偏りから脱却し，本来の日本型学校教育の持つ，授業において子供たちの思考を深める「発問」を重視してきたことや，子供たち一人一人の多様性と向き合いながら一つのチーム（集団）としての学びに高めていく，という強みを最大限に生かしていくことが重要 (17 頁)

さらに，子供の学びの姿としては，「指導の個別化」と「学習の個性化」が重要とされ，教師側の視点から整理した概念が「個に応じた指導」であり，学習者の視点から整理した概念として「個別最適な学び」が用いられている。

「個別最適な学び」は，中間まとめのサブタイトルにもみられるが，「個別最適な学びの成果を協働的な学びに生かし，さらにその成果を個別最適な学びに還元するなど，個別最適な学びと協働的な学びの往還を実現することが必要」(19頁) とも強調されている。これからの日本の学校，教育，教員の在り方をイメージすると，求められる資質能力や多様な教育課題への対応からも，教室の風景が少しずつ変化していくことも想像される。例えば，ICTの活用により空間的・時間的制約を緩和することができるようになれば，異学年間の学びや他の学校の子供たちとの学び合いなども可能であろう。今まで当然と考えていた「学級全員が同じ教室で，同じ内容を教わる授業の在り方」，「毎日同じ子供たちが，同じ教室で一方向に机を並べて過ごす学級集団の在り方」，「教科書の内容を教えることで学力を身に付けさせようとする指導や教育の在り方」がどのように変わるのか注目していきたい。いや，すでに変わりつつあるといってよいだろう。急激な変化を歓迎しない教育現場ではあるが，教育観の見直しに伴う教育の在り方や姿が一気に変わらざるを得ない状況に進みだしていることを前向きに捉えていきたい。

2　教師観の見直し

教育課題の多様化・複雑化とともに，大量退職に伴う大量採用で年齢や経験年数の不均衡による弊害も危惧されている。そのような状況下でも，子供たちに必要な資質・能力を育もうとしている教師自身にはどのような資質・能力が求められているのだろうか。OECDのEducation 2030プロジェクトでも，そのフェーズ2として教師に求められるコンピテンシーに関して2019年度より議論が始められた。本節では，これまでの日本において求められてきた教師像や教師観を概観しながら，今後の教師観を検討してみたい。

(1) 研究と修養が求められる教師としての道

いつの時代も教育について論ずる場合，その担い手としての「教師」の有様が問われる。教育環境には人的環境，物的環境があるが，教師は子供とともに多くの時間を過ごし，子供たちの成長・発達と深く関わることができる。その教師に求められる教師像は時代とともに多少なりとも変化している。

教員にとって，学び続ける姿勢，まさに研修を通しての力量向上はいうまでもないが，教育基本法第9条（平成18年改正）や教育公務員特例法第21条でも規定されているとおり，「絶えず研究と修養」に努めなければならない。研修を通じて，職責の使命を自覚し職務を遂行しなければならないのである。公立学校の教師は地方公務員の中でも，教育公務員として位置付けられて，すなわち地方公務員法の特例として，教育公務員特例法によって前述のように規定されている。さて，ここで言われる修養について確認しておきたい。

> 精神を錬磨し，優れた人格を形成するようにつとめること（広辞苑第六版：1333）

つまり，教師には知識を分かりやすく教える技術的面だけでなく，人間としてのまさに品性や人格の向上が強く求められている。この点については，教師に求められる資質能力として常に問われ続けてきたことであり，子供の前に立つ教師である以前に一人の人間としての人格が問われているのである。

(2) 教員に求められる資質能力——各答申等での内容

「教員に求められる資質能力とは何か」という課題は，教育職員養成審議会（以下，教養審と略記）の発足後の一貫したテーマで，昭和時代にも臨時教育審議会や教養審（昭和62年12月）の答申等で，教員の資質能力の向上方策等について議論され示されてきた。ここでは，平成以降の主な答申[2]を振り返り，その概要を確認したい。

①教育職員養成審議会答申における教員に求められる資質能力

まず，教養審第1次答申「新たな時代に向けた教員養成の改善方策について」（平成9年7月28日）では，①いつの時代も教員に求められる資質能力と，変化の激しい時代にあって子供たちに「生きる力」を育む観点から，②今後特に教員に求められる資質能力が，さらに，③得意分野を持つ個性豊かな教員としての資質能力が示された。

①の資質能力に関しては不易な部分としての側面であり，昭和62年答申の「はじめに」の部分で次のように明示されている。「教育者としての使命感，人間の成長・発達についての深い理解，幼児・児童・生徒に対する教育的愛情，教科等に関する専門的知識，広く豊かな教養，そしてこれらを基盤とした実践的指導力が必要である」。

②の具体的資質能力としては，以下のような視点から具体的に例示され，「養成カリキュラムの改善」にも少なからず影響を与えることとなった。

◯地球的視野に立って行動するための資質能力（・地球，国家，人間等に関する適切な理解，・豊かな人間性，・国際社会で必要とされる基本的資質能力）
◯変化の時代を生きる社会人に求められる資質能力（・課題解決能力等に関わるもの・人間関係に関わるもの，・社会の変化に適応するための知識及び技能）
◯教員の職務から必然的に求められる資質能力（・幼児・児童・生徒や教育の在り方に関する適切な理解，・教職に対する愛着，誇り，一体感，・教科指導，生徒指導等のための知識，技能及び態度）

さらに，③の資質能力に関して，画一的な教員像を求めることは避け，積極的に各人の得意分野づくりや個性の伸長を図ることが大切であるとも示された。その後，平成10年10月に第二次答申が，平成11年12月に教養審の最後となる第三次答申「養成と採用・研修の連携の円滑化について」が出された。そこでは，養成・採用・研修の各段階における資質能力形成に係る役割分担や教員の各ライフステージに応じて求められる資質能力に関してだけでなく，大学と教育委員会等の連携方策の充実についても提起された。

②中央教育審議会答申における教員に求められる資質能力

中教審答申「新しい時代の義務教育を創造する」（平成17年10月）では，「教師力，学校力，人間力」と三つの力が明記され，義務教育の改革や充実が叫ばれた。さらに，「優れた教師の条件」として次の3項目が提示された。

①教職に対する強い情熱（教師の仕事に対する使命感や誇り，子供に対する愛情や責任感など）
②教育の専門家としての確かな力量（子供理解力，児童・生徒指導力，集団指導の力，学級づくりの力，学習指導・授業づくりの力，教材解釈の力など）
③総合的な人間力（豊かな人間性や社会性，常識と教養，礼儀作法をはじめ対人間関係能力，コミュニケーション能力などの人格的資質，教職員

全体と同僚として協力していくこと）

そして，平成18年7月の中教審答申「今後の教員養成・免許制度の在り方について」では，平成9年，17年各答申の基本的な考え方は今後も尊重していくとしたうえで，専門性の向上や最新の専門的知識や指導技術等を身に付けていくこと，『学びの精神』が強調された。その後，平成24年8月の中教審答申「教職生活の全体を通じた教員の資質能力の総合的な向上方策について」では，学び続ける教員を支援する仕組みの構築（「学び続ける教員像」の確立）が必要とされるとともに，初任段階の教員が困難を抱えており，養成段階における実践的指導力の育成強化が求められた。その点からも，教員の資質能力向上には養成・採用・研修の各段階における充実・改善とともに連携が重要であることが確認され，その在り方の見直しが議論されてきた。

また，平成27年12月の中教審答申「これからの学校教育を担う教員の資質能力の向上について　～学び合い，高め合う教員育成コミュニティの構築に向けて～」では，研修・採用・養成の各段階における主な課題として，次のような点が指摘された。まず，研修では，多忙で時間確保が困難なことや自ら学び続けるモチベーションを維持できる環境整備の必要性，アクティブ・ラーニング型研修への転換等が求められた。採用では，優秀な教員確保のための求める教員像の明確化，選考方法の工夫等が必要とされた。養成では，教員に最低限必要な基礎的・基盤的な学修という認識の必要性，学校現場の実際を体験させる機会の充実等が必要とされた。（一部抜粋）

そして，これからの時代の教員に求められる資質能力として次の3点が明示された。

○これまで教員として不易とされてきた資質能力に加え，自律的に学ぶ姿勢を持ち，時代の変化や自らのキャリアステージに応じて求められる資質能力を生涯にわたって高めていくことのできる力や，情報を適切に収集し，選択し，活用する能力や知識を有機的に結びつけ構造化する力。

○アクティブ・ラーニングの視点からの授業改善，道徳教育の充実，小学校における外国語教育の早期化・教科化，ICTの活用，発達障害を含む特別な支援を必要とする児童生徒等への対応などの新たな課題に対応できる力量。

○「チーム学校」の考えの下，多様な専門性を持つ人材と効果的に連携・分担し，組織的・協働的に諸課題の解決に取り組む力。

（平成27年12月中教審答申：9）

さらに，教員研修に関する改革の方向性として，「教員は学校で育つ」ものであり，同僚の教員とともに日常的に学び合うOJT(On the Job Training)や自ら課題を持って自律的，主体的に行う研修の重要性が指摘された。加えて，学び続ける教員を支えるキャリアシステムの構築のために，教育委員会と大学等との協議・調整のための体制（教員育成協議会）の構築や教員育成指標，研修計画の整備が強く求められた。この指標では，養成段階，採用段階，初任から数年間の基礎段階，中堅段階，ベテラン段階などにおける求められる（身に付けるべき）資質・能力が設定されて，教職生活全体を通じた職能成長を実現する環境づくりや研修の改善等が提言された。その後，平成28年11月には，教育公務員特例法等の一部が改正されることとなった。

このような経緯を受けて，各教育委員会等では，教育センターや大学と連携を図りながら，教員育成指標の作成を行ってきた。また，各教職員は，自己の現時点における資質・能力を把握することや自己のキャリアアップを図るための目標を設定するための活用にも生かしたい。さらに，校長には学校組織の長として，学校経営ビジョンに基づく，組織的な人材育成や校内OJTにおける組織的な人材育成の指標としても有効活用が求められる。

以上のように，主体的・自律的に学び続けようとする教員像が希求されており，その基盤としては平成17年中教審答申でも示された人間力が欠かせないだろう。働き方改革が叫ばれる今こそ，研究と修養に励むことの意味を自覚し，OJTを生かした校内研修等の充実が求められる。研修は，教師としての自主性や自律性を育む点からも重要な活動であり，これまでもその充実が問われてきた。厳しい学校環境下であるが，研修はさせられるのではなく，教員自らが自身の資質能力向上のために主体的に取り組むことの重要性を再確認しておきたい。まさに，「学びの精神」や「学び続ける教員像」といわれるように，常に教師としての在り方を自律的に問い続けていこうとする，「教師自らが，自らの在り方を，自らに問い続ける」営みともいえる。

(3) あなた自身の目指す教師像を

研修の必要性や教師に求められる資質能力について触れてきたが，教職を目指される皆さんには，現在，大学で学んでいることを通して，これからの教育や教師像を踏まえながら，自らの目指す教師像を思い描いてほしい。下記は，香川大学教育学部の一年次生が，「二十四の瞳　出会いプロジェクト[3]」としての学びを振り返り記述した一部分である。

……物語の終盤で大石先生と元教え子 8 人の同窓会のシーンがあり，胸がいっぱいになった。卒業後でも会いに来てくれる，恩師と慕ってくれる生徒がいるというのは教師としての一番の幸せだろう。こんな教師になれるだろうか？自分次第だが，大石先生は目標である。これからの教師をめざすための覚悟になった。……（学生 A）

……大石先生は悩んでいる子供に対して，大変親身な相談や対応，問題解決の手助けとなる行動をすぐにとっている。一人で悩みを抱え込ませるのでなく，手を差し伸べて一緒になって解決に向かおうとする姿勢が重要だと学んだ。時代も環境も違うが，一人一人に目を向けた親身な対応は，教員に限らず今の自分たちにもできることで，今後の人生においても大切な要素だと感じた。めざし実行できるようにしたい。（学生 B）

小さな岬の分教場に向かう道を，洋服姿の先生は，「おはよう」と一人一人の子供たちに声をかけながら，自転車で颯爽と通り過ぎていく。壺井栄による『二十四の瞳』に描かれた新任教師と子供たちの出会いの場面である。舞台は昭和の初めの瀬戸内海の一寒村，小学校に赴任した新任教師の大石先生と個性豊かな 12 名の教え子たちのふれあいと絆を深めていく不朽の名作である。岬の分教場は，観光地の役割だけでなく，全国から教師を目指す学生や若手教員，悩みを抱える教員たちにとって癒しの場であり，自らの原点や初心を思い起させる場ともなっている。分教場に置かれたノートには，教職を目指そうと思った理由，心が折れそうになり訪れた教師の切なる思い，自らの初心を確認するために来た経緯，大石先生のように子供とのふれあいを大切にしたいという決意など，様々な訪問理由が記されており，まさに教育の聖地としての役割を担っているようである。

教育は子供との出会いから一歩が始まる。ぜひ，子供との出会いを思い描き，自分自身の目指す教師像を模索しながら，教師としての基盤づくりに励んでほしい。

3　児童生徒観の見直し

子供たちが生きていく将来は，答えが一つでない予測できない時代になると言われている。そのようななか，大人や教師はどのような児童生徒観・子供観を大切に接したり関わったりしていく必要があるのか考えていきたい。

(1) 子供観の変遷

子供が一人の人間としての主体的な存在としてみられるようになるにはかなり時間を要したといえる。近代以前の子供観には，小さな「大人」として，一人の人格を持つものとみなされず，「大人の私有物や従属物」のようにさえ捉えられていた。また，ヨーロッパにおける中世・近世の子供観では，子供は罪深い小さな大人など，子供の本性を否定し，神の意志に従わせることが大切とされていた。その後，「人間らしさをありのままに見つめよう」とするギリシアやローマの文化が復刻されはじめ，さらには，「すべての人間は神の下で平等」であり，人権への芽生えが登場することとなった。そのように，子供にとって苦難ともいえる時代が長く続いていたのである。

過去の子供観を大きく変えることに特に影響を与えたルソーやペスタロッチ，フレーベルなどの思想は特筆に値する。教育学の歴史において，強く性善説を唱えたとして知られるルソーは，人間の本性に絶大な信頼を寄せ，そこから自発性の重視，個性尊重，漸進主義，総合教育などの原理を導き出して大きな影響を与えた。

また，ペスタロッチは，ルソーの影響もあり農村に入り民衆の貧しさ，子供の現状に衝撃を受けるとともに，学校教育の書物による知識の詰め込みや教義の押し付けに反対した。そして，真の生活力は人間の自然本性を最大限に発達させることによって養われると主張し，手を動かし，頭を使い，胸を熱くする生活，その中に人間のすべてがあり，この生活が人間を陶冶すると訴えたのである。

さらに，ペスタロッチに啓発され，彼の初等教育のやり方をより小さい子どもたちの教育に当てはめて，幼児の心の中にある神性をどのようにして伸長していけるかに苦心したのがフレーベルである。フレーベルの子供の中に宿る神性や児童尊重の点に関して，皇（1962）は，「ルソーによって発見され，ペスタロッチによって玉座の高きに比せられた人間性は，フレーベルにおいてはついに神性として敬仰されるにいたった」と表現している。3人の教育思想に共通してみられるのは，子供への深い信頼感と愛情であろう。

その後，二つの世界大戦以降，「平和」「平等」という意識が強くなり，「人権」への芽生えがより強くなってきた。特に，ジュネーブ宣言（1924年制定），世界人権宣言（1948年），児童権利宣言（1955年），子供の権利条約（1989年）と，このような過程を経ながら，世界全体に一人の人間としての権利を有する権利主体としての「子供観」がより鮮明に登場してきたといえる。加えて，子供固有としての権利も認めようとしてきたのである。これは，独立した一人の人間として，大人などから一方的に押し付けられる存在ではなく，主体的な存在としての人間観の表れでもある。

また，日本においても子供の存在は様々にみられてきた。例えば，人手が必要な際の人的資源として捉えられたり，保護・管理の対象としてや消費者としての存在としても見られたりしてきた。また，家庭においても親の思うようにならない場合は，躾の範囲を超えた行為や暴力等が振るわれていた。残念なことに，法律により虐待が禁じられている現在でも児童虐待が後を絶たない現状には心が痛い。さらに，学校においては教師が教え導く教育の対象として，教師の教えに従う未熟な存在としての児童生徒観が長きにわたり少なからず存在してきたといえる。

昨今では，ようやく教育観の見直しも含めて，学び育つ主体としての児童生徒観が広がりつつあると期待している。子供自身の持つ可能性や自発性を信じて，如何に待つことができるかが大人や教師に問われている。また，市民社会の一員としての子供観も叫ばれて，自治・参画の主体としての存在である子供への期待もあらわれている。

(2) 子供理解の難しさと大切さ

「物を知るにはこれを愛さねばならず，物を愛するのはこれを知らねばならぬ」哲学者の西田幾多郎の言葉である（西田 1986：243）。このことは，教師と子供の関係においても当てはまるだろう。子供一人一人には，様々な違いや個性がある。その違いや個性をしっかりと見つめて正しく知りながら，子供を理解していくという過程が大切だ。時には，その背景や目に見えない心の内側を知るために，時間をかけながら一歩ずつ歩み寄らなければならない。視覚的に「子供をみる」だけでなく，「子供の心がみえる」ということを大切にしたいが，簡単なことではない。理解するといえば簡単かもしれないが，正しく知るためには，その子に寄り添いながら共に時間を過ごし，その思いを傾聴しなければならない。そのような過程でその子への理解や愛情が深まり，教師としてどのように関わり接していくかという手がかりやヒントが見つかるものだ。

また，日本のペスタロッチと呼ばれた東井義雄は，「子供はつまずきの天才である」と子供のつまずきや間違いには，子供なりのつまずきの論理があると指摘する。そして，子供のつまずきは，嫌悪すべきものではなく教師たちにとっては指導の見通しを得る絶好の機会であり，改善のチャンスだとみる。学習においてみられる子供のつまずきをどのように捉えるのか，教師の児童生徒観が大きく影響するといえる。東井の子供観を象徴する詩に「どの子も子どもは星」がある。その詩の中で，

……みんなそれぞれがそれぞれの光をいただいて　まばたきしている。
ぼくの光を見てくださいとまばたきしている
わたしの光も見てくださいとまばたきしている……

と表現している。どの子も輝く星であるように，教師や大人も各自の人生を歩む過程で，周囲から光を受けて輝いている。子供の前に立つあなた自身も輝く星であってほしい。子供の育ちに携わる専門家，教育者としての児童生徒観・子供観を磨き続けてほしい。（植田　和也）

〈注〉

(1)　児童生徒に1人1台の学習者用PCと高速ネットワーク環境などを整備する5年間の計画。一人一人の個性に合わせた教育の実現で，さらに教職員の業務を支援する「統合系校務支援システム」の導入で，教員の働き方改革につなげることを目指している。

(2)　その他，第2期教育振興基本計画（平成25年6月閣議決定）の基本施策4では教員の資質能力の総合的な向上に，教育再生実行会議第五次提言（平成26年

7月）では教員免許制度の改革や教師インターン制度の検討等に，教育再生実行会議第七次提言（平成27年5月）では，キャリアステージに応じた育成指標の策定や養成・採用・研修を通じた育成支援の方針等に，経済財政運営と改革の基本方針2015（平成27年6月閣議決定）ではアクティブ・ラーニングの促進や教職員の質的向上等について提起されている。

(3)　学生が単行本『二十四の瞳』を読み，DVDによる映画視聴や教員による講義や解説を聞く機会を設けている。その後，小豆島の岬の分教場や映画村，壺井栄文学館等を訪ねる。自らの目指す教師像を考える一つのステップとしている。

〈引用文献・参考文献〉

鯵坂二夫（1965）『教育学』ミネルヴァ書房。
木村元（2015）『学校の戦後史』岩波新書。
奈須正裕（2017）『「資質・能力」と学びのメカニズム』東洋館出版社。
新村出編（2008）『広辞苑　第六版』岩波書店。
ルソー（1962）『エミール　上』今野一雄訳，岩波文庫。
福田弘（1991）「ゲルトルート児童教育法　ペスタロッチ」金子茂・三笠乙彦編著『教育名著の愉しみ』時事通信社，pp.45－52.
ペスタロッチ（1959）『隠者の夕暮』〈ペスタロッチ全集第一巻〉長田新訳，平凡社。
皇至道（1962）『西洋教育通史』玉川大学出版会。
森山茂樹・中江和恵（2002）『日本子ども史』平凡社。
西田幾多郎（1986）『善の研究』岩波文庫。
川地亜弥子（2005）「東井義雄と村を育てる学力」田中耕治編著『時代を拓いた教師たち』日本標準，pp.75－87.
東井義雄（1989）『東井義雄詩集』探究社。
教育職員養成審議会（1997）第1次答申「新たな時代に向けた教員養成の改善方策について」（平成9年7月28日）。
中央教育審議会（2005）答申「新しい時代の義務教育を創造する」（平成17年10月26日）。
中央教育審議会（2015）答申「これからの学校教育を担う教員の資質能力の向上について　～学び合い，高め合う教員育成コミュニティの構築に向けて～」（平成27年12月21日）。
中央教育審議会（2016）答申「幼稚園，小学校，中学校，高等学校及び特別支援学校の学習指導要領等の改善及び必要な方策等について」（平成28年12月21日）。
中央教育審議会初等中等教育分科会（2020）中間まとめ（案）「『令和の日本型学校教育』の構築を目指して～全ての子供たちの可能性を引き出す，個別最適な学びと，協働的な学びの実現～」（2020年9月28日）。

第11章

求められる「授業力」

1　授業とは

授業とは，教師にとって最も重要な職務であり，学校の教育活動の根幹をなすものである。また，授業は教育の専門家としての教師の核となる教育活動といっても過言ではない。

(1) 授業と学習指導要領

1時限ごとの授業は，各学校において編成する教育課程に基づいて実施される。教育課程の編成はそれぞれの学校が主体的に行うものである。しかし，だからといって学校が自由奔放に教育課程を編成してもよいということではない。

教育課程に関する基準（各教科等の内容や授業時数など）は，教育基本法，学校教育法，学校教育法施行規則等の法令や学習指導要領によって定められている。

小・中学校の新学習指導要領は平成29年3月に告示され，章構成は，「第1章　総則，第2章　各教科，第3章　特別の教科 道徳（道徳科），第4章　総合的な学習の時間，第5章　特別活動」となっている。また，各章には目標，内容，指導計画の作成と内容の取扱いが示されている。

また，高等学校の新学習指導要領は平成30年3月に告示され，章構成は，「第1章　総則，第2章　各学科に共通する各教科，第3章　主として専門学科において開設される各教科，第4章　総合的な学習の時間，第5章　特別活動」となっている。また，各章には目標，内容，（指導計画の作成と）内容の取扱いが示されている。

学習指導要領は法的拘束力を持っている（1955年の最高裁判所の判決による）。その学習指導要領の基準性については，学習指導要領第1章総則第2［教育課程の編成］3［教育課程の編成における共通的事項］(1)内容等の取扱い「ア」で次のように示されている。

> 第2章以下に示す各教科，道徳科（小・中学校のみ）及び特別活動の内容に関する事項は，特に示す場合を除き，いずれの学校においても取り扱わなければならない。

その意義は，学習指導要領が全国的な一定の教育水準を確保していることにある。そのうえで，地域や学校の実態に応じて教育課程が編成され，創意工夫を生かした教育活動が展開できるようにすることが求められている。

(2) 二つの授業の様式

佐藤学（1996）は，ジャクソンの『授業という実践』によって，授業を次の二つの様式として捉え，その概念を紹介している[1]。

①模倣的様式

知識や技能の伝達と習得を基本とする授業の様式である。近代の学校における支配的な様式であり，授業は文化の伝達という考え方に立つ。したがって，教育内容の知識の学習に重点を置き，知識や技術の獲得それ自体を重視することになる。

②変容的様式

学習者が思考態度や探究方法を形成することを授業の基本とする様式である。対話が重視される。この様式の方法は，「ソクラテス的問答」，「ソクラテスの産婆術（助産術）」にその起源を求めることができる[2]。

この様式では，「授業は文化の伝達ではなく，文化の再創造である」という考え方に立ち，教材の内容そのものよりも教材を媒介とした能力の発展を重視することになる。

2　学校教育法第 30 条第 2 項にいう「確かな学力観」

学校教育法第 30 条第 2 項に次のことが示されている。

> 生涯にわたり学習する基盤が培われるよう，①基礎的な知識及び技能を習得させるとともに，②これらを活用して課題を解決するために必要な思考力，判断力，表現力その他の能力をはぐくみ，③主体的に学習に取り組む態度を養うことに，特に意を用いなければならない。(①②③の番号は筆者による)

ポイントは次の三つである。

①基礎的な知識及び技能の習得。
②習得した知識及び技能の活用，すなわち課題解決のために必要な思考力，判断力，表現力その他の能力（活用能力）の育成。
③主体的に学習に取り組む態度の養成。

これらの三つのポイントは，確かな学力観を示している。この学力観が新学習指導要領のキーワードである「主体的・対話的で深い学び」の根拠であるといってもよい。

学校教育法第 30 条第 2 項にいう「確かな学力観」を根拠に，各教科等において「主体的・対話的で深い学び」を追究するべく，授業改善が求められている。

新学習指導要領では，それぞれの教科等を学ぶ本質的な意義を大切にしつつ，学校の教育課程全体の学びを通じて「何ができるようになるか」という視点で，子どもたちに育成すべき資質・能力を捉えている。具体的には次の①－③の三つの柱がそれにあたる。

①何を理解しているか，何ができるか（生きて働く「知識・技能」の習得）
②理解していること・できることをどう使うか（未知の状況にも対応できる「思考力・判断力・表現力等」）

③どのように社会・世界と関わり，よりよい人生を送るか（学びを人生や社会に生かそうとする「学びに向かう力・人間性等」の涵養）

3　授業過程

授業は明確な目的のもとに展開される教師の意図的な活動である。授業力を向上させるための授業過程はどのようにすればよいのか。段階を追ってみてみよう。

(1) 授業計画の段階

授業計画の前提として，生徒の実態等を考慮する必要がある。また，年度当初に授業の年間予想を構想しておくことも不可欠である。これがシラバスと呼ばれているものである。年間のみならず，学期ごと，単元ごとの細部の計画も必要である。

(2) 授業準備の段階

この段階では授業目的を設定する必要がある。授業計画に基づく１単位時間の指導目標の設定である。生徒の実態に即して，柔軟に設定することが求められる。そのうえで，生徒に「何を教えるのか」，「何を考えさせるのか」を明確にすることが必要である。

「教えて考えさせる」というのが基本であろう。教えることについては,「教科書を教える」のか「教科書で教える」のかが問われるところであるが，後者が基本である。

また，教材研究が不可欠である。教科書を中心に，「投げ入れ教材」の利活用を検討したり，授業目的を達成するために，何をどのように教え，考えさせるのかという視点で教材を分析し，それをどのように授業の中に組み込んでいくのかを考察する必要がある。そうすることによって，「木を見て森が見えるような授業」を目指すことになる。

(3) 学習指導過程の設計の段階

この段階は授業準備の最終段階である。学習指導案としてまとめる段階といってもよい。何のために，何を，どのように指導していくのかという具体的な計画案を作成することになる。この具体的な計画案は，授業を実際に行うための事前のシミュレーション的な役割を果たす。

コミュニケーションを活性化させ，みんなで考えるような授業を展開するには，グループトークやクラストーク等の対話の場が欠かせない。教師と生徒の応答関係や生徒と生徒の対話による相互作用の充実である。そのためには，教師のパイロット役（ファシリテーター役）が重要である。

新学習指導要領にいう「主体的・対話的で深い学び」の「対話的な学び」は，論理力（思考力・判断力・表現力）を育成することになり，その実現のためには，言語活動の充実や「発問」の質の向上が求められる。その際，英語の dialogue の原語にあたるギリシャ語の dialogos の意味，logos（言葉）を dia する（分かち持つ）ことによって，対話の充実を図ることが望まれる。

「発問」は，学習者の興味や関心をかき立て，考えてみたくなるような学習意欲を呼び起こす契機となる教師から生徒への働きかけであり，試行錯誤と教材研究などを通じて，考え抜いた末に作り出される性質のものである。

(4) 授業実施の段階

対話を重視した授業を展開するためには，発問に対する生徒の反応を事前に想定しておくことが大切である。しかし，計画どおりに授業を実施することができるのは稀である。発問に対する生徒の反応が必ずしも教師の期待どおりにはならないからである。予想もしなかった生徒の反応を授業の中に生かすことが望ましいことはいうまでもない。

発問に対する生徒の反応を事前に想定しておくことは大切である。そうでなければ，対話によって思考を深めることはできない。一問一答型のピンポン学習では思考を深めることはできないのである。習得した知識・技能を活用する思考力・判断力・表現力を育てるためには，対話の成立を意図しなければならない。

教科等の学習指導過程の基本は次のとおりである。

〈学習指導過程の基本〉

	学習活動	指導上の留意事項 （発問及び予想される生徒の反応）	評価規準［観点］ （評価方法）
導入			

展開			
終末			

(5) 授業評価の段階

文部科学省・国立教育政策研究所教育課程研究センター（令和2年3月）は，『「指導と評価の一体化」のための学習評価に関する参考資料　中学校　社会』の「はじめに」の中で，次のように述べている[3]。

> 今回の学習指導要領では，各教科等の目標及び内容が，育成を目指す資質・能力の三つの柱（「知識及び技能」，「思考力，判断力，表現力等」，「学びに向かう力，人間性等」）に沿って再整理され，各教科等でどのような資質・能力の育成を目指すのかが明確化されました。これにより，教師が「子供たちにどのような力が身に付いたか」という学習の成果を的確に捉え，主体的・対話的で深い学びの視点からの授業改善を図る，いわゆる「指導と評価の一体化」が実現されやすくなることが期待されます。

このことをわかりやすく表したものが次の図1である[4]。

また，文部科学省・国立教育政策研究所教育課程研究センター（令和2年3月）は，『「指導と評価の一体化」のための学習評価に関する参考資料　中学校　社会』の「主体的・対話的で深い学びの視点からの授業改善と評価」の中で，次のように述べている[5]。

> 指導と評価の一体化を図るためには，児童生徒一人一人の学習の成立を促すための評価という視点を一層重視し，教師が自らの指導のねらいに応じて授業での児童生徒の学びを振り返り，学習や指導の改善に生かしていくことが大切である。すなわち，平成29年改訂学習指導要領で重視している「主体的・対話的で深い学び」の視点からの授業改善を通して各教科等における資質・能力を確実に育成する上で，学習評価は重要な役割を担っている。

「指導と評価の一体化」は，確かな指導観，評価観，授業観を形成するこ

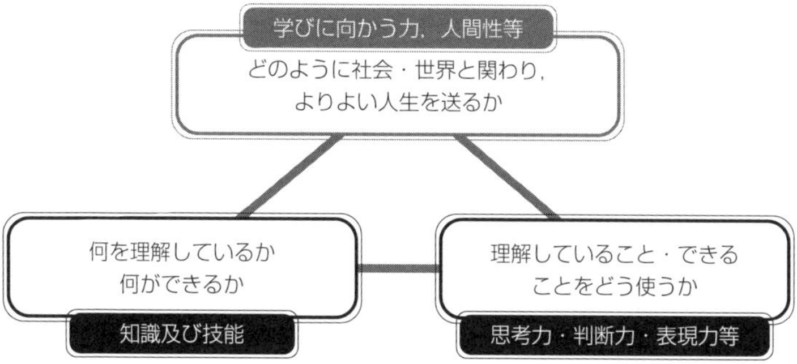

図１　各教科等において育成を目指す資質・能力の三つの柱

とにおいて重要である。学校においては，計画，実践，評価という一連の活動が繰り返されながら，児童生徒のよりよい成長を目指した指導が展開されることになる。すなわち，指導と評価は別物ではなく，評価の結果によってその後の指導に向けて授業改善を図り，さらに新しい指導の成果を再度評価するという，指導に生かす評価として充実させることが重要である。

このような「指導と評価の一体化」を進めるためには，評価活動を評価のための評価に終わらせることなく，指導の改善に生かすことによって指導の質を高めることが一層重要になる。授業目的や本時の目標・ねらい・めあての達成に関わる自己評価・他者評価・相互評価を交えた授業評価が大切にされなければならない。

観点別学習状況の評価については，新学習指導要領のもと，教育目標や内容の再整理を踏まえて，次のように４観点から３観点に整理された（図２参照[6]）。

4　授業技術

授業技術は明示的な授業技術と暗黙的な授業技術に分けられる[7]。

（1）明示的な授業技術

明示的な授業技術には次のことがある。

①教材研究の段階（学習指導過程の作成）で行う単元設定の理由〔単元観

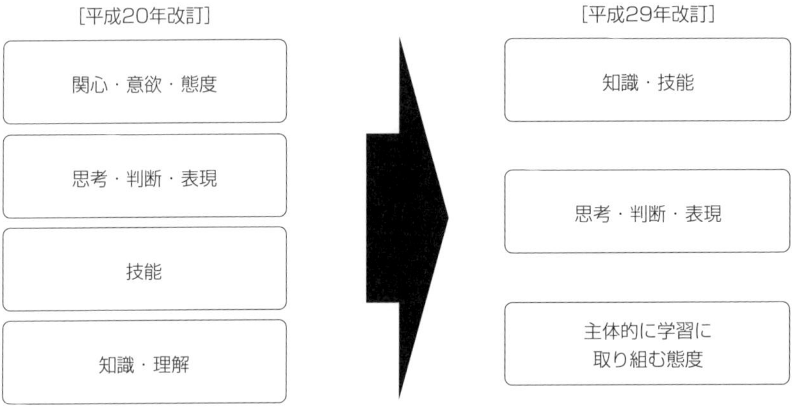

【参考】学校教育法第30条第２項
生涯にわたり学習する基盤が培われるよう，基礎的な知識及び技能を習得させるとともに，これらを活用して課題を解決するために必要な思考力，判断力，表現力その他の能力をはぐくみ，主体的に学習に取り組む態度を養うことに，特に意を用いなければならない。

図２　評価の観点の変更

（教材観），生徒観，指導観〕

②授業の構成法・指導過程〔導入→展開→終末（まとめ）〕

③指導形態〔説明，指示，質問，発問，板書，教育機器の使用など〕

これらは観察評価の対象になりやすい。

（2）暗黙的な授業技術

暗黙的な授業技術には次のことがある。

・教師の認知や判断にかかわる意思決定過程の部分。

・暗黙的な授業技術の方が明示的な授業技術よりも大切である。

（3）教育実習生や初任者の授業に見られる問題点

次のような問題点を克服することが授業力を向上させることになる。

授業準備での問題点	
1	指導案に単元目標（単元観）が書けない。
2	教授内容の組織化がうまくできない。
3	教科書の解説の授業となり，生徒に主体的に習得させる工夫がない。
4	生徒の既習知識に新知識をつなげる配慮がない。
5	生徒に問題意識をもたせるための準備ができていない。
授業時の問題点	
6	授業時間の調整ができない。(時間配分)
7	指名した生徒にしか発言や作業をさせることができない。(相互作用)
8	学習目標を生徒に伝えず，動機づけなしで授業を開始している。
9	学習目標達成の確認をしていない。
10	発問，指名，応答の受容の仕方が不適切である。
11	教材や課題の内容が目的に照らして不適切である。
12	指示の方法が不適切である。
13	宿題を授業の中でうまく機能させることができない。
14	一部の活発な生徒に授業の主導権を取られている。
15	授業内容に無関心な生徒を発生させている。
16	生徒に対する言葉遣いが不適切である。
17	生徒の問題行動に適切な注意を与えることができない。

5　授業の実際
――道徳科――

授業力を高めるためには，学習指導案の作成のもと，模擬授業を試み，学校体制で授業研究をする，校内研修会や公開授業発表会（公開研究会）が望まれる。とりわけ公開授業後の研究協議会は授業力向上に大いに役立つ場といえる。

次に紹介する道徳科学習指導案は，いじめ問題に対応できる内容である。

教材は，道徳科の教科書の定番になっている「卒業文集最後の二行」を使用している。この教材による道徳科学習指導案を「問題解決的な学習の展開例（A案）」と「登場人物への自我関与を生かした展開例（B案）」の二案によって示した。いじめ問題に対応する指導案としては，「問題解決的な学習の展開例（A案）」を推奨したい。

道徳科学習指導案[8]

学年・組　中学校3年○組（男子○名，女子○組，計○名）

主 題 名　いじめを許さない心〔内容項目：C－(11) 公正，公平，社会正義〕

ね ら い　いじめがいかに非情であるかを理解し，差別や偏見を見抜き，人として許されないことは容認しないとする道徳的な判断力及び態度を育てる。

教 材 名　「卒業文集最後の二行」（出典：中学校道徳　あすを生きる力3　日本文教出版）

〔主題設定の理由〕

○主題観

人は，時に自己中心的な考え方や偏った見方をしてしまい，他者に対して不公平な態度をとる場合がある。

よりよい社会を実現するためには，正義と公正，公平さを重んじる精神が不可欠である。物事の是非を見極めて，自他の不正や不公平を許さず，誰に対しても公正，公平に接し続ける姿勢と，力を合わせて積極的にて差別や偏見をなくし，強い姿勢でよりよい社会を作るべく努力することが大切である。

○生徒観

中学生の時期は，社会に目を向け始め，正義感や理想を求める気持ちが強くなる。しかしその反面，友達の目を意識したり，人の意見や考えに振り回されたりするなどの自己中心的な考え方に偏ったりしがちである。そのため，いじめなどが目の前で起こっても，勇気を出して止めることに躊躇したり，消極的になったりすることも多い。そこで，いじめや差別，偏見などに立ち向かう心の強さを持ち，誰に対しても公正・公平に接する判断力及び態度を育てる必要がある。

○指導観

本教材は，主人公の「私」が小学校時代のいじめの繰り返しを忘れられない苦い思い出として描いたエッセイである。同級生のＴ子さんをいじめたことへの後悔と懺悔の気持ちが描かれている。Ｔ子さんの書いた卒業文集の最後の二行を読んで，切なさ悔しさを知り，衝撃を受け深く後悔して涙を流す。そして，30年余り過ぎた今でも，Ｔ子さんへの罪業を思い出すたびに忍び泣きしている。この「私」の罪業や思いに焦点をあて，生徒自身のこれからの生き方を考えさせることを通して，いじめを絶対に許さないとする判断力及び態度を育てたい。

○教材「卒業文集最後の二行」の概要

Ｔ子は，幼くして母を亡くし，二人の弟の面倒を見ていた。父は魚の行商をしていたものの，経済的には恵まれていない。そのことにより，Ｔ子の服は汚かった。小学6年生の時，筆者（私）はＴ子と隣の席になり，そのことがきっかけで先頭に立ってＴ子をいじめるようになる。ある日，筆者（私）は漢字の小テストでＴ子の解答用紙をカンニングする。筆者（私）はテストで満点をとり，最高得点者として発表されるが，Ｔ子は1問間違いで2番目であった。筆者（私）がカンニングをしていなければ，本当はＴ子が最高得点者となるはずであった。ところが，筆者（私）の周りの友達（悪童たち）はＴ子が筆者（私）の答案をカンニングしたのではないかとＴ子を責める。はじめは荷担できなかったものの，筆者（私）も一緒になってＴ子を責めてしまう。この時，Ｔ子ははじめて泣き叫び，教室を出て行ってしまう。筆者（私）は謝ることができないまま卒業式を迎える。その夜，筆者（私）はＴ子の書いた卒業文集の「私（Ｔ子）が今一番ほしいものは，母でもなく，本当のお友達です。そして，きれいなお洋服です。」という最後の二行を読み，Ｔ子の苦しみを知り，深く後悔し，涙を流す。

学習指導過程（1）　＊問題解決的な学習の展開例（A案）

段階	学習活動	主な発問と予想される生徒の心の動き（◎中心発問）
導入	1　学校生活を振り返り課題意識を持つ。	○学校生活で楽しくないときはどんなときだろう？ ・人に無視されたり悪口を言われたとき。
展開前段	2　教材を読み，考える。 (1) T子さんの気持ちを考える。 (2)「私」の人間としての弱さについて考える。	○T子さんが書いた最後の二行には，どんな思いが込められていたのだろう？ ・もういじめるのをやめてほしい。 ・これ以上，惨めで悲しい思いをしたくない。 ・自分の気持ちを分かってくれる本当の友達がほしい。 ◎「私」がT子さんに謝罪しても謝罪し尽くすことができない一番の罪業とは何だったのだろう。 ・服装や経済的なこと，成績などからいじめを続けたこと。 ・自分勝手で人のせいにする傲慢さやずるさがあったこと。 **＊あなたが「私」の立場であったらどうしていたか。** **・判断と理由の違いによる道徳的葛藤討議を展開** **←empathy（自己移入）**
展開後段	3　自身の生活とつなげて考える。	○「私」が心の傷を抱えながら生きてきたことを鑑みて，あなたは今後どのような生き方をしていけばよいと考えますか。 ・いじめは被害者にも加害者にも大きな心の傷が残る。だからだれにも公生・公平に接していく。 ・いじめはしないし，させないようにする。
終末	4　教師の説話を聞き，本時のまとめをする。	○正しいと思った行動に躊躇したら，いつまでも後悔が残ることを伝える。 ○道徳ノートに書かせ，数名に発表させる。

学習指導過程（2）　＊登場人物への自我関与を生かした展開例（B案）

段階	学習活動	主な発問と予想される生徒の心の動き（◎中心発問）
導入	1　自己の体験について振り返り，課題意識を持つ。	○今までに忘れられないような後悔はありますか。 ・親に叱られたときに，友達の責任にして嘘をついてごまかした。
展開前段	2　資料を読み，考える。 (1)「私」がT子さんをいじめる気持ちを考える。 (2) カンニングしたことを隠し，T子さんを責めた「私」の気持ちを考える。 (3)「私」の涙の意味を考える。	○「私」は，どんな気持ちで，臭い，汚いなどとT子さんをけなしたのだろう？ ・悪いことをしている意識がない。 ・先生に言わないのでいじめやすい。 ○カンニングしたことを隠し，T子さんを責めた「私」はどんな気持ちだっただろう？ ・悪童に様子がおかしいと思われたらまずい。 ・追いかけて謝りたい気持ちがあったが，調子にのり瞬時にその気持ちは吹っ飛んだ。 ◎T子さんの卒業文集最後の二行を読んで，「私」が果てもなく泣いたのはなぜだろう？←sympathy（感情移入） ・T子さんの切なく辛く悲しい気持ちに真に気づいたから。 ・自分の罪の深さに後悔してもしきれなかったから。
展開後段	3　その後の「私」の生き方を推測する。	○「あの二行を読まなかったら，現在の私はどうなっていただろう」という「私」は，その後，どのような生き方をしたのだろう？ ・人の痛みが分かり，人に対して公平に接する生き方をした。
終末	4　本時のまとめをする。	○これから自分自身はどのような生き方をしたいのかを考えてまとめてみよう。（道徳ノートに書かせ，数名に発表させる。）

図１（各教科等において育成を目指す資質・能力の三つの柱）で示したように，「何を理解しているか，何ができるか（知識及び技能）」，「理解していること・できることをどう使うか（思考力・判断力・表現力等）」，「どのように社会・世界と関わり，よりよい人生を送るか（学びに向かう力，人間性等）」は，いわば学校教育法第30条第2項にいう「確かな学力観」を表している。

グローバル化に対応した児童生徒にふさわしい教師・学校であるためには，これまでの授業の在り方を改善する必要がある。それが新学習指導要領にいう「主体的・対話的で深い学び」であり，学校教育法第30条第2項にいう「確かな学力観」である。このことは，各教科等のすべての教育活動において大切にされなければならない。「特別の教科 道徳（道徳科）」においても同様である。

その核となるのが，すべての教育活動を通して行う道徳教育の要としての「道徳科」である。道徳的価値の理解を図る唯一の教育活動が道徳科（道徳の授業）であり，道徳的実践力（道徳的な判断力・心情・実践意欲と態度）を養う源となる。真に道徳的実践力を養成することができない限り，道徳科を除く各教科等において実施される道徳的実践はあり得ない。

これからは，従前のsympathy（感情移入）教育からempathy（自己移入）教育への移行及び一層の充実が求められる。少なくとも，いじめの解決のためには，このような授業改革がなされなくては成り立たない。

（竹田　敏彦）

〈注〉

(1)　佐藤学（1996）『教育方法学』岩波書店，p.63.

(2)　ソクラテス：紀元前469年－紀元前399年，古代ギリシアの哲学者。

(3)　文部科学省・国立教育政策研究所教育課程研究センター（令和２年３月）『「指導と評価の一体化」のための学習評価に関する参考資料　中学校　社会』。

(4)　同書，p.6.

(5)　同書，p.5.

(6)　同書，p.6.

(7)　曽余田浩史・岡東壽隆編著（2019）『改訂版　新・ティーチング・プロフェッション――次世代の学校教育をつくる教師を目指す人のために』明治図書，pp.92－93.

(8)「中学道徳　あすを生きる」指導書編集委員会（2019）『中学道徳　あすを生き

る 3 教師用指導書 朱書編』日本文教出版，pp.40－45 に基づき，筆者が一部修正・加筆した。

〈参考文献〉

竹田敏彦監修・編（2020）『いじめはなぜなくならないのか』ナカニシヤ出版。
曽余田浩史・岡東壽隆編著（2019）『改訂版 新・ティーチング・プロフェッション――次世代の学校教育をつくる教師を目指す人のために』明治図書。

第12章

求められる「学校力」

1　学校教育の目標と資質・能力の育成

本章では，現在の学校や教職員の置かれた状況を明らかにしたうえで,「社会に開かれた教育課程」「チームとしての学校」「カリキュラム・マネジメント」といった今後の学校教育においてキーワードとなる言葉について言及しながら，これからの学校教育において求められる「学校力」とはいかなるものであるのか考えていく。

第1章でも見たように，近年の学習指導要領の改訂において，キーワードとなっているのが,「資質・能力」という言葉である。ここでは，一部第1章で確認した内容と重なるが，本章の主題となる「求められる学校力」や，それを実現するうえで手がかりとなる「社会に開かれた教育課程」や「チームとしての学校」,「カリキュラム・マネジメント」といった考え方の意義について理解するために，まずは学習指導要領で示されている，今後，日本の学校教育が育成を目指す「資質・能力」について確認しておきたい。

実際に学習指導要領の内容を見ながら確認してみよう。例えば，2017年告示の小学校学習指導要領では，以下のように「育成を目指す資質・能力」が説明されている。

> 豊かな創造性を備え持続可能な社会の創り手となることが期待される児童に，生きる力を育むことを目指すに当たっては，学校教育全体並びに各教科，道徳科，外国語活動，総合的な学習の時間及び特別活動の指導

を通してどのような資質・能力の育成を目指すのかを明確にしながら，教育活動の充実を図るものとする。その際，児童の発達の段階や特性等を踏まえつつ，次に掲げることが偏りなく実現できるようにするものとする。

⑴　知識及び技能が習得されるようにすること。

⑵　思考力，判断力，表現力等を育成すること。

⑶　学びに向かう力，人間性等を涵養すること。

（「小学校学習指導要領」（2018年告示），p.18）

この（1）（2）（3）の要素は学校教育が「育成を目指す資質能力の3つの柱」と呼ばれるものであり，学校教育法において「学校における教育の目標」として示されているものである。学校教育法の記述を見てみよう。

第三十条　小学校における教育は，前条に規定する目的を実現するために必要な程度において第二十一条各号に掲げる目標を達成するよう行われるものとする。

2　前項の場合においては，生涯にわたり学習する基盤が培われるよう，基礎的な知識及び技能を習得させるとともに，これらを活用して課題を解決するために必要な思考力，判断力，表現力その他の能力をはぐくみ，主体的に学習に取り組む態度を養うことに，特に意を用いなければならない。（傍点は筆者による）

なお，この学校教育法や学習指導要領において示されている，学校教育において目標となる三つの要素が，学習指導要領では各教科で育成すべき資質・能力として想定され，示されている。例えば国語では以下のように示されている。

言葉による見方・考え方を働かせ，言語活動を通して，国語で正確に理解し適切に表現する資質・能力を次のとおり育成することを目指す。

⑴　日常生活に必要な国語について，その特質を理解し適切に使うことができるようにする。

⑵　日常生活における人との関わりの中で伝え合う力を高め，思考力や

想像力を養う。

(3) 言葉がもつよさを認識するとともに，言語感覚を養い，国語の大切さを自覚し，国語を尊重してその能力の向上を図る態度を養う。

（「小学校学習指導要領」（2018年告示），p.28）

これら三つの要素に関わる内容は，1996年7月に中央教育審議会により示された「21世紀を展望した我が国の教育の在り方について」（第一次答申）にすでに見られる。例えば，答申においては資質・能力の内容について,「第1部　今後における教育の在り方」の中の「(3) 今後における教育の在り方の基本的な方向」において以下のように述べられている。

我々はこれからの子供たちに必要となるのは，いかに社会が変化しようと，自分で課題を見つけ，自ら学び，自ら考え，主体的に判断し，行動し，よりよく問題を解決する資質や能力であり，また，自らを律しつつ，他人とともに協調し，他人を思いやる心や感動する心など，豊かな人間性であると考えた。たくましく生きるための健康や体力が不可欠であることは言うまでもない。我々は，こうした資質や能力を，変化の激しいこれからの社会を［生きる力］と称することとし，これらをバランスよくはぐくんでいくことが重要であると考えた。

ここでは,「生きる力」が「確かな学力」「豊かな人間性」「健康や体力」という三つの資質・能力として示されている。その後，周知のとおり「生きる力」は学習指導要領の中心的な理念を示す言葉として用いられることとなるが，その流れは2017，2018年告示の学習指導要領においても継続されている。したがって現在においても,「生きる力」は，学校教育の中心的な理念として位置づけられているわけである。

Society 5.0，超スマート社会の時代を迎えようとしている今日において，今後の社会の変化に対応することのできる人材の育成という点でも，前述した資質・能力の育成が求められている。しかし，こうした資質・能力は実際に学校教育においていかにして育成することができるのだろうか。

2　日本の教員の勤務状況[1]

疑いもなく，戦後日本が（奇跡的ともいえる）発展を実現した背景には，日本の学校教育と，それを可能にした教員の献身的な努力が背景にある。これまでの日本の学校教育の在り方からいえば，前述した資質・能力の育成は，今後も教員の献身的な努力に求められることになるかもしれない。しかし，多様な課題に直面する現代の学校現場において，児童生徒の資質・能力の育成は，教員一人一人の努力だけでは不可能である。

日本の教員による学校内での教育に限らない，教育に関する多方面での活躍は，「日本型学校教育」として国際的に高く評価されてきた。日本の教員は教科指導に限らず，生徒指導，部活動指導等を一体的に担っており，学校外での通学路の安全確保や保護者対応をはじめとする学校外での児童生徒の問題にも対応を行ってきた。こうした，日本の教員による児童生徒に対する一体的な教育が，世界的に見ても高水準な日本の教育を実現するうえで大きな力となってきたことは確かだろう。しかし同時に，近年こうした日本の教員の献身的な努力の内容が，「教員の多忙化」として問題視されるようになっていることも事実である[2]。

例えば**図１**は，国立教育政策研究所が発表した『学校組織全体の総合力を高める教職員配置とマネジメントに関する調査研究報告書』に記載されている図である。この図は世界の教員の勤務の様態を職務内容と教育活動範囲基準にして分類し，示している。この図からわかるように，報告書では，日本の教員と海外の教員の仕事のあり方を比較し，日本の教員の職務のあり方を「学校多機能教員職務曖昧型」に位置づけている。これはつまり，日本の教員の業務内容が複雑かつ多岐にわたっているうえ，各教員が行う業務内容についての役割分担が不明確であり，業務内容に応じた専門化が十分に行われていないことを示している。

また，同じく報告書に記載された**表１**を見てみよう。**表１**は，日本を含めた世界７か国の教員の業務内容を示したものである。**表１**の海外の教員と日本の教員の業務内容を比較してみると，日本の教員は登下校時の見守りや，給食の時間の食育に至るまで，他国の教員と比べて非常に多くの仕事を抱えていることがわかる。

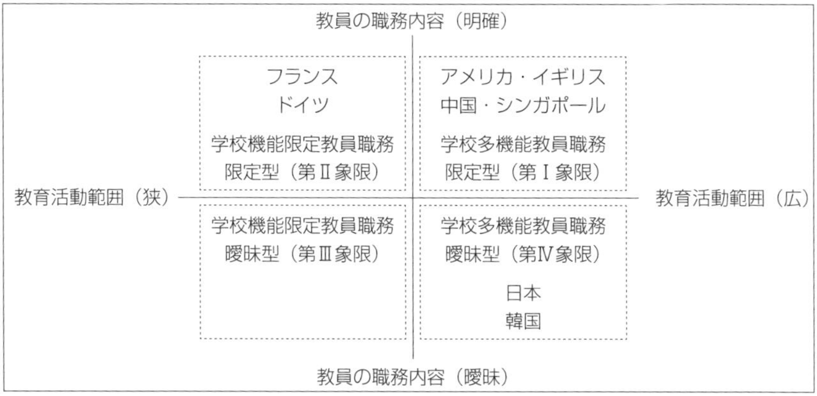

（出所）国立教育政策研究所（2017）『学校組織全体の総合力を高める教職員配置とマネジメントに関する調査研究報告書』，p.16.

図１　職務内容の国別分類

次に教員の勤務時間に目を向けてみよう。OECDが2018年に行った「OECD国際教員指導環境調査（TALIS）」からは，日本の教員の労働時間が海外の他のOECD加盟国の教員に比べて長時間にわたっていることがわかる。例えば，調査結果をまとめた**表２**を見てみると，日本の教員の仕事時間の合計が他のOECD加盟国の平均と比べて非常に長いことがわかるだろう。また，その内訳を見てみると，授業時間については他のOECD諸国より短いのに対し，事務業務や課外活動に多くの時間が割かれていることがわかる[3]。

今後も複雑化，個別化していく学校教育の内容に対して，従来までの学校の組織構造や，教員一人一人の献身的な努力のみで対応していくことはもはや不可能である。今後は，教員個人の努力に依存しない，持続可能な学校教育の展開が求められている。

3　社会に開かれた教育課程

こうした学校や教員個人の努力に依存しない資質・能力の育成の在り方について考えるうえで，2015年8月に中央教育審議会の「教育課程企画特別部会」により，その後の学習指導要領の改訂を見据えて示された「論点整理」の内容が手がかりになるかもしれない。「論点整理」では，以下のように述

表１　日本の教員と諸外国の教員が担う業務の比較

	象限	Ⅰ				Ⅱ		Ⅳ	
	業務＼国名	アメリカ	イギリス	中国	シンガポール	フランス	ドイツ	日本	韓国
児童生徒の指導に関わる業務	登下校の時間の指導・見守り	×	×	×	×	×	×	△	×
	欠席児童への連絡	×	×	○	○	×	○	○	○
	朝のホームルーム	×	○	○	×	×	×	○	○
	教材購入の発注・事務処理	×	×	△	×	×	×	△	×
	成績情報管理	○	×	△	○	○	○	○	○
	教材準備（印刷や物品の準備）	○	×	○	○	○	○	○	○
	課題のある児童生徒への個別指導，補習指導	○	×	○	○	○	○	○	○
	体験活動の運営・準備	○	×	○	○	○	○	○	○
	給食・昼食時間の食育	×	×	×	×	×	×	○	○
	休み時間の指導	○	×	○	△	×	○	○	○
	校内清掃指導	×	×	○	×	×	×	○	○
	運動会，文化祭など	○	○	○	○	×	○	○	○
	運動会，文化祭などの運営・準備	○	○	○	○	×	○	○	○
	進路指導・相談	△	○	○	○	×	○	○	○
	健康・保健指導	×	×	○	○	○	○	△	○
	問題行動を起こした児童生徒への指導	△	○	○	○	○	×	○	○
	カウンセリング，心理的なケア	×	×	○	○	○	×	△	×
	授業に含まれないクラブ活動・部活動の指導	△	×	○	△	×	△	○	△
	児童会・生徒会指導	○	○	○	×	×	○	○	○
	教室環境の整理，備品管理	○	×	△	○	○	○	○	○
学校の運営に関わる業務	校内巡視，安全点検	×	×	○	×	×	○	△	×
	国や地方自治体の調査・統計への回答	×	×	△	×	×	○	△	×
	文書の交付・保管	×	×	△	×	×	○	△	×
	予算案の作成・執行	×	×	×	×	×	○	×	×
	施設管理・点検・修繕	×	×	△	×	×	×	×	×
	学納金の徴収	×	×	○	×	×	○	△	×
	教師の出張に関する書類の作成	×	×	△	×	×	○	×	×
	学校広報（ウェブサイト等）	×	×	△	×	×	○	○	×
	児童生徒の転入・転出関係事務	×	×	○	×	×	×	△	×
外部対応に関わる業務	家庭訪問	×	×	○	×	×	×	○	△
	地域行事への協力	○	○	△	×	○	×	△	△
	地域のボランティアとの連絡調整	×	×	△	×	×	○	△	×
	地域住民が参加した運営組織の運営	△	×	×	×	×	△	△	×

※教員の「担当とされているもの」に○を，「部分的にあるいは一部の教員が担当する場合があるもの」に△を，「担当ではないもの」に×を付けている。3か国以上の国で△又は×が選択されている業務をグレー表示している。全部で40業務設けたが，「出欠確認」，「授業」「教材研究」，「体験活動」，「試験問題の作成，採点，評価」，「試験監督」，「避難訓練，学校安全指導」「出欠確認」，「授業」等全ての国で「担当とされているもの」7項目は掲載していない。

（出所）　国立教育政策研究所（2017）『学校組織全体の総合力を高める教職員配置とマネジメントに関する調査研究報告書』，p.18.

表２　教員の１週間当たりの仕事時間（TALIS 2018 調査結果）

		【仕事時間の合計】	指導（授業）(a)	学校内外で個人で行う授業の計画や準備 (a)	学校内での同僚との共同作業や話し合い	児童生徒の課題の採点や添削	児童生徒に対する教育相談（例：児童の監督指導，インターネットによるカウンセリング，進路指導，非行防止指導）
中学校	日本	56.0 時間	18.0 時間	8.5 時間	3.6 時間	4.4 時間	2.3 時間
	日本（前回調査）	(53.9 時間)	(17.7 時間)	(8.7 時間)	(3.9 時間)	(4.6 時間)	(2.7 時間)
	参加 48 か国平均	38.3 時間	20.3 時間	6.8 時間	2.8 時間	4.5 時間	2.4 時間
小学校	日本	54.4 時間	23.0 時間	8.6 時間	4.1 時間	4.9 時間	1.3 時間

		学校運営業務への参画	一般的な事務業務（教員として行う連絡事務，書類作成その他の事務業務を含む）(a)	職能開発活動	保護者との連絡や連携	課外活動の指導（例：放課後のスポーツ活動や文化活動）	その他の業務
中学校	日本	2.9 時間	5.6 時間	0.6 時間	1.2 時間	7.5 時間	2.8 時間
	日本（前回調査）	(3.0 時間)	(5.5 時間)	—	(1.3 時間)	(7.7 時間)	(2.9 時間)
	参加 48 か国平均	1.6 時間	2.7 時間	2.0 時間	1.6 時間	1.9 時間	2.1 時間
小学校	日本	3.2 時間	5.2 時間	0.7 時間	1.2 時間	0.6 時間	2.0 時間

（出所）『文部科学白書 2019』，p.67.

べられている。

○　このように，学校は，今を生きる子供たちにとって，現実の社会との関わりの中で，毎日の生活を築き上げていく場であるとともに，未来の社会に向けた準備段階としての場でもある。日々の豊かな生活を通して，未来の創造を目指す。そのための学校の在り方を探究し，新しい学校生活の姿と，求められる教育や授業の姿を描き，教科等の在り方を探究していく。この俯瞰的かつ総合的な視点を大切にしたいと考えている。

○　そのためには，子供たちの学校生活の核となる教育課程について，その役割を捉え直していくことが必要である。学校が社会や地域とのつながりを意識する中で，社会の中の学校であるためには，教育課程もまた社会とのつながりを大切にする必要がある。学校がその教育基盤を整えるにあたり，教育課程を介して社会や世界との接点を持つことが，これからの時代においてより一層重要となる。

○　これからの教育課程には，社会の変化に目を向け，教育が普遍的に目指す根幹を堅持しつつ，社会の変化を柔軟に受け止めていく「社会に開かれた教育課程」としての役割が期待されている。

ここでいう「社会に開かれた教育課程」とはいかなるものなのだろうか。「論点整理」では続けて「社会に開かれた教育課程」を以下のように説明している。

①　社会や世界の状況を幅広く視野に入れ，よりよい学校教育を通じてよりよい社会を創るという目標を持ち，教育課程を介してその目標を社会と共有していくこと。

②　これからの社会を創り出していく子供たちが，社会や世界に向き合い関わり合い，自らの人生を切り拓いていくために求められる資質・能力とは何かを，教育課程において明確化し育んでいくこと。

③　教育課程の実施に当たって，地域の人的・物的資源を活用したり，放課後や土曜日等を活用した社会教育との連携を図ったりし，学校教育を学校内に閉じずに，その目指すところを社会と共有・連携しながら実現させること[4]。

こうした「論点整理」の内容は，学校教育において育むべき資質・能力を育成していくためには社会の中での多様なつながりを生かした学びが必要となることを示している。さらに，社会の中での多様なつながりを生かした学びが実現されるためには，今後学校が社会の中で「閉じた場」として存在するのではなく，教職員や保護者，地域の人々などから構成される一つの「開かれた場」として捉えられなければならないことも示している。

したがって，今後の学校教育においては，こうした「開かれた場」として学校を捉えるとともに，そこで計画される教育課程もまた，社会とのつながりを踏まえたものにしていくことが求められることになる。実際に文部科学省は，2017 年，2018 年の学習指導要領の改訂にあたって，「社会に開かれた教育課程」を「新学習指導要領の基本的な理念」として示しており，今後も「社会に開かれた教育課程」の考えは日本の学校教育において中心的な理念とみなされるものと考えられる。[5]

この「開かれた教育課程」の考え方の背景にあるのは，児童生徒の資質・能力の育成の問題にとどまるものではない。前述した教員の多忙化に関わる学校における教員の果たすべき役割の再構成や，社会における学校の位置づけにも深く関わっている。以下，「チームとしての学校」，「カリキュラム・マネジメント」といったキーワードに触れながら，今後の学校の在り方と，学校と社会の関係性について考えてみよう。

4　チームとしての学校

「チームとしての学校」については，文部科学大臣から「これからの学校教育を担う教職員やチームとしての学校の在り方について」諮問を受けた，中央教育審議会による答申「チームとしての学校のあり方と今後の改善方策について」（2016年12月）において説明されている。そこでは，チーム学校とは「個々の教員が個別に教育活動に取り組むのではなく，校長のリーダーシップの下，学校のマネジメントを強化し，組織として教育活動に取り組む体制を創り上げるとともに，必要な指導体制を整備すること」であり，「生徒指導や特別支援教育等を充実していくために，学校や教員が心理や福祉等の専門家（専門スタッフ）や専門機関と連携・分担する体制を整備し，学校の機能を強化していくこと」であるとしている。

また答申では，この「チームとしての学校」が求められる背景として，前述した「論点整理」の内容に触れながら，これからの教育課程には「「社会に開かれた教育課程」としての役割が期待されている」こと，そして「社会に開かれた教育課程」の理念を実現していくためには，「各学校において，「アクティブ・ラーニング」の視点を踏まえた指導方法の不断の見直し等による授業改善と「カリキュラム・マネジメント」を通した組織運営の改善に一体的に取り組むことが重要である」ことが挙げられている。ただし，現代の教育上の課題は「複雑化・多様化しており，学校や教員だけでは，十分に解決することができない課題」が増加しているため，社会に開かれた組織として教育活動に取り組むことが必要であることも指摘されている。[6]

確かに学校には，例えば暴力行為をはじめとする子供の問題行動の増加や，不登校の増加といった問題に対応することが求められているほか，特別支援教育の充実，さらには近年の国際化に際して，外国籍の子供の増加や，前述した子供たちの通学路の安全確保，放課後や土日に及ぶ部活動の指導や引率など，複雑化した業務が多数存在しており，これらに対して学校内の人員のみで対応することはもはや不可能である。

むしろ，上述した業務には多分に専門的な知識や技能を要する問題が含まれているため，本来は学校の教員だけでなく，外部の専門家の参画が不可欠である。例えば児童生徒の問題行動や，不登校に対応するためには，心理の専門家であるカウンセラーや，福祉の専門家であり，学校，家庭，社会のいずれの場にも目を配ることのできるスクールソーシャルワーカーとの連携が必要になるだろう。また，部活動についても，専門的な知識を持っている指導者がいれば，より効果的な指導が可能になり，教員の負担も軽減されるものと考えられる[7]。答申において示されている「「アクティブ・ラーニング」の視点を踏まえた指導方法の不断の見直し等による授業改善と「カリキュラム・マネジメント」を通した組織運営の改善」を実現していくためには，こうした学校や教員一人一人の負担を減らしていくことが必要である。

ただし，正確には，学校や教員の負担を減らすことと，「「アクティブ・ラーニング」の視点を踏まえた指導方法の不断の見直し等による授業改善」や「「カリキュラム・マネジメント」を通した組織運営の改善」といった課題の解決は互いに密接に関わっており，並行して取り組むべき課題であるように思われる。なぜなら，アクティブ・ラーニングやカリキュラム・マネジメントの視点には，教育内容の質の向上だけでなく，教育課程における持続可能な体制の確保という視点も含まれているからである。しかも，この課題に取り組む上では，専門家に限らない。地域社会の様々な人々の学校教育への参加も求められる。この点について，以下終節において簡潔に述べ，本章を終えることとしたい。

5　カリキュラム・マネジメントと学校・家庭・地域・関係機関の連携

カリキュラム・マネジメントについて，2018年改訂の小学校学習指導要領には以下のように記載されている。

各学校においては，児童や学校，地域の実態を適切に把握し，①　教育の目的や目標の実現に必要な教育の内容等を教科等横断的な視点で組み立てていくこと，②　教育課程の実施状況を評価してその改善を図っていくこと，③　教育課程の実施に必要な人的又は物的な体制を確保するとともにその改善を図っていくことなどを通して，教育課程に基づき組織的かつ計画的に各学校の教育活動の質の向上を図っていくこと（以下「カリキュラム・マネジメント」という。）に努めるものとする

（「小学校学習指導要領」（2018年告示），p.18。「①②③」は筆者による）

①については，教育課程を学級や教科ごとにそれぞれの教員の個々の努力にとどまるような形で編成するのではなく，教員が協働して教育活動を行い，児童生徒の質の高い，深い学びを実現することができる形で編成することが求められることを意味している。しかし，学校の教育課程は，各教科の年間指導計画や実施計画に比べて，個々の教員にとって比較的意識しづらいものであるといえよう。したがって，各学校は目標の実現のためにどのような学校を目指し，どのような教育を行うのかといった構想（これをグランドデザインと呼ぶ）を校長のリーダーシップのもと，教員の共通理解を得ながら作成し，それを基礎に教育課程を編成し，学校全体で共有，実施していくことが求められる。

②については，その教育課程の実施状況を計画（Plan）・実施（Do）・評価（Check）・改善の実行（Action）のPDCAサイクルを進める中で，エビデンスに基づく形で評価し，不断に改善していく視点が求められることを意味している。ここでは，学習評価を形式的なものとしてではなく，教育課程の改善の一部として位置づけるとともに，授業改善や学校組織の改善に向けて学習評価に積極的に取り組み，その内容を生かしていくことが求められる。

そして③については，いわゆるヒトやモノといった学校の経営資源を再配分し，計画に基づいた質の高い教育活動を実現していくことが必要であることを意味している。ここでいう質の高い教育活動にはアクティブ・ラーニングや主体的で深い学びの視点が含まれるが，これが実現されるのは，学校内での学びだけとは限らない。「深い学び」は学校の外での社会におけるつながりを生かした学びにおいても実現されるのであり，こうしたあり方が，「社会に開かれた教育課程」の理念が実現される一つの在り方であるといえるだ

ろう。

学校と家庭・地域・関係機関の人々が，協働して学校教育を「自分ごと」として捉え，「社会に開かれた教育課程」を実現していく。そして学校は専門家と協働しながら，社会教育とも連携し，地域を巻き込んで教育活動を行っていく。これにより，学校教育を個々の教員の努力に過剰に頼ることなく，「社会に開かれた教育課程」を実現し，今後の社会の変化に対応可能な児童生徒の資質・能力を育む，質の高い教育を行うことが可能になると考えられる。

したがって本章の主題である，求められる「学校力」とはいかなる力であるかといえば，学校を「開かれた場」として社会の中に位置づけ，様々な人々と協働して教育活動を進めることができる，そうした力であるということができるだろう。そしてこうした「学校力」を育む努力は学校だけでなく，協働する家庭・地域・関係機関の側にも求められているのである。

（奥田　秀巳）

〈注〉

(1)　筆者は以前，別のところで本節に関する内容を教師の職務特性に注目して論じたことがある。これについては，伊藤潔志編（2019）『哲学する学校経営』教育情報出版，pp.86－91を参照。

(2)　文部科学省の「次世代の学校指導体制強化のためのタスクフォース」は，これまでの日本の学校教員の取り組みについて次のように指摘している。「日本では，教員が一人一人の子供の状況を総合的に把握して指導し，学校が子供の人格的成長に大きな役割を果たしている。加えて，通学路の安全確保や，夜回り指導など，教員は学校外での子供の活動にも対応している場合もある。このように，日本社会においては，学校や教員の熱心な取組や大きな負担の上で，子供に関する諸課題に対応してきた。（中略）このように，教員が，教科指導，生徒指導，部活動指導等を一体的に担う「日本型学校教育」は，大きな成果を上げる一方，現在の教員の勤務実態や，後述の「更なる対応が必要な課題」を踏まえると，現状のままの指導体制で，これまでと同様の効果を上げていくことは困難になっている。」（文部科学省，次世代の学校指導体制強化のためのタスクフォース「資料3-2　次世代の学校指導体制の在り方について（最終まとめ）」2016年7月29日）。

(3)　文部科学省は『文部科学白書2019』において，TALISの結果をもとに日本の教員の勤務状況を以下のように分析している（文部科学省（2019）『文部科学白書2019』，p.67）。

○小中学校ともに，日本の教員の1週間当たりの仕事時間の合計は，参加国の中で最長。

○日本の中学校教員の「指導（授業)」時間や「児童生徒の課題の採点や添削」に従事した時間は，参加国平均と同程度である。一方，日本の中学校教員は「課外活動の指導（例：放課後のスポーツ活動や文化活動)」の時間が特に長い。
○また，日本では小中学校ともに，「一般的な事務業務（教員として行う連絡事務，書類作成その他の事務業務を含む)」が長い傾向にあるほか，「学校内外で個人で行う授業の計画や準備」,「学校内での同僚との共同作業や話し合い」,「学校運営業務への参画」に従事した時間も長い。
○他方，日本では小中学校ともに，「職能開発活動」に使った時間が，参加国の中で最短。
○前回調査と比べて，日本の中学校教員の仕事時間の合計は長くなっている。

(4)　なお，「社会に開かれた教育課程」について本内容と同様の説明が，文部科学省による「幼稚園，小学校，中学校，高等学校及び特別支援学校の学習指導要領等の改善及び必要な方策等について（中教審答申）(2016年12月21日)」にもなされている。

(5)　例えば文部科学省の学習指導要領に関するホームページ「平成29・30年改訂学習指導要領のくわしい内容」にある「社会に開かれた教育課程について詳しくはこちら」にも，次のような記述がみられる。「「資質・能力の三つの柱」「カリキュラム・マネジメント」など，新しい学習指導要領における重要な事項の全ての基盤となる考え方が「社会に開かれた教育課程」です。」文部科学省ホームページ（https://www.mext.go.jp/a_menu/shotou/new-cs/　2020年9月28日閲覧）を参照。

(6)　中央教育審議会答申「チームとしての学校のあり方と今後の改善方策について」(2016年12月21日）p.3。

(7)　2017年には，学校教育法施行規則にスクールカウンセラー（第65条の2）及びスクールソーシャルワーカー（第65条の3)，中学生以上の部活動指導員（第78条の2）についての規則が新たに設けられた。

〈参考文献〉

伊藤潔志編（2019）『哲学する学校経営』教育情報出版。
ぎょうせい（2016）『チーム学校によるこれからの学級経営』。
田中保樹他編著（2020）『資質・能力を育成する学習評価』東洋館出版社。
田中耕治編（2020）『資質・能力の育成と新しい学習評価』ぎょうせい。

第 13 章

シュタイナー教育に学ぶ
――インクルーシブ教育の可能性

1　グローバルに広がるシュタイナー教育

ドイツの思想家 R. シュタイナー（Rudolf Steiner : 1861－1925）による学校は 1919 年に創設されて以降，ナチスによる閉鎖期間を除き世界的な拡張を続けている。とりわけ，1980 年代以降，シュタイナー学校による積極的な情報公開に伴い，「教育芸術（Erziehungskunst）」という独自な教育方法の有効性や学力面での高い評価が周知され，ドイツにおいては倍以上，世界的には 3 倍以上といったように爆発的な増加をみせている。しかも，この派の学校は，ロシア・中国をはじめとする社会主義諸国にも広がり，アメリカにおいては荒廃する学校を立て直す「救い主」とみられ，世界のいくつかの自治体ではその公立化が実現している。このように既存の学校が抱える問題を克服するオルタナティブスクールとして世界に拡張し，現在，学校数は，“Waldorf Word List（2020）”によれば，67 か国に 1214 校（幼稚園はおよそ 54 か国に 1875 園）を数えるに至る。一人の思想家が創設した幼稚園から高等学校までの一貫教育が，これほどまで長期に渡り広く世界に展開されるのは希有な例といえる。

とりわけ，今日，世界的な取り組みが進むインクルーシブ教育・統合教育において，障がいの有無，能力・男女・貧富の差を超えて多様性のうちに共生を目指す学校共同体のモデルとしてシュタイナー教育は世界で注目を集めている。

2　シュタイナー教育の理論
――人智学的認識論――

(1) 背　景

では，なぜシュタイナー教育はこれほどまでに多くの人に求められるのだろうか。それは，シュタイナーによる人間や世界についての見方（認識論）が教育をはじめとする社会問題を克服する手立てとなり得ると期待されるからである。

シュタイナーは，様々な社会問題の根本原因を当時の偏った物の見方（認識）にあると考え，自らが理想とする認識の在り方を示し，それに基づき政治・経済・教育・医療・農業など様々な分野のシステムを改善し世界的な影響を与えた。とりわけ，教育領域における彼の理論と実践は，「精神の自由」を妨げる，主知主義や唯物論や功利主義に基づく教育の弊害を克服するものとして打ち出された。

シュタイナーの思想は，一般に「人智学（Anthroposophie）」と呼ばれる。人智学とは，ギリシア語のανθρωπος（人間）とσοφια（叡智）を組み合わせた語で，「真の人間認識へと導く学」という意味を持ち，彼が「真の認識科学」と呼ぶ「精神科学 Geisteswissenschaft」によって基礎づけられる。それゆえ，シュタイナーの教育思想は，そうした「深いまなざし」に基づき，自然科学とは別の人智学的な人間認識に基づく精神科学によって構築されることになる。シュタイナー自身，「将来を担う教育者こそ，人間本性の最も深い部分をとらえねばならない」（Steiner 1919 : 73）と語るように，そこでは従来看過されてきた「人間本性についてのより深い洞察」が人智学的認識論に基づき組み込まれ，教育学的に再構成されていくのである。

(2) 認識における基本的な物の見方

教育思想のように，「善さ」を視野に入れて論ずる場合，いかなる普遍－特殊関係を支持するのかが，理論の根拠あるいは分かれ目となる（とりわけ教育をめぐる議論はこの分類が判断に大きく関わる）。教職を目指す場合，子供の発達をめぐる議論に際し，この観点から自分の立場や他の人の立場を確認しておくことが有効となる。

この普遍－特殊関係について自らの立場を確認するには，中世の「普遍論争」での議論が有効な視座を示してくれる。〈真善美などの普遍〉と〈われわれを含む特殊な個物〉との関係について，われわれはおよそ次の三つのパターンのどれかで考えている。

①普遍は，現象界の具体的な個物とは別に叡智界にある，②普遍は，不完全なわれわれの中にも存在し，心をみつめ，気づきを深める程度に応じて，われわれは普遍を各々の内で体感しうる，③元来，普遍などというものはわれわれの外にも内にも想定できず，皆にとって有益なものを合意したに過ぎない。この三つの見方に従えば，道徳は次のような形をとる。

①の立場に立つ人は，われわれの感覚身体やわれわれの現実世界を不完全なものと捉え，われわれの内に普遍的な「善さ」とつながる直接の要素を見出さない。それゆえ，普遍は，われわれの「外」あるいは「上」に存在すると考え，それがわれわれの生活を規定すると見る。したがって，この道徳では，カントの道徳法則やキリスト教の聖書のように，不条理な個人の意志や感情を越えて「～すべし」と呼びかける客観道徳（実践理性の要請や神からの恩寵）が想定される。

③を支持する人も，われわれの意志・感情・身体を不完全で相対的なものと考えるが，①や②の立場と異なり，ここではそもそも真実在としての普遍自体が容認されない。しかし，この立場の多くはイギリス流のコモン・センス（常識）を信じるため，それぞれが有益・有用と考えるところの「落としどころ」を話し合いによって追求する。それゆえ，この立場の道徳は，「最大多数の最大幸福」（功利主義）や「生活に役立つ」（プラグマティズム）という指標を採用する。そこでは，この基準に依拠した民主主義的な手続きと議論が尊重される。しかも，この見方においては，相対的な個々人の感情や意志よりも，客観的な判断を導く思考の働きを重視するため，認知主義的道徳を支持する傾向がある。

以上の①と③の立場に対して，②の立場は，①が採る「普遍外在論」や③が奨める功利主義的アプローチを「普遍内在論」の視点から危惧する。この立場は，不完全な個々人の内に普遍は内在すると考え，理性の作用をもつ思考に加え，非合理なものとみられる感情や意志さらには身体にも善さに向けた変容の契機を見出す。そこでは，客観道徳が目指す「抽象性・一般性」とは異なる，生命を宿した「具体性・個別性」が理論の基盤に据えられる。哲学の概念でいえば，その変容をもたらす根源的な普遍の力を，西洋では，「ト・ヘン（一者）」「エイドス（形相）」と呼び，東洋では「虚」「無」「道」「一」などと称してきた。それゆえ，この立場に立つ者は，とらわれやエゴを捨て，自己の内奥にある普遍に即した生き方を追求し，その中でより充足した生を獲得していく。シュタイナーによる人智学的認識論も普遍と特殊の即応を説き，とらわれを去る程度に応じて，思考・感情・意志・身体・モラルは限りなく高みに至ることができると考える。

（3）人智学的認識論に基づく教育の形

では，その人智学的認識論に基づく教育とはいったいどのような形をとるのだろうか。

例えば，主知主義についてのシュタイナー教育の立場を述べてみよう。当時から今日まで広く影響を与える，思考のみに比重を置く主知主義的な教育アプローチでは，大人たちが常に子供に何かを教えようとし，子供が出来事の事実関係や社会的な意味をよく理解すればするほどよいと考えられる。しかしながら，シュタイナーは自己の生や身体感覚と密な関わりをもたない，一度教え込まれてそのままおぼえられるものは，子供たちの感情や意志を深く耕すことはないという（Steiner 1919 : 75）。逆に，心に共感をもって受容され，内的な変容を引き起こし行為へと促すことができるのは，美的体験のように喜びを伴い何度も繰り返されるような行為なのだと主張する（Steiner 1919 : 76）。

このような教育では，これまで検討してきた特殊で個別なわれわれと普遍（真善美）とをつなぐ物の見方が強調される。具体的には，シュタイナーの教育実践では，無意識の次元を射程に入れた内観を通して，対象となる事象の不可視な本質を自己の生や身体感覚さらにはイマジネーションと結びつけ可視的に表現する「術」（古来，普遍的なものを捉え現象界に表すことをtechneやarsといった「術（技術・芸術）」の働きと見た）の様式や，知識への美的態度や眼差しが重視されることになる。シュタイナーが，「教育学は科学であってはいけない，術でなくてはならない。……教育学という偉大なる生の術を実践するためにわれわれの内で活性化しなければならない感情は，偉大な宇宙やその宇宙と人間との関係を観照することによってのみ点火させられる」（Steiner 1919 : 159）と強調するのは，こうした見方に立つゆえんである。ここに，Science とは別の，*Kunst*（術）としての *Wissenschaft*（学問・科学）に基づく教育の形が成立する。このような教育の在り方をシュタイナーは，“Erziehungskunst（教育術）”と呼び，それを通して「自由」が獲得されると考えたのである。

シュタイナーにとって Wissenschaft は，思考を通じて理念をもたらす人間の精神活動の産物であり，Kunst はその理念を，存在世界から採られた素材に刻印し表象化するもの（不可視な本質の可視化）と解される。つまり，ここでの両者の関係は，Wissenschaft が具体的普遍の内実から紡がれた理性的な知であるのに対して，Kunst は方法としてのメカニズムであり，行為に応用された具体的な実践科学（praktische Wissenschaft）に位置づけられる。

対象視に徹する通常の自然科学の知が，認識に限界を定め，現象の表層的な事実の記述に終始するのに対し，この Kunst としての Wissenschaft は，その記述された文字の背後にある本質へと歩み入り，理念を実践へと還元する力を持つ。それゆえ，シュタイナーの教育術においては，知は Kunst 的創造の領域に接近し，融合することになる。それは，認識行為と Kunst 的行為が，ともに，所与の現実を介して，われわれを真実在の領域に引き上げることを意味する。このことをシュタイナーは，源泉である内奥の観照を通して，われわれは創造されたものから創造へと，偶然性から必然性へと昇っていき，そこにおいて自然の統一性（Natureinheit）が精神的なまなざしの前に立ち現れる，と表現する（Steiner 1886 : 131 − 132）。

以上が，Wissenschaft のフィルターを通してみたシュタイナーによる教育術の意義となる。このことを踏まえたうえで，今日の実践上の評価に鑑みれば，シュタイナー教育（思想）は，分断された知・情・意・身体・モラルを総合し，本来的な生や精神を回復する有効な教育理論としての可能性を有するものといえる。以下では，具体的な実践例を通して，このシュタイナー教育の有効性を示唆してみたい。

3　発達が気になる子供たちへのシュタイナー教育の応用 ——シュタイナーハウス・モモにおける文字学習の実践事例——

(1) 発達障がい児教育について

今日，国内外で学問的な認知とともに急増する「発達障がい児(LD，ADHD，自閉症スペクトラムなどの児童)」に対し，効果的な教育理論と方法を示すことが喫緊の課題となっている。

発達障がい・学習障がいという概念が1960年代にアメリカで出されてからすでに半世紀が経過する。今日まで，注意欠陥多動性障がい（ADHD），学習障がい（LD），自閉症・アスペルガー症候群等を含む広汎性発達障がい（PDD）といった広範な発達障がいに関して，それぞれに障がい児教育学や医学の領域で科学的実証主義的な取り組みが進められてきた。また，わが国では，2005年以降，法的整備（発達障がい者支援法施行・改正や児童福祉法改正）も進み，今日，公的支援の下，民間の「児童発達支援（6歳未満）」「放課後等デイサービス（6－18歳）」事業が展開されている。しかし，こうした研究・制度状況にもかかわらず，民間の支援事業やサービスの実態をみる限り，多様な障がい種や発達を踏まえた体系的な療育が行われているとはいい難い。

このような状況に対し，われわれは，健常児の教育に加え障がい児教育でも成果を上げるシュタイナー教育に注目し，無意識や高次の感覚・精神をも視野に入れた教育の実践分析を通して，発達障がい児教育に有効な〈健常児教育との連続的・統合的な理論・実践モデル〉を提供することを目指している（NPO法人シュタイナー&モンテッソーリ・アカデミー）。

(2) 文字が書けない子供のための教育実践

①A君との出会いと無意識下の根源的抑圧への注目

対象となるA君との出会いは，シュタイナー思想に理解を示すある医師による紹介がきっかけであった。A君は，幼少期から心臓を患い，それが原因で学校生活になじめず小学校にはほとんど通っていない。彼は，いくつかの分野で大人の想像を超えた驚くほどの能力と知識を持っているが，2年生でわれわれの施設に通い始めた当初は文字を読むことも書くこともほとんどできなかった。とりわけ，A君は，「勉強」そのものに対してかなりの不安やディプレッション（沈鬱な気分）を抱えていた。その背景には，「急激な母子分離」「学校や教科学習への不適応体験」「比較における評価への苦悩」を読み取ることができる。

では，問題はどこにあるのか。学校か，学校の友達か。たしかに直接の引き金は学校での出来事であるが，われわれは根本的な問題を，A君の心の深層を規定する乳幼児期における根源体験に見た。それは，A君が私に心を開いてくれるようになって語ってくれた次の言葉に象徴された。「ぼくは長い入院生活のとき，お母さんに会いたくて会いたくて，病院をハンマーで破壊してでも家に帰りたかったんだ」。ここからは，A君が抱える身体の不自由さと母への強烈な思いが読み取れる。それゆえ，A君の場合，急いで登校を促すのではなく，この根源的洞察に立ち，母親と身体的制約とから徐々に自律を目指すことが第一の課題とされるべきであった。だが，現実は，教師の熱意のもとA君は泣き叫ぶなか教室に連れて行かれ，自身の存在がゆらぐ深刻な体験をし，不登校となったのである。

②A君へのひらがな教育の実践――イマジネーションからのアプローチ

A君による学びへの拒絶反応は，大好きなわれわれの施設（シュタイナーハウス「モモ」）にとっても同様だった。はじめてひらがなと算数を行うことを知ると，モモに行くことを心待ちにしていたにもかかわらず，不安になり，過呼吸を起こしてしまうほどだった。そのためはじめの3週間はA君にとって興味のある学習以外いっさいの教科学習を行わず，環境に慣れることのみを課題とした。

そして，3週間後に環境にも十分慣れてきたので，ひらがなの学習をシュタイナー教育の方法で教えることにした。それは，文字という記号を憶えドリルする方法ではなく，文字を絵とお話を通して体で感じ取るメソッドといえる。具体的には皇子が旅に出るお話で，ストーリーは，e-waldorf代表の石川華代さんのテキストを参照して，私とその子が大好きな蜂子の皇子と八咫烏（日本神話に登場するカラス）の話をモチーフに創作して進めていった。

始まりは，「あ」で，皇子が美しい朝日を浴びて目覚め，「ああ朝日だ」とお日様に向かい手を広げた姿となっている（①）。黒板に描いた絵と文字はノートに写し，仕上げに蜜蝋クレヨンや色鉛筆の粉でぼかしを入れて美しく仕上げていく（②-④）。この作業も彼の楽しみの一つである。この授業を終えた後，A君は，「これが勉強ならとっても楽しい」といってくれた。自宅でも母親が，「今日モモで何が楽しかった？」と聞くと，「勉強が楽しかった！」と答えてくれたようだ。母親はそのことにとても驚き感動され，「こんなにも成長するものなのですね！」と語ってくれた。このようにして，私はA君と「あ」から「ん」まで数か月かけて学んでいった。

①

②

③

④

③A君へのひらがな教育の実践――無意識への注目と身体活動からのアプローチ

A君は高い記憶力や理解力を持ち，シュタイナーのメソッドによって読みや計算ができるようになったが，文字だけは何度手を取って形を示しても上手に書くことができなかった。そこでわれわれはもう一度彼の成育歴から考え直すことにした。沈思した結果，われわれは，A君が身体の基盤形成の時期に当たる乳幼児期に心臓の病のため長期入院し，胸や腕の周りの筋肉を十全に動かせないことに原因があると考えるに至った。つまり，乳幼児期の身体運動の不十分さゆえに，頭でのイメージが神経を通して肩や胸や腕の筋肉に連動していないのではないかと考えた。

そこで，この課題を克服するため，シュタイナー教育で行われる，ⓐ「エクストラ・レッスン」（身体の原初体験を回復する練習），ⓑ「フォルメン」（イマジネーションと身体の動きを結びつける形態・線描活動）と，ⓒ「オイリュトミー」（音を可視的に表現する身体運動）が有効ではないかと考えた。

まず，ⓐの「エクストラ・レッスン」から説明しよう。この練習では，幼少期に本来形成されるべきであった身体の動きを回復させることを目指す。保護者の多くは，子育ての容易さから，乳幼児をバウンサーに寝かせたり，歩行器で歩かせたり，すぐに抱っこしたりする傾向にある。しかし，シュタイナー教育では子供が自分の力で重力に逆らい徐々に，「寝返り」「腹ばい」「四ばい」「つかまり立ち」を経て「立ち上がっていく」プロセスそのものを重視する。重力に逆らって大地に垂直に背骨を立てるまでの苦労は乳幼児にとって並大抵のものではない。そして，その過程を経て立ち上がるときに見せる幼児の笑顔に，シュタイナー派は「自我の輝き」を見て取るのである。

以上のことを踏まえるとき，乳児期に心臓を患い病床に長く伏していたA君にとって，このプロセスを可能な限り体験させることが必要であった。その様子を紹介してみよう。

ⓐ**エクストラ・レッスン：身体の原初体験を行う**　エクストラ・レッスンでは，成長過程で欠落した基礎運動（這うなど）（⑤）を取り戻すことに焦点を当てる。さらに，自律的な身体の発達を促すために，左右（左から右）・前後（前から後ろ）・上下（上から下）の動きに加え，回転運動（右回転）を行う。四肢を十分に動かし，バランス運動（⑥-⑨）を行うことは，「言語の発達」や「空間認識の発達」を促すことにもつながると考える。

⑤

⑥

⑦

⑧

⑨

ⓑ**フォルメン（形態・線描体験）**　この活動では，子供たちの心身の発達に合わせた形態体験を行う。古代から，図形が人間に力と意味をもたらすことは知られていた。今もわれわれの周りに，文化として引き継がれた様々な紋様を周囲に見出すことができる。シュタイナー教育では，教育にこうした形態体験を取り入れ，心身のバランスを整えていく。そこでは単に手で線を描くだけではなく，目や体を動かし，線を心身全体で感じとり，表現することに意義を見る。活動の写真を通してその様子を紹介していこう。

小さな子は「模倣」によって学ぶ。ここでは線は「上から下に」，円は「右回りに」描くことを動きによって例示する（⑩－⑪，McAllen 2013：6）。小学生には，発達に合わせて必要な線描体験をしていく。

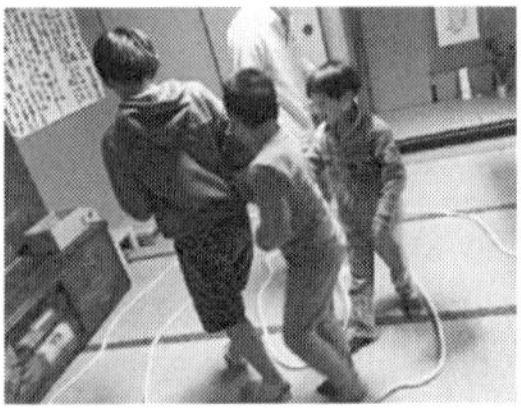
⑩

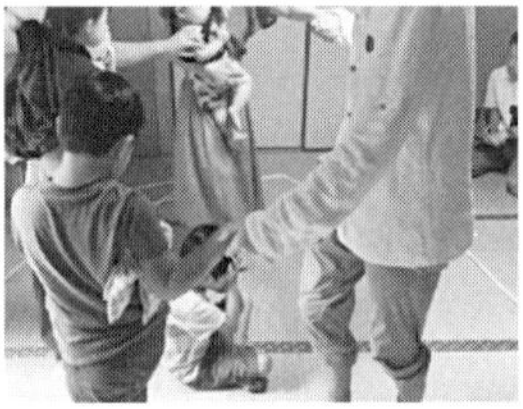
⑪

右回りの渦巻き（⑫）やレムニスケート（⑬）は身体運動もあわせてよく取り組むフォルメンである。線に沿って目と腕を大きく動かしたあとに，線描体験を行う。五芒星や六芒星は古代から力を持つ図形として文化的にも理解されてきた。六芒星は，円周を六等分した点を起点に描いていく（⑭）。

⑫

⑬

⑭

線対称の図形は，描くことで内的な調和をもたせていく（⑮－⑰）。小さな子供は，線で遊ぶ感覚を大切にして取り組む。はじめは水につけた手の平で黒板に描き，次に水を含ませた筆で描いていく（⑱）。描いた形に色を塗ったり，色そのものを体験したりする（⑲）。

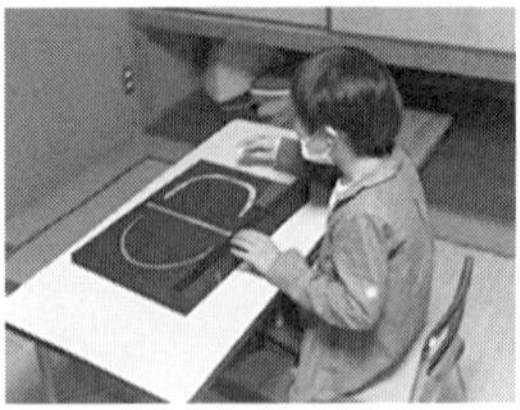
⑮

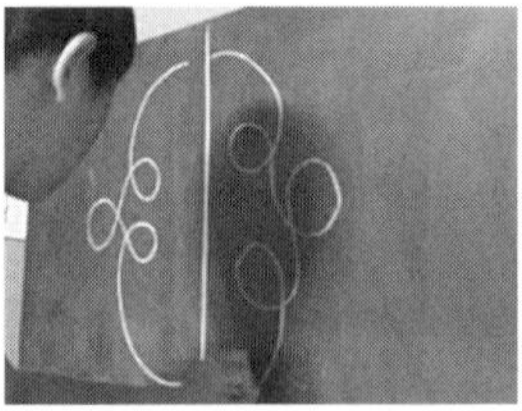
⑯

⑰

⑱

⑲

⑳

ⓒオイリュトミーを行う　オイリュトミーとは，音が持つ力を言語と身体によって表現する身体芸術で，シュタイナーとその妻マリー・シュタイナーによって作られた身体芸術である。われわれは，基礎運動として毎日，母音の力（あ・い・う・え・お）を声と身体で表現することを行っている（⑳）。

㉑

ⓓ文字が書けた　A君が文字のイメージを身体化できるように，われわれは，ⓐ身体の原初体験，ⓑフォルメン，ⓒオイリュトミーを行い，すばらしい文章（谷川俊太郎など）を声に出して読むことを毎日実践していった。すると，実践開始から2週間後に驚くべき変化が起こった。いつも使う黄色の砂文字版に「何か書いてみる？」と尋ねると，「書いてみたい」と応え，大きな文字で「おとうさん」と書いてくれた（㉑）。これまでは「お」は空間のバランスが適切にとれず,「ん」は鋭角部分を書くことができなかったが，書かれた「おとうさん」は見事な形とバランスである。それも，大好きな「おとうさん」の文字。私もつい,「すばらしい！　書けたね！　お父さん喜ぶだろうね」と驚いて伝えると，本人も「本当！　書けるようになった！」と誇らしげに満面の笑みを返してくれた。

種が必要な栄養分をとりつづけることで，エネルギーを満たし，その力で芽が出，花が咲き，実がつくように，A君のうちに必要な「栄養」が心身に満ちて,「文字という果実」が結実したように思う。A君はその日から，目を見張るほどの早さで，これまで書けなかった文字を書けるようになり，数週間ですべてのひらがなとカタカナをマスターした。今日支配的な「認知に比重を置く教育」においてはA君がこの結果に至ることはむつかしく，シュタイナー的な人間洞察とそのメソッドの有効性が明らかになった。

漢字もイメージを形にして学んでいく（「天」「地」「風」など，（㉒－㉕））。指先の触覚を通して文字の形を感じ取れるよう，モンテッソーリ教育で用いる砂文字板も利用した（㉖）。そして，文字が書けるようになった今，A君は本を読み，大好きなフレーズを抜き出したり，友達に手紙を書いたりできるようになった（㉗）。このように学んでいくことと，ただ漢字ドリルを行うこととは，子供の学びの構えと知の血肉化の内実に大きな違いがありそうである。

㉒

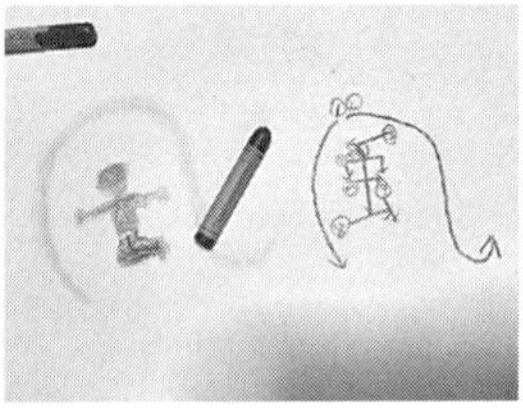
㉓

㉔

㉕

㉖

㉗

4　シュタイナー教育の今日的意義

わが国の教育が掲げる「生きる力」は，英語ではa Zest for Livingと訳される。つまり，われわれ個々人の内から発せられる具体的な「生きるための熱意（Zest）」こそが，わが国が目指す教育理念＝「知・徳・体の総合的育成」を支えるのである。それゆえ，知の時代に分離が進む〈知と存在〉〈知と行為〉〈知と徳〉〈心と体〉〈特殊と普遍〉〈主観と客観〉を，内奥の〈生き生きとした熱い意欲〉から架橋していくことが期待されるのである。加えて，教育について考える際，こうした一元的でホリスティックな生の総合運動の先に，学問の究極の目的である「人格の高まり」が設定されなければならない。「一般」としての解を追求する自然科学によっては到達できないこの個々人の具体的な生の意義と人格の高進こそが「術としての教育学」の役割となる。

最後に，教育の真諦（最も大切な真理）が，子供に向けられた教師の「愛に貫かれた深いまなざし（A Look Deepened by Love）」や「気づき（an awakening）」にあることを示唆するシュタイナーの言葉を挙げ，本章を閉じたい。

> われわれは，教師として，みずからの内に息づく人間本性に目覚めることが必要である。目覚めとは，精神を介して子供との関係を築けたとき隠れていた子供の全体像を新たに体験するような気づきを意味する。
> （McAllen 2013 : 19）

（衛藤　吉則）

〈参考文献〉

衛藤吉則（2018）『シュタイナー教育思想の再構築——その学問としての妥当性を問う』ナカニシヤ出版。

衛藤吉則（2019）「新たなるWissenschaft（科学・学問・知識）論に基づく「術としての教育」の構造と可能性」『教育哲学研究』120号，pp.1－19.

McAllen, Audrey E.（2013）*The Extra Lesson*, Rudolf Steiner College Press.

Steiner, Rudolf（1886）*Grundlinien einer Erkenntnistheorie der Goetheschen Weltanschauung*, Rudolf Steiner Verlag.

Steiner, Rudolf（1919）*Allgemeine Menshenkunde als Grundlage der Pädagogik*, Rudolf Steiner Verlag.

第14章

臨床教育学に学ぶ

1　臨床教育学とは

(1) 研究者としての教師

本書のタイトルにある「児童生徒にふさわしい教師」とは，どのような教師をいうのだろうか。“ふさわしい”という言葉を広辞苑（新村 2008）で引くと，まず“相応している”とある。さらに“相応している”を引くと，仏教用語としての意味に“心と心の作用などが和合すること”（新村 2008）とあった。このことから「児童生徒にふさわしい教師」とは，子供の心に自らの心を寄り添わせていくことができる教師と捉えられる。目の前にいる子供の状態や，彼らを取り巻く人間関係や背景にある家庭環境もあわせて子供を理解し対応する姿勢を持っていること，また必要であれば，個別の状況にあわせてその子供の対応や指導を柔軟に変化させていくことができる教師ではないかと考える。

現代社会は，社会状況の変化の速度が速く，価値観が多様化し，子供を取り巻く問題もこれまで出会ったことのない新しい事象となって現れてきている。現在，学校現場で教師が直面する問題は多種多様である。子供の非行問題，不登校，いじめ，学級崩壊，教室で友達ともまったく話さない子供，反対に学校で騒ぎまくる子供など，様々な様相を呈する子供が増え，それぞれ個別に対応をし，人間関係を築いていかなくてはならない。子供一人一人の個別性に応じた教育的方法について取り組んでいくことが，これまで以上に重要になってきているといえる。さらには，保護者との関係も難しくなっている。子供の面前であっても教師を批判しクレームをつける親，教師に非協力的な親，子供に無関心な親など様々で，そういった親たちとも人間関係をつくっていかなくてはならない。このような実際的な問題へどのように対応していくかについて，臨床教育学から多くを学ぶことができる。

臨床教育学は，1987 年に京都大学教育学部にわが国ではじめて講座が設置され，初代教授は臨床心理学の大家である河合隼雄であった。河合（1995）は，このような新しい学問は，きわめて実際的なことから生じてきたと指摘している。昨今の教育問題への対応において，必要に迫られて生じてきた学問であると述べている。学校で生じる様々な問題に対して，河合（1995）は，歴史ある教育学や心理学であっても，問題の解決に対して直接的には役立ち難いところがあること，また，役立つ場合もあるが，実際的なことに直接具体的に役立つということを考えはじめると効力がないことになると述べている。また，和田（1996）は，臨床教育学について「教育学と臨床心理学の統合」を志向していると述べている。心理学には，不登校などの問題解決に向けて心理学的に支援する実践的な領域として臨床心理学という分野があり，臨床心理学を生徒指導や教育相談活動に取り入れることや，スクールカウンセラーを配置し，教師と連携するなどの取り組みがこれまでなされてきた。一方，河合（1995）によると，臨床教育学は，問題や現象をなんらかの既存の理論にあてはめて捉えることをしない。臨床教育学は，教師が自らの実践において子供の実際的な問題に取り組む過程における主観的な捉え方と，それを客観性をもって捉えなおして整理し，得られた知見から理論を考えるという発想であるとしている。さらに，臨床教育学の研究者は，研究しようとする現象に自ら関わっており，「客観的観察者」の立場をとらないことから出発することであるとも述べている。このことから，教師は教育の実践者であるが，自らの実践について研究する「参加観察者」であり，よって臨床教育学の研究者でもある。様々な子供の問題への対応において，自らの活動を客観的に振り返るという過程は研究そのものであるといえる。研究を積み重ねていくことで，未来に現れる子供に応じた教育へと高めていく取り組みそのものが臨床教育学なのではないだろうか。

(2) 教師の自己理解の重要性

子供に個性があるように，教師にも個性がある。教師は自らの個性を知っておくこと，常日頃から自己理解に努めることが重要である。一つ目の理由として，教師は子供に影響を与えている存在であることが挙げられる。前述に，教師は「参加観察者」であることを述べた。心理学研究法には参加観察法があるが，これは研究者自身が研究対象となる現場に身を置き，状況を内部から観察したり，共通体験を持ったりすることによる，生態学的妥当性の高い現象把握を行う方法である。この方法においては，観察者は被観察者と関わる存在であり，環境要因の一つである。つまり，観察者でもあるが，被観察者に影響を与えている存在でもある。よって，教師が子供を正しく理解しようとするときには，自分が子供にどのような影響を与える可能性があるのかについて十分に把握しておくことが望ましい。自らの心の動き方，どんなときに感情が揺れ動きやすいか，怒りっぽいか，その他心癖や行動の癖など，客観的に自分を知っておくことがとても重要である。これまで自分が生きてきた文化，培ってきた価値観なども整理しておくとよいであろう。なぜなら，無意識的に子供に対する見方に影響を与えているからである。しかし，自分を客観的に見ることは難しい。そこで，自分を客観的に捉える工夫をすること，例えば日記をつけてみることや，信頼ある人に自分の特徴や個性について尋ねてみることをおすすめしたい。二つ目の理由として，自分を知ることによって人を赦せるようになることがある。ある状況において，自分が子供の立場だったらどうだろうか，または過去に同じような経験があるかもしれない。自分を理解することは，人の心を想像すること，人を理解することに実はつながっている。これらのことから，教師は自己理解に努めることが大切であると考える。

(3) 個性を大切にすること

河合（1995）は，「個」を大切にする方法をとることを臨床教育学の特徴として挙げている。また，教育学はどちらかといえば教える側からの視点，つまりいかに導くかに重点をおいており，子供側からの視点を考慮する余裕を失いがちである。よって教師は，教師側の視点と子供側の視点を自由に移動させられるとともに，現象の多様な意味を探ることができることが重要であるとも述べている。また，田中ら（2008）は，子供の生存・成長を支えようとする大人たちに必要なのは，「厳しさ」や「競争」ではなく，子供の抱いているいらだち・むかつき・不安・恐れを受けとめ，その奥にある「生き方への問い」をともに考えていくことであるとし，子供たちの声を聴くことが大切であるとしている。楠（2002）は，問題事象の背後にある不安や葛藤を共感的に理解していくことがまず重要な課題となってくると述べている。これらのことから，臨床教育学において最も重視することは，問題行動をする子供，あるいはある現象を引き起こす子供に対して，子供の声を聴き，子供の視点から問題を眺めてみること，そして現在の子供の心や行動をまずは受け入れていくことなのである。子供の個性を見出し，受け入れていくことは，子供の自己肯定感を高めていくことにつながる。榎本（2010）によると，今いる環境にうまく適応できていると感じるときに自己肯定感が生じるという。人は社会的な存在であることから，自分が所属している集団にありのままの自分が受け入れられており，コミュニティの中で自分の居場所があるという実感が必要なのである。それを感じられるときに，自己肯定感が生じる。教師に自分の個性を受け入れられることは，学校に心の居場所を得ていくことであり，学校という環境に適応できていると感じられることである。

2　心理・情緒面のアセスメント

(1)「問題行動」をどう捉えるか

教師が子供の心理・情緒面のアセスメントの必要性を感じるときというのは，子供の行動を「問題である」と捉えたときではないだろうか。それでは，どのような行動を「問題である」として捉えるのだろうか。「問題である」という捉え方には，捉える人の基準，捉える人の育ってきた集団の規範，捉える人が生活している環境や，所属する集団の文化が多大に影響している。例えば，多動性のある子供はしばしば問題視されるが，住んでいる敷地や居住スペースが狭ければ狭いほど，親は子供の行動に対して「問題である」と感じる傾向が強まるという。子供が部屋の中で駆けずり回る行動が，一戸建てかマンションのどちらの環境か，マンションの高層階か低層階かによっても，「問題である」とする捉え方が異なってくる。そして，「問題である」の捉え方によって，叱るか，見守るかといった子供への関わりに影響を与える。日本もグローバル化が進んだ社会を迎え，環境だけでなく価値観や考え方が多様化し，子育てにおいても多様化の傾向にある。触法に関わるような行動はともかく，日常的な子供のある行動を「問題である」と捉えるかは，その人の持つ価値観によって異なるであろう。それでは，教師が留意すべきことは何だろうか。まずは，教師自身がどのような基準や価値観によって，子供あるいは他者の行動をみているのかを振り返ると同時に，他者の基準や価値観も理解しようとする姿勢が，子供の問題行動や保護者の考え方などを理解するうえで重要なのである。

(2)「問題行動」の背景にあるものは何か

学校における「問題行動」で特に心理的要因に起因しているものを「学校不適応」という。「不適応」とは，生きていくためには刻々と変化する環境に応じて行動をしなくてはならないがうまくいかず，心身に好ましくない状態を招いていることである（詫摩 1981)。「学校不適応」には大きく分けて，非社会行動（例えば不登校，無気力）と反社会行動（例えば暴力行為，非行）がある。「学校不適応」の背景には，様々な心理的ストレスがある。岡安ら(1992）によると，中学生においては，①“教師との関係”，“友人関係”，“部活動”，“学業”，“規則”，“委員活動”の六つの要因が主要な学校ストレッサーとなっていること，②それらの学校ストレッサーのうち，特に“友人関係”が“抑うつ・不安感情”と“学業”が“無力的認知・思考”と高い関連性を持つことが明らかにされている。つまり，子供の「問題行動」の背景には，友達との人間関係，勉強に対する悩みが大きく影響を与えている。このような悩みがあった場合，コミュニケーション能力が未熟で，ストレス対処法を身に付けていない子供は，心身症になる可能性が高いといわれている。ストレスを意識化できない場合，やがて身体がサインを出し始める。そのサインを見逃していると，心身症という病気に発展する。日本心身医学会（1994）による定義では，「心身症とは，身体疾患の中で，その発症や経過に心理社会的因子が密接に関与し，器質的ないし機能的障害が認められる病態」としている。平成 14 年度厚生科学研究（子ども家庭総合研究事業）（「小児心身症対策の推進に関する研究」班編」2002）によると，12－14 歳の子供の心身症で見られる症状で多いのが，だるい・疲れやすい，頭痛，吐き気，腹痛であった。また，睡眠や対人関係の問題も，心身症と判断された子供に多く見られた。ストレスによる身体症状に対処せずにそのまま放置した場合，何等かの精神疾患に至る可能性もある。最近ではうつ病は誰もがなる可能性がある病気という認識が深まりつつあるが，子供も例外ではない。傳田（2004）によると，2001年に行った大規模な調査の結果，日本の子供たちは欧米に比べて強い抑うつ傾向が見られた。小学生の7.8%，中学生の22.8%がうつ病のリスクを持っているということがわかった。この大規模実態調査では，バールソン自己記入式抑うつ評価尺度（DSRS-C）という質問紙が使用された。スクールカウンセリングにおいて相談室に来る子供にこの尺度に回答してもらうと得点が高く，抑うつ状態である場合が多い。また，学校では元気に振る舞っていて，保健室や相談室につながることなく，突然不登校になるというケースもある。日常の学校生活で慢性的に不快感（例えば無気力）を感じ続け，あるとき糸がぷっつり切れてしまったように不適応状態になる場合がある。よって，子供がどのような心理状態であるかを早期発見し，早期対応していくことが重要になる。

(3)「問題行動」のアセスメント

①観察し，“普段”を把握し，変化に気づく

早期発見のためには，普段の子供の様子をよく観察しておくことが重要な鍵となる。つまり，「いつもと比べて様子がおかしい」という普段の様子からの変化について，教師の気づきが大切なのである。子供の心理面の不調は，体調や服装，態度などに出やすい。例えば，服装が乱れてくる，朝起きることができず遅刻しがちになる，なんとなく元気がないなど，普段の何気ない様子の変化の中にチェックポイントが隠されていることが多い。逆に，普段は挨拶もしなかった子供が，ある日職員室に来て礼儀正しく挨拶をして帰った。しかし，その後，その子供は自ら命を絶ったという経験を持つ教師もいる。つまり，普段とは違う言動に，子供のサインが表れている。

菅野（1994）は，子供にはことばにならなかった〈ことば〉があると述べている。うまくいえなかった〈ことば〉，行動で訴える〈ことば〉，体で訴える〈ことば〉である。うまくいえなかった〈ことば〉は，言語表現がうまくできないために，例えば「べつに」など言葉の断片だけで心を閉ざしてしまう状態である。行動で訴える〈ことば〉は，手がかかる，気を引く行動など，普段とは異なる行動や他と逸脱した行動をとる状態である。体で訴える〈ことば〉は，頭痛，腹痛，下痢，便秘，肩こりなど身体症状に表れる状態である。大切なことは，子供がことばにならなかった〈ことば〉で訴えたいことをキャッチし，受け止めていくことである。学校不適応行動の背景に何があ

るのかについて理解していくためには，このような観点から子供たちの声なき声を心の耳で聴いていくことが何よりも大切になってくる。

子供の普段の様子との変化に表れるなんらかのサインや，ことばにならなかった〈ことば〉をキャッチするために，やはり教師には心の余裕が必要である。人は心の余裕がないときというのは，自分のことで精いっぱいであり，他者に配慮することもできなくなってしまいがちである。教師の心の余裕を確保するためには，昨今，問題とされている教師の仕事量の多さや，過労死ラインを超えるような長時間労働といった勤務状況を見直す必要もあるであろう。

②子供の「問題行動」の意味を探る

子供はなぜ「問題行動」をするのだろうか。このことを考える場合に，教師にとっては「問題行動」であっても，子供にとってのその「問題行動」はどのような意味を持つのかを探ることが心理的アセスメントの重要な部分である。心理学の行動療法の考え方に，行動の意味を探る「行動の機能分析」がある。ある行動をした際にある結果がもたらされることを，心理学では「行動と結果の随伴性」という。「問題行動」が繰り返されるということは，その行動が子供にとってなんらかのよき結果をもたらしているのである。例えば，ある「問題行動」は子供にとって心が軽くなるといった“ストレス解消”の意味（機能）を持っているかもしれない。つまり，「問題行動」の前にはなんらかの子供の欲求があり，欲求を満たすために「問題行動」をしている可能性があると考えるのである。「問題行動」の背後にある子供の欲求を探るために，観察によって，「問題行動」の前後にはどのようなエピソードがあるのかを客観的に捉えていく（鈴木・神村 2005）。子供の欲求について考える際に，マズローの欲求階層説（Maslow 1954）が参考となる。この説は，人間の欲求は最も低い水準の生理的欲求から，最も高次の自己実現欲求まで5段階の階層をなしており，上位欲求（承認欲求，自己実現欲求）は下位の欲求（生理的欲求，安全欲求，所属と愛の欲求）が満たされてはじめて追求することができるとするものである。目の前にいる子供は，どの段階の欲求を追求しているのか。例えば，家庭に問題があり虐待を受けている子供は，安全欲求を追求している段階かもしれない。このように，子供の「問題行動」を理解していくときには，その行動の背後にある状況を知り，子供にとってのその「問題行動」の意味を探り，理解する姿勢が大切である。

③心の状態についてアンケートを実施する

不調を訴えられない子供や，表に出にくい心の中の悩みや不調を早期に発見する取り組みも大切である。例えば，ストレス評価テストやうつスクリーニングテストなどのアンケートを実施するなどである。学校で何か問題が生じてからアンケートを実施するのではなく，心の健康を目的とした予防的な取り組みの一環として行うことをおすすめしたい。教師が子供の心の状態に対する気づきにつながるだけではなく，心に対する認知が未熟な子供に自分自身の心の状態を見つめるきっかけを与える。アンケートにより不調が示された子供を面談に誘い，誰にでも不調になることがあることなどをわかりやすく伝えることで心理教育を行うことができる。場合によっては，心配なことや心身の不調を感じたら遠慮なく保健室や相談室を利用するようにと伝える。そうすることにより，子供は心理的に不調になった際にどうすればよいかについて方法を学ぶことができる。また，子供は教師に自分のことを気にしてもらっている，自分を理解してもらったという安心感が得られる。声かけをしておくことで，援助の手が差し伸べられたときに心の状態を打ち明けやすくなり，早期発見や早期対応にもつながりやすくなる。アンケートの実施や心理教育においては，可能ならば心理学専門家のスクールカウンセラーとの連携をすることが望ましい。その際に大切なことは，教師らはアンケート結果について集団守秘義務をもって情報共有することである。さらに養護教諭，教育相談担当教諭との連携の上で行うことが有効である。アンケート以外に，保健室が実施している健康診断の体重の増減などの結果を通して，面談に誘うことも一つの方法である。

3　対話による援助
――カウンセリング的関わり――

(1) 教師のカウンセリング・マインド

子供のことばにならなかった〈ことば〉(菅野 1994) に気づき，心理的な援助が必要な子供を早期に発見していくことが大切であると述べた。そのために教師が身に付けておきたいのは，「カウンセリング・マインド」である。「カウンセリング・マインド」とは“カウンセリング精神”ということであるが，“カウンセリングを行う時のような心”という意味である (菅野 1994)。

長谷川（2004）は，カウンセリング・マインドとは「カウンセラーのように相手の人に寄り添い，その人が経験している感情をありのままに受け止めようとする心構え」を意味し，子供を総合的に理解するために，教師にもカウンセラーのような姿勢が必要であると述べている。1980年代より教育委員会を中心に，「すべての教師にカウンセリング・マインドを」としてカウンセリング・マインドを活かした教師の指導が重要であることが指摘されてきた（中山 2001）。今日の教育現場では，授業や生徒指導において教師がカウンセリング・マインドを身に付けることが求められている（文部科学省 1998）。永瀬ら（1989）は，カウンセリング・マインドを生かした指導とは，カウンセリングを形だけ指導に持ち込むことでなく，まず，教師が柔軟な心を持ち子供に深い洞察の眼を向けて，相互に温かい人間関係をつくっていくことなのであると述べている。国際化が進み，価値観が多様化した現在においては，一人一人の子供の成長のプロセスも様々であるという認識をいっそう深め，一人一人の声を聴き，理解する姿勢としてカウンセリング・マインドを身に付けていくことが年々重視されてきている。神保（1999）は「教育の目的とカウンセリングの目的とは，本質的に同じと見ることができる」，「教育もカウンセリングも，ともに人格の成長発達をめざすものだからである」と述べている。

カウンセラーの基本的態度として，相手の話を無条件かつ肯定的な関心をもって聴く「無条件の積極的関心」，相手の気持ちになりきる「共感的理解」，自分の心に正直である「純粋または自己一致」の三つがある。特に，カウンセリング・マインドは，「無条件の積極的関心」と「共感的理解」に関連している（中山 2001）。子供が教師の援助を受け入れるかどうかといった最初の段階では特に信頼関係をつくるために，この基本的態度で接するかどうかが重要なポイントとなる。対話を通して，話し手は自分の内面にある答えに気づき，自ら人間的成長を遂げていく。学校現場では，カウンセリングとまではいかなくとも，あるときには「カウンセリングを行う時のような心」をもって子供に接していくことで，心理的援助のみならず子供の自己成長を促すことができる。子供は，つらいことがあっても，話を聴き，理解してくれる人が周りに一人でもいれば，つらい気持ちを抱えながらでもなんとかやっていけるものである。

(2) 教師のカウンセリング・マインドにおける問題点とその克服

カウンセリング・マインドの姿勢は，子供と教師の信頼関係をつくるうえで重要であるが，その接し方において，教師の教育活動の中心である「指導」と相反するところが多いことが指摘されている。つまり，教師がカウンセリング・マインドの姿勢を持ちながら，かつ指導的な接し方をすることの困難さである。しかし一方で，尾崎ら（1996）は，授業のアンケートの中で，「私たちが発言しているとき，その内容だけでなく，そのときの私たちの気持ちもわかってほしい」というのがあり，児童・生徒が教師に対していつも私たちの気持ちに関心を向けてほしいという願いであろうと述べている。つまり，指導においてもカウンセリング・マインドは生きてくるということである。一方，生徒指導においては，菅野（1994）は，生徒の指導をめぐって，校内で生徒指導的発想と教育相談（カウンセリング）的発想が対立してしまうことがあると述べている。一見，相反する生徒への対応は，特に生徒指導の場面において，教師の心理的葛藤を生じさせる。このような心理的葛藤を解消するための現実的な対策には次のことが考えられる。まず一つは，教師に対するカウンセリング・マインドの研修の改善である。知識理解だけの研修ではなく，生徒指導やあらゆる場面においてその効果を実感するに至る実践的な研修の機会をつくることが必要である。もう一つは，役割分担と連携の充実である。生徒指導の場面で，カウンセリング・マインドの姿勢で関わる人と指導的な立場で関わる人というように役割分担をしていくことも問題解決の一つである。具体的には，養護教諭，スクールカウンセラー，スクールアシスタントなどとの連携である。この「連携」は，教師のメンタルヘルスの維持にも関係している。近年，教師の病気休職者は増加傾向にあり，特に精神疾患による休職者の割合は年々高くなっている。このことは，教師の教育活動における精神的負担が大きくなっていることを示唆している。教師や保護者を含めた子供の援助者は，「助けられ上手」になることが重要であると石隈・田村（2003）は述べている。以上のことから，これからの教師は，カウンセリング・マインドを持つとともに，「連携」のためのコミュニケーション力や対人関係能力も培っていくことも重要であると考える。

（山本　文枝）

〈参考文献〉

傳田健三（2004）『子どものうつ――心の叫び』講談社。
榎本博明（2010）「子どもの自己肯定感をもつ意味――自己肯定感の基盤の揺らぎを乗り越えるために」『児童心理』910，金子出版。
長谷川博一（2004）『カウンセリングマインドの重要性――学校臨床の現場から』樹花舎。
石隈利紀・田村節子（2003）『石隈・田村式援助シートによるチーム援助入門――学校心理学・実践編』図書文化。
河合隼雄（1995）『臨床教育学入門――子どもと教育』岩波書店。
菅野純（1994）「生徒指導とカウンセリング・マインド」坂野雄二・宮川充司・大野木裕明編『生徒指導と学校カウンセリング』ナカニシヤ出版，pp.112－122.
楠凡之（2002）『いじめと児童虐待の臨床教育学』ミネルヴァ書房。
永瀬純三・宮本一史・石井明編著（1989）『カウンセリング・マインドを生かす教師』株式会社ぎょうせい。
Maslow, A. H.（1954）*Motivation and Personality*, Harper & Row, Publishers, Inc.（A. H. マズロー（1973）『人間性の心理学　4版』小口忠彦ほか監訳，産業能率短期大学出版部）。
文部科学省（1998）『「新しい時代を拓く心を育てるために」―次世代を育てる心を失う危機―』（中央教育審議会答申）。
中山巖（2001）「教師に望まれるカウンセリング・マインド」中山巖編著『学校教育相談心理学』北大路書房，pp.16－37.
日本心身医学会教育研修委員会編（1994）「心身医学の新しい診療指針」『心身医学』31，pp.537－576.
新村出編（2008）『広辞苑（第六版）』岩波書店。
岡安孝弘ほか（1992）「中学生の学校ストレッサーの評価とストレス反応との関係」『心理学研究』63，pp.310－318.
尾崎勝・西君子（1996）『授業に生きるカウンセリング・マインド』教育出版。
「小児心身症対策の推進に関する研究」班編（2002）『子どもの心の健康問題　ハンドブック』平成14年度厚生科学研究（子ども家庭総合研究事業）。
神保信一（1999）「学校カウンセリングの基本問題」国分康孝編『学校カウンセリング』日本評論社，pp.24－30.
鈴木伸一・神村栄一（2005）『実践家のための認知行動療法テクニックガイド――行動変容と認知変容のためのキーポイント』坂野雄二監修，北大路書房。
詫摩武俊（1981）「適応」梅津八三ほか監修『心理学事典』 平凡社，p.604.
田中孝彦・森博俊・庄井幸信編著（2008）『創造現場の臨床教育学――教師像の問い直しと教師教育の改革のために』明石書店。
和田修二・皇紀夫編著（1996）『臨床教育学』アカデミア出版会。

第 15 章

先哲の教育論に学ぶ

——体罰や虐待はなぜなくならないのか

1　はじめに

近年,「体罰」や「虐待」の問題は, マスメディアで取り上げられることが多くなり, 学校問題のみならず社会問題としても注目されるようになってきた。被害者はいずれも子供（幼児児童生徒）であり, 体罰が教師, 虐待が親による子供への暴力であることから, 事態は深刻である。体罰や虐待はなぜなくならないのか。

2　非体罰, 非虐待の教育に向けて

教師たるもの, 親たるものは, 非体罰, 非虐待の教育に向けて努力することが, 当然のこととして求められる。学校教育法第 11 条但書や改正児童虐待防止法及び改正児童福祉法[1]によって教師や親の体罰や虐待が禁止されているのは, 法で規定されているからという消極的な理由によるのではなく, 子供にとってふさわしい教師・学校, 親であるための教育方法としてふさわしくないという積極的な理由によらなければならないと解される。

筆者はその根拠をエラスムス, ルソー, カントの教育論に求めた。

(1) エラスムスの教育論から

エラスムス（中城進訳 1994）は,「苛酷な扱いによって子供を怯えさせる教師」をふさわしくない教師,「優しい扱いによって子供を魅惑し引き付ける

教師」をふさわしい教師として捉えている。すなわちエラスムスは，体罰のような恐怖による教育ではなく，「自ずと生じる敬意によって次第に子供を引き付けていく」ような教師を求めているのである。エラスムスはまた，幼い子供（7歳までの段階と想定される）への体罰が，「成人した後にも勉学を憎む行為を示すようになる」などの悪影響を及ぼすことも指摘した。では，教師たる者はどんな存在でなければならないのか。エラスムスは，「文学的教養や上品さを備えた人間」「学識深く有徳で思慮深い人間」「知的・道徳的に陶冶された人間」を求めている。

エラスムスは，「入念にそして良い時期に教え込むことが行なわれなければ，人間は無用の被造物になってしまう」と述べるなど，一貫して幼少時教育の重要性について述べている。エラスムスのこの主張は，幼少時教育の責任が子供の生命のはじまりをつくった親たちにあることを指摘していることにおいて，その意義が見出される。なぜなら，体罰は加害者である教師に批判の矢が向けられるのが一般的であるが，それ以前に，体罰に至るまでの子供の成長過程における親の教育の結果が問われなければならないからである。エラスムスのいう7歳までの教育がとりわけ重要である。7歳までに親の質の良いしつけがあったのか否かが，その後の子供の成長に大きく影響しているように思われる。

このことは，エラスムスのいう，子供の最初の人生にふさわしい親子の善き交わりの大切さや「愛や学習ということによって幼少の子供たちに対して多大の配慮をするべきである」ことからも容易に理解できる。

また，エラスムスは，「全ての幼い子供たちを柔和さをもって愛護しなくてはならない」ことや，子供に「警告を与える時とか叱責を与える時には残忍さや苦痛をもって行うべきではない」ことを挙げ，鞭打つことを否定している。鞭打つこと（体罰）は，学校教師に対してはもちろんのこと，親に対しても否定されなければならない。

教師を体罰へと追い込む加担者として，子供の将来に責任を持たない親，親としての義務や責任を果たさない親，堕落した悪習や悪徳を詰め込む親，子供に対して最良の教育を行おうとしない親の存在がある。親がその立ち位置を自覚し，教育行為の多面性に鋭敏であろうとする態度を形成することが，教師を体罰へと追い込まない次善の策といえるのである。

(2) ルソーの教育論から

ルソー（今野一雄訳 1962）は，よい教師の資格を「金で買えない人間」として捉え，教師を「金のためにということではできない職業」「金のためにやるのではそれにふさわしい人間でなくなるような高尚な職業」と定義した。教師たる者はそれほどまでに「崇高な人」「人間以上の者」でなければならないということである。ルソーの「教師は生徒にふさわしく教育されていなければならない」のフレーズはとりわけ説得力がある。このことは，今日においても求められるべき教師の資質であり，教師たるにふさわしい要件といえる。それゆえ体罰教師には，児童生徒をふさわしく教育するための再教育が必要になる。

12－13 歳までの幼児児童はルソーのいう「心情がまだなにも感じていない時代」である。しかし，この頃の被体罰の記憶は鮮明である。児童生徒は被体罰の習慣をもたせられることによって，大人の暴力（教師や親の体罰や虐待）を模倣（踏襲）することになる。その模倣は立場が逆転した中で，大人（教師や親）になって児童生徒を教育（養育）するときに発動される。被暴力の体験者が暴力的な存在になってしまうことはよくあることである。

体罰は人格を著しく傷つけ，最悪の場合，死に至らしめる。大阪市立桜宮高等学校男子生徒の体罰死事件（2012 年 12 月 23 日）は，まさにその典型的な事例であった。体罰は「子どもの状態に自分をおいて考えること」ができない結果として生じる暴力である。「子どもの状態に自分をおいて考えること」ができないのは，教師の教育観や倫理観に関わることであり，教師としてふさわしくないことである。児童生徒の眼差しを受け止め，その目線に立って対応することができない教師の教育活動は，そこに体罰の可能性が存在することを示唆している。

ルソーは，「ほんとうの乳母は母親」，「ほんとうの教師は父親」であり，「父と母とはその仕事の順序においても，教育方針においても完全に一致していなければならない」として，やがて「母親の手から子どもは父親の手に移らなければならない」と述べた。このルソーの考えは家庭教育のありようを示すものであり，今日においても十分に通用する教育観である。ルソーが「世界でいちばん有能な先生によってよりも，分別のある平凡な父親の手によってこそ，子どもはりっぱに教育される」との論は，子供の教育に思慮ある父親の存在が重要であることを意味している。

しかし，現実は違う。父親や母親が必ずしも責任をもって子育てをしているとはいえない場合がある。子育てを母親に任せっきりにしている父親不在の家庭は，推して知るべしであろう。教師を体罰に追いやる加担者としての親や子の立ち位置と，児童生徒に体罰を強行する教師の立ち位置がここでも問われているのである。

分別のある父親と母親の手による子育てが生まれたときから大事にされているならば，子供は人としての心と所作を心得て成長することになるはずである。

(3) カントの教育論から

カント（湯浅正彦ほか訳 2001）は「人間とは教育されなければならない唯一の被造物である」と述べ，ここにいう教育は「養育（養護・保育）」と「訓練（訓育）」および「人間形成をともなった知育」であることを明らかにしている。カントは，ルソーが「消極教育」「早期教育の否定」を基本的な教育理念としたのに対して，「積極教育」「早期教育の必要」を主張している。その根拠は，カントのいう，「子ども期にみずからの意志のままに気ままに生活することが許されて，しかもその時にいかなる抵抗にもあわなかったとすれば，人間はその全生涯を通じてある種の野性的な粗暴さを持ち続けるであろう」ことや，「人間はその〔子ども期の〕早い時期から理性の指示にしたがうことに慣らされなければならない」こと，「子ども期に母親の過剰な愛情で大事にされすぎることは，同じようにその人間のためにはならない」ことによく表れている。この点は，先に論述したエラスムスの教育論との類似性を指摘することができる。

また，カントは「人間は教育によってはじめて人間になることができる」こと，「人間は人間によってのみ教育される」こと，「教育を受けた人間によってのみ教育される」ことを指摘した。このカントの教育観，人間観は，エラスムスやルソーのそれと一致しているといってよい。このことに関連してカントは，「自己自身を改善すること，自己自身を教化すること，そしてみずからが〔道徳的に〕悪である場合には自己自身で道徳性を身に付けるようにするということ」が人間の行うべき義務であることを主張した。この義務は，当然のこととして教師や親に求められることでもある。体罰や虐待は「他律から自律に」向かう道徳性が身に付いていない教師や親の未熟な行為であり，人間の行うべき義務を怠った非教育的行為といえる。

カントは，「道徳的な一般的教化」については，「道徳的な一般的教化の基礎を模範，威嚇，懲罰などに置こうとするならば，すべてが台無しになってしまう」ことを指摘した。体罰や虐待は，カントのいう「威嚇，懲罰」を伴う肉体的罰であり，「道徳的な一般的教化」に馴染まないものである。カントによれば，道徳的な一般的教化の基礎に置く「模範，威嚇，懲罰など」は「訓練にすぎない」ことになる。学校教育法第 11 条但書（体罰禁止）にいう体罰は，カントのいう「訓練」をもってしても禁止されていると解されるべきことである。

カントのいう道徳的教化は，「何が善で何が悪であるのかに関する概念」を「あらかじめ早くから子どもに教え込むようにしたほうがよい」ということにある。カントはそのうえで，「道徳性を確立しようとするならば，〔子どもを〕罰するようなことは行ってはならない」と述べ，その根拠に「道徳性はとても神聖で崇高なもの」であることや，道徳的教育の第一の努力事項に「品性の確立」を挙げた。

カントのこの論述は，道徳性を確立できないような罰を行ってはならないということ，品性の確立を保つことができる範囲内において，処罰を違反の程度に応じて行わなければならないことと解するのが妥当であろう。体罰や虐待は，道徳性を確立できない行為であり，品性の確立を保つことができない処罰といわざるを得ない。

カントは，人間は本来的に道徳的に善であるのか否かについては，そのどちらでもないと述べ，その理由に次のことを挙げている。

> 人間は本来的には決して道徳的存在者ではなく，その理性が義務概念および法概念にまで到達する場合にだけ，道徳的存在者になる。

このことからも教師は，学校教育法第 11 条但書（体罰禁止）の法理念を「義務概念および法概念」として受け止め，道徳的存在者としての行為（道徳的善の行為）を選択できるように努める責務があるといえる。教師がこのような道徳的存在者になることができるようになれば，体罰の行使などあり得ない。

親の教育に対する倫理的態度は，親がいかなる教育理念，教育観を持っているのかに大きく関わっている。しかし，カントが指摘するように，「多くの両親はその子どもをあらゆることに習慣づけ」，「決して役に立つものではない」習慣づけが，多くの親によって子ども期の早い段階からなされており，「おとなになってからでも一定の性癖が身に付いてしまう」ことになっている。その性癖は，さらに多くの人々を巻き込み，悪循環として繰り返されることになる。

今日の親子関係の光景は，上記のカントの指摘がそのまま当てはまるように思われる。このような環境下で育った幼児児童生徒に，保育園，幼稚園，小・中学校，高等学校はどう対処すればよいのか。基本的な生活習慣，しつけ，訓練（訓育），生徒指導等の面において，相当なエネルギーを要することは必然である。

このような環境下にあって，学校や家庭が体罰や虐待の危機に瀕していることは容易に理解できる。体罰や虐待への危機はより現実的なものになっている。教師を追い詰める加担者の立ち位置としての親（保護者）や児童生徒の倫理的態度が，ここでも問われているのである。

カントのいうように，親による鞭によって，子供が「表面的偽装および欺瞞の習慣を身に付けてしまう」ことは，その後の人生に悪影響を及ぼすことになる。幼児期の鞭打ちの体験は少年期，青年期，壮年期に決してよい影響を与えない。虐待を受けてきた子供がやがて虐待をする大人になる事例や，体罰を受けてきた子供が体罰を行う教師になる事例はよく知られていることである。

このようにエラスムス，ルソー，カントが主張する人間観，教育観，子供観，教師観によって，教師や親が子供（幼児児童生徒）の指導に当たるならば，子供にとってふさわしい教育が行われ，子供にとってふさわしい教師や親としての機能が発揮されることになる。そのような教育を志す大人（教師や親）は体罰や虐待を必要としない。

3　教育の倫理的態度の追求とモラル

非体罰・非虐待の教育を推進するには，教育の倫理的態度（教育の持つ暴力性を意識しようとする態度，教育行為の多面性に鋭敏であろうとする態度）を追求する必要がある。教師や親の子供への教育の在り方としては，非体罰・

非虐待による粘り強い，真摯かつ理にかなった指導が不可欠である。

(1) 法を守ろうとするモラルの必要性

越智貢（2007）は，「モラルにかなう行為を個人的な能力や資質に関わることと見なしがち」であることを指摘したうえで，「モラルを身につけている人でも，彼が置かれた状況に応じて，そうしえないことがある」ことを指摘した。この指摘から，教師や親の置かれている立ち位置と教師や親を取り巻く子供の立ち位置の違いから体罰発生のメカニズムが見えてくる。

越智は学校を「時限的な理想社会」と捉え，そのためには，校内の「安全」が図られ，そのうえで生徒たちの「自由」が保障されていなければならないことを指摘している。そして，「教育困難校であればあるほど，これら二つが希薄になることに注意する必要がある」ことを指摘した。体罰や虐待は，教師や親が子供の「安全」と「自由」を奪う最たるものである。体罰死事件や虐待死事件はその最悪のケースといえる。そうであるならば，子供の「安全」と「自由」を保障するために，教師や親はどうすればよいのか。

越智は「倫理学の見直しと学校のモラル」の中で，「倫理学は次のような課題に答えなければならない」とし，その一つに「モラルを堅持するためには，どの程度の自律性が必要とされるか」を挙げている。このことに関わって，越智は法とモラルについて触れ，「法とモラルとは相即の関係にある」ことを次のように述べている。

> モラルに抵触する法は法的機能を維持することができない。法は，それを守ろうとするモラルがなければ，お題目とほとんど異ならないからである。たとえ厳しい法的罰則があっても，それだけで法秩序を生むことは難しい。そして，法秩序が保たれていて初めて，モラルの発動が促されることも間違いない。

このことを体罰問題や虐待問題に当てはめてみると，学校教育法第 11 条但書（体罰禁止）や親による体罰禁止を盛った改正児童虐待防止法及び改正児童福祉法は，これを守ろうとするモラルがなければ，お題目に過ぎないことになりはしないか。たとえ厳しい法的罰則や行政処分があったとしても，それだけで法秩序を維持することは難しい。立派な法がありながら，法令違反の実態が今日なお後を絶たないのは，そのことを意味している。

法を厳守するモラルとは，いったい何であろうか。自らを律する心であり，モラルを堅持できるほどのレベルの高い自律性と捉えたい。そのようなレベルの高い自律性は，じっとしていて自然に生じるものではない。自律性は努力して獲得し，身に付けるべきものである。その重要な方法の一つが，エラスムス，ルソー，カントの教育論に見られるような確かな人間観，教育観，子供観，教師観の獲得なのである。

(2) 法意識とモラル

竹田敏彦（2019）は，小・中学校及び高等学校の教師を目指す学生に対して行った，学校教育法第11条但書に関する法意識調査の結果を明らかにした。タイプⅠ（男女共学の大学生を対象）とタイプⅡ（女子大学生を対象）に分類して，次のように示した。

〈タイプⅠ〉

＊調査年月日：2015.7.7～2015.7.13

＊調査対象者①：H国立大学　104名（回答者）／126名［教職課程を履修している2年次生（理学部・工学部・生物生産学部）：授業科目「教職入門」］

＊調査対象者②：K私立大学　45名（回答者）／56名［教職課程を履修している2，3年次生（心理科学部）：授業科目「教職概論」］

タイプⅠの調査結果から次のことがわかった（表1を参照されたい。）。

A：男女とも9割を超える学生が「体罰が法律で禁止されていることを知っていた」と回答した。

B：多くの学生が，「体罰が法律で禁止されていることを知った」時期を中学生・高校生の頃であったと回答した。

C：「体罰が法律で禁止されていること」を肯定的に受け止めていない学生が男性で55.1%，女性で42.9%もいることがわかった。

D：「体罰に教育的効果がある」と思っている学生が男性で78.5%，女性で52.3%もいることがわかった。

表１　学校教育法第 11 条但書に関する法意識（タイプⅠ）

	調査項目		回答内容	小合計		総合計
				男性	女性	男女
A	体罰が法律で禁止されていることを知っていたか	1	はい	97（90.7）	41（97.6）	138（92.6）
		2	いいえ	10（ 9.3）	1（ 2.4）	11（ 7.4）
B	Aのことを知ったのはいつ頃か	1	小学生の頃	10（ 9.3）	4（ 9.5）	14（ 9.4）
		2	中学生の頃	36（33.6）	12（28.6）	48（32.2）
		3	高校生の頃	43（40.2）	13（31.0）	56（37.6）
		4	大学生になって	6（ 5.6）	12（28.6）	18（12.1）
C	体罰が法律で禁止されていることをどう思うか	1	賛成	48（44.9）	24（57.1）	72（48.3）
		2	反対	17（15.9）	5（11.9）	22（14.8）
		3	気にしていない	42（39.3）	13（31.0）	55（36.9）
D	体罰に教育的効果があると思うか	1	大いにある	10（ 9.3）	3（ 7.1）	13（ 8.7）
		2	少しある	74（69.2）	19（45.2）	93（62.4）
		3	全くない	20（18.7）	20（47.6）	40（26.8）
E	肉体的苦痛を与えない程度の有形力の行使は認めてもよいと思うか	1	認めてもよい	66（61.7）	19（45.2）	85（57.0）
		2	認めるべきでない	16（15.0）	12（28.6）	28（18.8）
		3	よくわからない	25（23.4）	11（26.2）	36（24.2）
F	長時間にわたる端座，直立，放課後の居残りなども体罰に当たると思うか	1	そう思う	34（31.8）	15（35.7）	49（32.9）
		2	そう思わない	54（50.5）	12（28.6）	66（44.3）
		3	よくわからない	19（17.8）	14（33.3）	33（22.1）

E：「肉体的苦痛を与えない程度の有形力の行使」を認めてもよいと思っている学生が，男性で 61.7%，女性で 45.2% もいることがわかった。

F：「長時間にわたる端坐，直立，放課後の居残りなど」が体罰に該当すると思っている学生は，男性で 31.8%，女性で 35.7% しかいないことがわかった。

タイプⅠの調査結果から，次のことがいえそうである。

①Cの結果（「体罰が法律で禁止されていること」を肯定的に受け止めていない学生が男性で 55.1%，女性で 42.9% もいること）は，D（「体罰に教育的効果がある」と思っている学生が男性で 78.5%，女性で 52.3% もいること）の裏返しでもあると捉えられる。このまま学生たちが教職に就くなら

ば，体罰を行ってしまう危険性が想定される。

②Dの「体罰に教育的効果がある」と思っている学生の比率が高いことは驚きである。被体罰の経験からそう思っているのであれば，教師のアフターケアがよほどうまくいったケースであったことが考えられる。他者が体罰を受けるのを見てそう思ったのであれば，体罰によって当該の生徒や所属集団にとって利するところがあったものと考えられる。いずれにしても，教師の体罰行為を学生が児童生徒の時代を通して予想以上に肯定的に捉えていることがうかがえる。このことは教師の体罰を後押しすることになる。

③Fの「長時間にわたる端坐，直立，放課後の居残りなど」が体罰に該当することを理解していないことがうかがえる。殴る，蹴るの類などの物理的な力によらなくても，懲戒の方法によっては，結果的に肉体的苦痛を与えるケースがあることを学生に認識させておくことが望まれる。このことを認識できていない学生たちがこのまま教職に就くならば，体罰を行ってしまう危険性が想定される。

〈タイプⅡ〉

＊調査年月日：2018.5.7

＊調査対象者：Y私立女子大学173名（回答者）／190名［教職課程を履修している学生を中心とした1～4年生（日本文学14名，書道3名，英米文学8名，児童教育77名，心理22名，生活デザイン12名，管理栄養7名，国際観光5名，造形デザイン11名，薬学2名，看護12名。下線部の学科が教職課程を有している学科），授業科目：共通教育「人間形成の科学A」＝「道徳教育学――いじめ・体罰の深層を考える」］

タイプⅡの調査結果から次のことがわかった。

A：80.9%の学生が「体罰が法律で禁止されていることを知っていた」と回答した。タイプⅠと比べて，1割程度低い（タイプの違いによる有意差はないものと考えられる）。

B：多くの学生が，「体罰が法律で禁止されていることを知った」時期を中学生・高校生の頃であったと回答した。タイプⅠと比べて，1割程度高い（タイプの違いによる有意差はないものと考えられる）。

表２　学校教育法第 11 条但書に関する法意識（タイプⅡ）

	調査項目		回答内容	小合計		総合計
				教育学部（女性：77）	他学部（女性：96）	全学部（女性：173）
A	体罰が法律で禁止されていることを知っていたか	1	はい	60（77.9）	80（83.3）	140（80.9）
		2	いいえ	17（22.1）	16（16.7）	33（19.1）
B	Aのことを知ったのはいつ頃か	1	小学生の頃	6（10.0）	10（12.5）	16（11.4）
		2	中学生の頃	28（46.7）	27（33.8）	55（39.3）
		3	高校生の頃	25（41.7）	32（40.0）	57（40.7）
		4	大学生になって	1（ 1.6）	11（13.7）	12（ 8.6）
C	体罰が法律で禁止されていることをどう思うか	1	賛成	73（94.8）	89（92.7）	162（93.6）
		2	反対	0（ 0.0）	1（ 0.6）	1（ 0.6）
		3	気にしていない	4（ 5.2）	6（ 5.8）	10（ 5.8）
D	体罰に教育的効果があると思うか	1	大いにある	2（ 2.6）	4（ 4.2）	6（ 3.5）
		2	少しある	32（41.6）	32（33.7）	64（37.2）
		3	全くない	43（55.8）	59（62.1）	102（59.3）
E	肉体的苦痛を与えない程度の有形力の行使は認めてもよいと思うか	1	認めてもよい	42（54.5）	39（41.1）	81（47.1）
		2	認めるべきでない	23（29.9）	38（40.0）	61（35.5）
		3	よくわからない	12（15.6）	18（18.9）	30（17.4）
F	長時間にわたる端座，直立，放課後の居残りなども体罰に当たると思うか	1	そう思う	45（59.2）	42（44.3）	87（50.9）
		2	そう思わない	17（22.4）	37（38.9）	54（31.6）
		3	よくわからない	14（18.4）	16（16.8）	30（17.5）

C：「体罰が法律で禁止されていること」を肯定的に受け止めている学生は 93.6% であった。

D：「体罰に教育的効果が全くない」と明確に回答した学生は 59.3% であった。タイプⅠでの同回答（男性が 18.7%，女性が 47.6%）と比較すれば，「体罰に教育的効果がある」ことに否定的な学生の割合が女性において１割程度増えたことになるが，学生たちがこのまま教職に就くなら，体罰を行ってしまう危険性が想定されることに変わりはない。

E：「肉体的苦痛を与えない程度の有形力の行使」を認めてもよいと思っている学生が 47.1% もいた（タイプⅠの男性が 61.7%，女性が 45.2 %であることと比べてみて，有意差があるとは考えられない）。タイプＩと同様に「軽い程度の有形力の行使は体罰ではない」とする認識がうかがえる。

Ｆ：「長時間にわたる端坐，直立，放課後の居残りなど」が体罰に該当すると思っている学生は50.9％である。タイプＩで男性が31.8％，女性が35.7％しかいなかったことに対して15％程度高まったといえるが，49.1％の学生は否定的である。

タイプＩとタイプⅡの違いから，次のことがいえそうである。

①Ｃの結果（「体罰が法律で禁止されていること」を肯定的に受け止めている学生が93.6％であること）は，タイプⅡ（女子大学生）ならではの結果であり，タイプＩ（男性44.9％，女性57.1％）と比べて有意差があるといえそうである。

②タイプⅡにおいても，「体罰に教育的効果がある」と思っている学生の比率が高い（40.7％もいる）ことや，「肉体的苦痛を与えない程度の有形力の行使」を認めてもよいと思っている学生が47.1％もいること，「長時間にわたる端坐，直立，放課後の居残りなど」が体罰に該当することを理解していない学生が少なからずいる（49.1％もいる）ことがわかった。体罰に係る学習（認識）のレベルを一層引き上げることが求められる。

タイプＩとタイプⅡの体罰に関する法意識調査（教職課程を履修している学生を対象）の結果は，「体罰に教育的効果がある」と思っている学生の比率が高いこと（タイプＩ：71.1％，タイプⅡ：40.7％，タイプＩとタイプⅡの平均：56.6％）や，「肉体的苦痛を与えない程度の有形力の行使」を認めてもよいと思っている学生の比率が高いこと（タイプＩ：57.0％，タイプⅡ：47.1％，タイプＩとタイプⅡの平均：53.4％）に象徴される。この法意識調査においても法を厳守するモラルが問われる結果となった。

今後，教職に就こうとしている学生は，エラスムス，ルソー，カントの教育論に見られるような確かな人間観，教育観，子供観，教師観に基づく，教師としてふさわしい資質・能力を身に付けなければならない。

4　おわりに

体罰や虐待はなぜなくならないのか。本論において，教師や親の体罰や虐待が，子どもにとってふさわしい教師や学校であるための教育方法として，ふさわしくないことを述べてきた。その根拠をエラスムス，ルソー，カントの教育論に求め，教育の倫理的態度（教育の持つ暴力性を意識しようとする態度，教育行為の多面性に鋭敏であろうとする態度）を追求する必要性や法を守るためのモラルの重要性について論述した。そのうえで，教職を目指す学生へのメッセージとして，エラスムス，ルソー，カントの教育論に見られるような確かな人間観，教育観，子供観，教師観に基づく，教師としてふさわしい資質・能力を身に付けなければならないことを示した。

（竹田　敏彦）

〈注〉

（1）　2019年6月19日，参院本会議で全会一致で可決，成立。一部を除き2020年4月から適用。子供を戒めることを認めた民法上の「懲戒権」も施行後2年をめどにあり方を検討することになっている。

〈引用文献〉

エラスムス，中城進訳（1994）『エラスムス教育論』二瓶社，p.8，p.17，p.34，pp.67－68，p.73，p.228.

越智貢（2007）「倫理学の見直しと学校のモラル」上廣倫理財団編『倫理的叡智を求めて』東洋館出版社，p.24，pp.26－27，p.29.

カント，湯浅正彦・井上義彦・加藤泰史訳（2001）『カント全集17　論理学・教育学』岩波書店，p.217，p.219，p.221，p.226，p.251，p.255，p.275，p.284，p.304.

竹田敏彦（2019）「道徳教育学――体罰といじめの深層を考える」竹田敏彦監修・編著『道徳科を要とする道徳教育の理論と実践』ナカニシヤ出版，pp.58－64.

ルソー，今野一雄訳（1962）『エミール　上』岩波文庫，p.56，pp.58－59，p.202.

〈参考文献〉

今橋盛勝（1982）「体罰の法概念・法意識・法規範・法関係」牧柾名・今橋盛勝編『教師の懲戒と体罰』エイデル研究所，pp.54－57.

越智貢（2008）「モラルの教育」越智貢ほか『教育と倫理』ナカニシヤ出版，p.13.

竹田敏彦編著（2016）『なぜ学校での体罰はなくならないのか』ミネルヴァ書房，pp.8－9，pp.53－56，pp.61－112.

竹田敏彦（2020）「特集：体罰と虐待　教師や親の体罰はなぜなくならないのか」『子どもの虐待とネグレクト』第22巻第1号（通巻第58号），日本子ども虐待防止学会，pp.25－35.

第16章

新島襄の「良心教育」に学ぶ

1　新島襄の同志社大学設立の理念 ――建学の精神――

(1) 新島襄と同志社の概要[1]

同志社の創立者である新島襄は，幕末の1864（元治元）年，激動する日本の将来を憂い，国禁を犯して脱国し，約10年間にわたってアメリカ，ヨーロッパで学んだ（岩倉使節団の要請による団員としての1年余のアメリカ，ヨーロッパ8か国の教育制度の調査や視察を含む)。そして，キリスト教の洗礼を受けて帰国した新島は，国内外の多くの人々の協力を得て，1875（明治8）年11月29日，京都の地に同志社大学の前身となる同志社英学校を設立した。

新島は，学問の探究とともにキリスト教を徳育の基本として人格を陶冶する教育機関，「人民の手に拠って成立する大学[2]」を目指した。新島は同志社においてキリスト教主義に基づく自治自立の精神を涵養し，国際感覚豊かな人物を育成することを教育の理念とした。爾来145年，この「志」に共感する「一国の良心」たらんと願う人々が同志社に学び，固有の伝統と自由に満ちた学風を築いてきた。そして，30万人を超える卒業生が，各界において「同志社人」としての自覚と誇りを胸に，自らの人格を一層高めながら「地の塩」，「世の光」として活躍している。

筆者（竹田）も同志社大学の卒業生（第100期生，1976年3月，法学部法律学科卒業）であり，新島精神をもって学校教育に携わってきた。

(2) 新島襄の志[3]

新島襄（1843－1890）は，21歳で幕末の日本から密出国して渡米した。新島は「未知の国アメリカに人生を賭けて船出した青年[4]」であった。人々が奴隷扱いされ，息苦しい封建社会に束縛されることに我慢ができず，自由と人権を求めた冒険だったのである。

留学中，キリスト教徒となった新島は，次第に一つの夢を膨らませた。「自由」と「良心」に立つ人間を養成するキリスト教主義教育の夢である。新島はアメリカ東部ニューイングランド地方での草の根のデモクラシーを体験し自由を満喫して帰国したのである。10年振りに帰国した新島は，同志社大学の前身となる同志社英学校設立へと着手した。同志社とは，「志を同じくする者が創る結社」である。その原点は，もちろん新島の志にある。

新島の志，夢は，「良心」と「自由」に満たされた学園と社会の実現にあった。新島は，日本が自由で民主的な近代国家になるためには，一人一人の個性と人格が十分に尊重されることが大事であると考えた。新島は同志社英学校においても生徒一人一人の人格を尊重した。新島にとって，生徒はかけがえのない「同志」であり，新島は「遺言」の中でも，「学生に丁重に対応すること」を教職員に望んだ。この遺訓は，今も同志社では大事に守られている。同志社大学の正門にある「良心碑」に「良心之全身ニ充満シタル丈夫ノ起リ来ラン事ヲ　新島襄」と新島の志が刻まれている。

新島は勝海舟に「大学の完成には200年」と答えている。この言葉は，新島の同志社の創立と発展に懸けた志の大きさを物語っている。すでに創立145年を経た同志社大学は，今でも新しい学部や専攻の設置を始め，先端的教育・研究体制の整備や充実，組織の改編などに積極的に取り組んでいる。これからも，教職員や卒業生はもちろん，学生一人一人が，同志社の「原点」である新島の志を中軸にした「同志」となって，新島が目指した大学の完成を目指すことになる。

図1　新島　襄

図２　同志社大学キャンパス（クラーク記念館）

(3) 同志社大学設立の旨意[5]

明治21年，新島襄は20を超える新聞，雑誌に「同志社大学設立の旨意」を公表して大学設立への協力を呼びかけた。この文章は，前半で同志社諸学校開設に至る経緯を語り，後半で今なぜその上に大学が必要なのか，いかなる大学であるべきかを熱っぽく論じたものであり，若々しい気魄《きはく》のこもった名文である。

新島は私立大学を「人民の手に拠って設立」することを考えた。当時大学と呼ばれるものは官立の東京大学一校のみであった。これに抗して，全国の賛同する民間人の手によって，つまり自発的結社という新しい組織原理によって大学を創ろうとしたのである。福沢諭吉の慶應義塾も同様の結社で，当時はこのような試みが可能な時代でもあった。

「同志社大学設立の旨意」（抜粋）

……（同志社の）目的とする所は，独り普通の英学を教授するのみならず，其徳性を涵養し，其品行を高尚ならしめ，其精神を正大ならしめんことを勉め，独り技芸才能ある人物を教育するに止まらず，所謂る良心を手腕に運用するの人物を出さん事を勉めたりき。而して斯くの如き教育は，決して一方に偏したる智育にて達し得可き者に非ず。唯だ上帝を信じ，真理を愛し，人情を敦くする基督教主義の道徳に存することを信じ，基督教主義を以て徳育の基本と為せり……

……人民の手に拠って設立する大学の，実に大なる感化を国民に及ぼすことを信ず，其生徒の独自一己の気象を発揮し，自治自立の人民を養成するに至っては，是れ私立大学特性の長所たるを信ぜずんば非ず……

一国を維持するは，決して二，三英雄の力に非ず。実に一国を組織する教育あり，智識あり，品行ある人民の力に拠らざる可からず。是等の人民は一国の良心とも謂ふ可き人々なり。而して吾人は即ち此の一国の良心とも謂ふ可き人々を養成せんと欲す。吾人が目的とする所実に斯くの如し。

明治二十一年十一月

同志社大学発起人　新島 襄

上記の同志社大学設立の旨意は，1888（明治21）年に同志社英学校の創設者である新島襄が起草し，新島の依頼を受けた徳富蘇峰[6]が添削した。徳富蘇峰は自身の経営する民友社の『国民之友』をはじめ日本全国の主要新聞，雑誌において日本初となる私立大学設立への協力を訴えた[7]。

2　新島襄と同志社設立の経緯

(1) 新島襄の畢生《ひっせい》[8]

新島襄は1843（天保14）年，江戸の安中藩邸に誕生した。武士の子として文武両道に励む一方で，西欧に学ぶ必要性を強く感じ，21歳の1864（元治元）年，函館から国禁（鎖国令）を犯してアメリカに脱国。翌年アメリカのボストンに着いた。フィリップス・アカデミー，続いてリベラルアーツカレッジのトップ3の一つで，リトルアイビーと呼ばれる名門校アーモスト大学で学び，日本人初の理学士の学位を取得。アーモスト大学では，後に札幌農学校教頭となるウィリアム・スミス・クラークから化学の授業を受けている。クラークにとっては最初の日本人学生であり，この縁でクラークは来日することになった。当初，密航者として渡米した新島であったが，初代の駐米公使となった森有礼によって正式な留学生として認可された。

新島はフィリップス・アカデミー在学中に洗礼を受けてニューイングランドのピューリタンの仲間入りをした。キリスト教の宣教師として帰国することを考えた新島は，アンドーヴァー神学校（大学院）でニューイングランド神学を学んだ。

新島はアンドーヴァー神学校在学中の明治5（1872）年，アメリカ訪問中の岩倉使節団の要請を受け，団員として1年余アメリカ，ヨーロッパ8か国の教育制度の調査や視察の機会を得た。このことを機に，新島を明治政府にとっての貴重な人材と考えていた森有礼（後の初代文部大臣）や，新島の語学力に目をつけ通訳として使節団への協力を要請した木戸孝允らとの親交を深めた。新島は使節団に参加する形でニューヨークからヨーロッパへ渡り，フランス，スイス，ドイツ，ロシアを訪ねた。欧米教育制度調査の委嘱を受け，文部理事官・田中不二麿に随行して欧米各国の教育制度を調査し，その後ベルリンに戻って約7か月間滞在することによって，使節団の報告書ともいうべき『理事功程』を編集した。これは，明治政府の教育制度にも大きな影響を与えている。

欧米の優れた文明や学問の背景にキリスト教主義が息づいていることに気づいた新島は，日本にとって必要なのは，技術や知識だけではなくキリスト教の精神であると考えるようになった。この間に学んだ「良心」と「自由」という考え方が，後の学校づくり（同志社英学校，同志社大学）を支えていくことになる。

新島は近代国家の仕組みよりも近代国家を作り出した人間に強い関心を示し，とりわけアメリカの中・高等教育機関がキリスト教人格主義教育，全人教育（liberal education）を通して，知・徳・体の調和のとれたトータルな人間，木のみならず森も見ることができる立体思考の人間を教育し，彼らが地方や国家のリーダーとなって，アメリカの政治，経済，文化，教育をリードしていることに注目した。

10年後に帰国した新島は1875（明治8）年に同志社英学校を設立した。金森通倫《みちとも》，横井時雄，小崎弘道《ひろみち》，吉田作弥，海老名弾正，徳富蘇峰，不破唯《ただ》次郎《じろう》ら熊本バンドと呼ばれる青年たちが同志社英学校に入学。新島の願いは「良心を手腕に運用する人物の養成」にあった。信念と独立心を持ち，安易に人に左右されない学生を，型にはめずに大きく育てようと考えたのである。

明治21（1888）年，新島は，徳富蘇峰の協力により井上馨・大隈重信・土倉庄三郎・大倉喜八郎・岩崎弥之助・渋沢栄一・原六郎・益田孝等から同志社大学設立のための寄付金の約束を取り付けた。

明治22（1889）年11月28日，新島は，同志社大学設立運動中に心臓疾患を悪化させて群馬県の前橋で倒れ，神奈川県大磯の旅館・百足屋で静養することとなった。愛弟子の看護を受けるが，回復せず明治23（1890）年1

月23日午後2時20分，徳富蘇峰，小崎弘道らに10か条の遺言を託して死去した。新島は46歳でその生涯を終えたが，一人一人の人格を尊重する教育方針は，今もなお貫かれている。

(2) 新島襄の畢生の目的

新島襄は脱国から10年後の明治7（1874）年に宣教師としてアメリカから帰国。宣教師の新島が設立した学校は，伝道目的のミッション・スクールではなく，日本の近代化のリーダーとなる人物の育成を目的にしたキリスト教主義の学校であった[9]。

キリスト教主義の学校設立と運営には数々の困難があったが木戸孝允や田中不二麿など岩倉使節団のメンバー等の尽力で切り抜けている。誕生した同志社からは多才な人物が輩出されているが，特筆すべきは，「福祉」を通じて日本の近代化に貢献するパイオニアが育っていることである[10]。

1890（明治23）年，憲法が発布され，国会が開設されて，日本が名実共に近代国家としてスタートする年を期して，同志社大学を発足させるために，新島は1882（明治15）年から具体的な設立運動を開始した。新島の大学構想は遠大で，新島の母校アーモスト・カレッジをモデルにしつつも，その上に神学，哲学，文学，法学，理学，医学といった学問の蘊奥《うんおう》を攻究する専門学部を構築する欧米の伝統的な総合大学を目指していた。新島は官立の東京大学を意識しつつ，「其の生徒の独自一己の気性を発揮し，自治自立の人民を養成するに至っては，是私立大学特性の長所たるを信ぜずんば非ず[11]」と述べ，政財界の要人から一般民衆に至るまで，広く理解と協力を求めて，私立同志社大学の設立のために東奔西走し，アメリカへも募金活動に赴いた。しかし彼は長年の過労の結果，1890（明治23）年1月，神奈川県大磯で大学設立を目前にし，志半ばにして倒れた。46歳11か月の若さであった。

同志社にとって新島の死は大黒柱を失ったも同然であった。1890年代以降の天皇制絶対主義国家体制の確立と，臣民教育やキリスト教排撃運動といった時代風潮は，同志社の発展に逆風であった。新島の夢であった大学の設立は1912（明治45）年，専門学校令による大学として，1920（大正9）年，大学令による大学として認可されたが，敗戦に至るまでの70年の同志社の歴史は苦難に満ちた茨の道であった。

1945（昭和20）年の敗戦によって，同志社は創立以来初めて何の拘束も受けることなく自由にキリスト教主義人格教育を行うことができるようになった。1960年代以降，日本の経済が急成長し，全国的に中・高等教育機関への進学者が急増した。同志社の，とりわけ大学は，量的拡大の時期に入り，同志社の独自性であるキリスト教人格主義教育が戦後再生期の新鮮さを少しずつ失っていった。日本の経済が絶頂期から下降期に入った現在は，生徒，学生の急減期でもあり，質の教育が重視され，創立者の建学の理念が問い直されている。

(3) 同志社の目指す教育

同志社の創立者である新島襄はニューイングランドで中・高等教育を受け，米欧の教育事情を調査したことが自らの教育観の構築に大きな影響を及ぼした。

新島が学んだ学校の特徴はいずれもキリスト教の会衆派に属し，学力とともに徳育を重視していた。新島が最初に学んだフィリップス・アカデミーのモットーは「他人のために」「自分のためだけにではなく」であり，その後，進学したアーモスト大学の教育理念は「世を照らす人に」であり，社会に貢献する人物の育成を目標としていた。教育内容はリベラルアーツ教育であり，特定の学科や科目に偏らず，幅広く人間としての素養を身に付けることを目標としていた。そのために神学，倫理，哲学などのカリキュラムが組まれており，新島はそれらを学んでいる[(12)]。

新島がアメリカ滞在で気づいたことは，アメリカの文明の基には教育があり，教育が国の盛衰に深く関係しているということであった。それを田中不二麿との各地の調査や視察で確認した結果，次のように考えるように至った。つまり，「欧米文明を根底においてつくり，支えているものは，キリスト教信仰を持ちデモクラシーを体得した独立自尊の人間である」ということである。したがって，「このような人間を日本で教育することができるならば，日本を近代化することが可能になる」という確信があった。そこで新島は，日本の近代化は物質文明や産業技術ではなく，近代化をつくり出す人間を育成するというキリスト教主義の学校の設立を目指すようになった[(13)]。

新島が体験した米欧の近代国家は，新島が育った幕藩体制下のように，個人が全体に無批判に従うのではなく，個人が連帯して全体を変えうる力を持ち，またそのような権利を神によって与えられていること（自然権）を自覚している主体的な近代市民によって支えられ，発展してきた。

このことからも，近代国家建設の秘訣を主体的な近代市民の育成に見出した新島が同志社で育成しようとする日本の近代化に必要な人物とは，政府の政策を時には批判し，修正を求める勇気と見識を持ち，場合によっては体制の変革を求めて自ら実行するような人物であったことがうかがわれる。

明治国家が上からの近代化を急ぐのに対して，新島は「一国を維持するは，決して二三英雄の力に非ず，実に一国を組織する教育あり，智識あり，品行ある人民の力に拠らざる可からず[14]」との信念のもとに，これらの人民を「自治自立の人民[15]」，「一国の良心[16]」にまで教育することが新島の究極の目的であった。

同志社英学校創立後，亡くなるまでの15年間の新島は，生徒の価値可能性を信じ，彼らの個性を大切にし，クラスの中でやる気を失い，学力の伸び悩んでいる生徒に特別の注意を払い，彼らを極みまで愛する教育者であった。また新島は遺言で「同志社においては倜儻《てきとう》不《ふ》羈《き》なる書生を圧束せず務めて其の本性に従ひ之を順導する可し[17]」とある。新島は「倜儻不羈」なる書生，すなわち，才気がすぐれ，独立心が旺盛で，条規では律しがたい生徒，学生を型にはめずに，その自主性を生かして育てることを重視したのである。

(4) 同志社教育の現代的意義

戦後半世紀が経過し，現在の日本には教育の病理現象が噴出している。きわめて憂うべき状況である。日本の教育は教師主導の注入主義教育，覚え込み教育からいっこうに脱却できず，生徒，学生の個性や自発性の伸長を阻害している。いじめ，不登校，中途退学者の数が増え，生徒の生命軽視，容易に「キレる」状況は彼らの忍耐力のなさとともに，家庭，学校，社会からのストレスに耐えられなくなっていることを示している。

戦後日本の教育は知育を重視しすぎ，生徒，学生の心の教育，超越者に対する畏敬の念，生きとし生けるものへの配慮，自分が日本人であることの自覚，日本文化への理解と誇りといった面を軽視してきたことを反省しなくてはならない。文部科学省は，近年，この事態を改革するべく，学習指導要領の改訂によって「主体的・対話的で深い学び」をその要とし，学校教育の充実を図ろうとしている。

同志社では創立者である新島襄の建学の理念を受け継ぎ，キリスト教人格主義教育を通して，青少年期にある生徒，学生に「救い主なる生ける神」の存在を知らしめることを教育の重要な柱としている。また生徒，学生の個性や彼らの自発性を尊重し，全人教育を通して広い視野から現状分析と将来展望を持って行動することのできる人間，自らの良心に従って生きる人間，新島のいう「自治自立の人民」の育成を目指している。グローバル化が進む21世紀には，ますます新島の建学の理念が，そして同志社教育が重要性を増すであろう。

3　新島襄の教育観[18]

(1) 同志社の教育理念

「キリスト教主義」「自由主義」「国際主義」が同志社における教育理念である。「一国の良心」ともいうべき人物を養成するために始まった同志社の教育は，時代が移り変わろうとも，その理念を変化させるのではなく，より深く見つめ，問い直すことによって踏み固め，今に受け継がれてきた。変化の速い現代だからこそ，時代に流されるのではなく，確かな理念を見つめて取り組んでいくことが大切にされなければならない。同志社はその実現のために，志を一つにして次代へ向けて邁進している。

「キリスト教主義」とは，「精神と品行とを陶冶する活力を身につけ，知識の修得だけでなく，良心の涵養を促す」ことである。周りに流されるのではなく，自分なりに正しい考え方を持ち，変革を自ら実行する人物を育成しようと考えた新島襄は「一国の良心」となる人物は「キリスト教主義」によって育まれると信じ，キリスト教主義に基づく教育を同志社の基本的な方針としたのである。

新島にとってキリスト教は何よりも「道徳学」であった。繰り返し「智徳併行教育」の大切さを説いた新島は，1880年の講演「学問之説」で，それと同じ趣旨のことを語っている。

学問には，「智ヲ養フノ学」と「徳ヲ養フノ学」の2種類がある。日本では，明治維新以前は「道徳ノ学問ニ止マリ芸術技芸ハ更ニナシ」で，いわば「一足の学問」だった。維新後はというと，反対に，「学問ハ唯学術技芸ノミ限ト見做シ，古聖人ノ道徳学ヲ廃シ」たけれども，その結果は日本の学問が依然として「一足の学問」であることに変わりない。「学術技芸」は進んだけれども，古聖人の道徳学を廃した結果，「浮薄ノ風起，廉恥ノ風地ヲ払テ空シク，現今実ニ流悌長太息スルニ至ノ弊風ヲ生ジ学問ハ唯々糊口利己主義ニ流レ，天下ハ如何ナルトモ深ク憂ヘザルノ極ニオチイレリ」といった嘆かわしい状態になった。「一本足の学問」ではだめで「二本足併立」の学問でなければならない[19]。

「自由主義」とは，「自ら行動する力を育み，一人一人に自分の可能性に気づかせる」ことである。同志社では一方的に指導するというスタンスではなく，生徒の可能性を信じて，個性を大切にし，一人一人が自発的に行動して自分の力を発揮できるよう努めている。この学風は今も変わらない。

「国際主義」とは，「外国語を話せるだけでなく，異なる価値観を受け入れ，そこから何かを見出せる人を育む」ことである。新島はアメリカでの勉学や視察を通して教育の重要性に目覚め，同志社を設立した。そのような歴史を持つ同志社では世界に目を向けて学ぶ姿勢を重視してきた。単にコミュニケーションの道具として外国語を学ぶだけでなく，世界の文化にふれ，お互いの違いを認め合う学びを実践している。

自由と良心にあふれるキリスト教主義私立大学の創設にその生涯を費やした新島の精神は，同志社大学，同志社女子大学のほか，四つの中高一貫校，小学校，幼稚園を含む一大総合学園となった今もなお受け継がれ，教職員，支援者の一人一人が「同志」として，「一国の良心とも言うべき人物」の育成に取り組んでいる。

新島は同志社の学生がそういった「良心之全身ニ充満シタル丈夫」となって世の改革者となることを望んだのである[20]。

(2) 同志社における女子教育

同志社女子部は，同志社英学校設立の翌1876（明治9）年，京都御苑内の旧柳原邸デイヴィス宅において始まった。同志社女子部は，新島襄が描いたような世界に広く活躍・貢献する女性の養成を目指した。同志社英学校創立当初より新島が女子教育に注力した理由として，渡米中に男女がともに学び，ともに働く社会を目にしていたことが挙げられる。1877（明治10）年には新島が校長となり同志社女学校と改称。女学校スタイルはメアリー・リヨンが設立したマウント・ホリヨーク大学を模している。自ら教鞭をとった新島の妻八重や，デントン女史をはじめとした女性宣教師たちの熱意ある教育によって発展し，今日の同志社女子大学に至っている。

4　自責の杖事件[21]
――教育者のありよう――

明治 13（1880）年 4 月 13 日，朝礼の際，新島襄は自分の掌を杖で打ち，自らを罰して生徒に訓した。これが世にいう「自責の杖事件」である。徳富蘇峰はこの事件の責任を感じ卒業目前で同志社を中退したが，新島に対する敬愛の念は生涯変わらず，同志社大学設立運動の中心的な役割を果たした。

新島が設立した同志社英学校は，開校当時生徒数はわずか 8 名であったが，その後熊本バンドの転入などもあり生徒数は増加した。不足している生徒数を補うため，同志社では年度途中でも面接を行い合格した者を入学させていた。正規入学者と途中入学者では，学力の差があるため，正規入学した者を上級組，途中入学した者を下級組に分けて授業を行っていた。

しかし，別々に授業を行うのは効率的ではないと判断した学校側は，生徒数の少なかった 2 年生の上級組と下級組を合併して授業を行うことを決定した。この決定に納得のいかない上級組は，新島が伝道活動で学校を留守にしている間に授業をボイコットするという抗議行動にでた。

伝道活動から戻った新島は，2 年生の上級組に対し授業に出るよう説得を試みた。最初は拒んだ 2 年生上級組も，涙を流しながら説得する新島の気持ちを理解し，ボイコットしたことを詫びて授業に出ることを約束した。

ようやくボイコットを解消した新島だが，もう一つの問題が残っていた。それは，授業を無断で欠席してはならないという同志社の校則であった。授業を集団欠席した 2 年生上級組の行為は校則違反であり，違反したものを処罰すべきとの声が上がったのである。

校則違反の処罰をめぐり思い悩んだ新島は，1880 年 4 月 13 日朝の礼拝で壇上に立った。集まった生徒を前にして新島は「今回の集団欠席は，私の不徳，不行き届きの結果起こったことであり責任は自分にある」と話し，突然右手に持っていた杖で自らの左手を叩き始めたのである。

何度も何度も激しく打ち付けたことにより，新島の手は腫れあがり杖は二つに折れ，やがて三つに折れ破片が飛び散った。それでも止めようとしない新島の腕に生徒がすがり，泣きながら自責を止めるよう懇願した。

新島の自責に感銘を受けた生徒の一人堀貞一は，折れた杖を拾い集め自分の宝物として大切に保管した。この杖はのちに同志社で管理され，現在は新島遺品庫で保管されている。

「新島先生自責の鞭」のエピソードは，簡単にいえば，クラスの合併に対する不満から一部の学生の集団無断欠席などが起こり，それに対する処置に苦慮した新島が，無断欠席などの校則違反の行為が生まれたのは校長の自分の不徳のいたすところだから，校則違反の生徒でなく自分を罰するとチサの枝ないし杖で自分の手（手のひら＝掌）を，枝が折れていくつかにちぎれるほど強く打ったといった事件である[22]。

今日，日本における教育の実態は，学校教育法第11条但書（体罰禁止）がありながら，教師による児童生徒への体罰が後を絶たない状況にある。教師の理不尽な言動に対して反抗的な態度をとったとの理由で，体罰を強行している。「自責の杖事件」は，学校の理不尽な対応に対して授業をボイコットした学生の処罰方法を，校長である新島が自らの責任を明らかにし，自らを罰することによって解決を図ろうとした。この二者の違いは大きい。児童生徒の言動を冷静に受け止め，判断し，行動することを大切にするのであれば，体罰は発生しないであろう。まして，新島のように自らを鞭打つことによって学生に自責の念を示した行為は，何よりも説得力がある。この光景を目の当たりにした学生は自らのいたらなさを心から反省したに違いない。

児童生徒にとってふさわしい教師・学校のありようは，「自責の杖事件」に見られるような新島の考え方や行動の仕方がヒントになる。そのヒントは「自責の念」に尽きる。「自責の念」とは「自分で自分の過ちを責める気持ち」である。

本章は，新島襄の建学の精神，新島精神，新島の教育観を通して，児童生徒にとってふさわしい教師・学校とはどうあるべきかを追究することにあった。

（竹田　敏彦）

〈注〉

（1）「同志社大学ホーム　大学紹介　建学の精神と新島襄（新島襄と同志社）」を参照（https : //www.doshisha.ac.jp/information/history/neesima/neesima.html 2020年9月6日閲覧）。

（2）伊藤彌彦（1999）『のびやかにかたる　新島襄と明治の書生』晃洋書房，p.91.

（3）同上（1）を参照。

(4)　伊藤彌彦（1999），p.i.

(5)「同志社大学ホーム　大学紹介　同志社大学設立の旨意」を参照（https://www.doshisha.ac.jp/information/history/policy.html　2020年9月6日閲覧）。

(6)　同志社英学校に入学，中退。明治から昭和戦後期にかけての日本のジャーナリスト，思想家，歴史家，評論家。『國民新聞』を主宰し，大著『近世日本国民史』を著したことで知られる。

(7)　フリー百科事典『ウィキペディア（Wikipedia）』を参照（https://ja.wikipedia.org/wiki／同志社大学設立の旨意　2020年9月7日閲覧）。

(8)「学校法人同志社 HOME　同志社のあゆみ　新島襄と同志社」を参照（http://www.doshisha.ed.jp/history/niijima.html　2020年9月7日閲覧）。フリー百科事典『ウィキペディア（Wikipedia）』を参照（https://ja.wikipedia.org/wiki／新島襄）。

(9)　多田直彦（2019）「第15章　新島襄――同志社創立・キリスト教主義教育・社会福祉」米欧亜回覧の会・泉三郎編『岩倉使節団の群像――日本近代化のパイオニア』ミネルヴァ書房，p.180.

(10)　多田直彦（2019），p.180.

(11)　編集委員会（1983）「同志社大学設立の旨意」『新島襄全集』第1巻，同朋舎出版，p.137.

(12)　多田直彦（2019），p.183.

(13)　多田直彦（2019），p.186.

(14)　編集委員会（1983），p.140.

(15)　編集委員会（1983），p.137.

(16)　編集委員会（1983），p.140.

(17)　編集委員会（1989）「遺言」『新島襄全集』第4巻，同朋舎出版，p.463.

(18)　学校法人同志社 HOME　同志社のあゆみ　同志社の教育理念」を参照（http://www.doshisha.ed.jp/history/principle.html　2020年9月7日閲覧）。「HOME　学校紹介　創立者新島襄と同志社」を参照（http://www.girls.doshisha.ac.jp/schoolguide/establishment.php　2020年9月7日閲覧）。

(19)　太田雄三（2005）『新島襄』ミネルヴァ書房，pp.354 − 355.

(20)　同上，p.357.

(21)「自責の杖事件」を参照（https://www.junk-word.com/taiga-drama/xn–45q26vi8ak8r71wtv0atmbn3vgll/002018.html　2020年9月7日閲覧）。

(22)　太田雄三（2005），p.342.

〈参考文献〉

伊藤彌彦（1999）『のびやかにかたる　新島襄と明治の書生』晃洋書房。

多田直彦（2019）「第15章　新島襄――同志社創立・キリスト教主義教育・社会福祉」米欧亜回覧の会・泉三郎編『岩倉使節団の群像――日本近代化のパイオニア』ミネルヴァ書房。

太田雄三（2005）『新島襄』ミネルヴァ書房。

同志社編（2010）『新島襄　教育宗教論集』岩波文庫。

同志社編（2005）『新島襄の手紙』岩波文庫。
鑓田研一編（2004）『新島襄　わが人生』日本図書センター。
編集委員会（1983－1996）『新島襄全集』全10巻（11分冊），同朋舎。

第17章

安田リヨウの「柔しく剛く」に学ぶ

1　安田リヨウの描いた理想世界

（1）生い立ちと業績

日本の女子教育の先駆者として，跡見《あとみ》花蹊《かけい》，大妻コタカ，下田歌子，戸板関子，横井玉子，鳩山春子，そして津田梅子らが取り上げられる。彼女たちは明治維新後の近代化の過程で女子教育の普及に貢献した。もし，安田リヨウが30年早く誕生していたら，きっと先駆者の一人として名を連ねていたであろう。

これまで安田リヨウ（図1）の教育思想・教育実践について取り上げた単行本はまったく存在しない。安田リヨウについて記録・刊行された文献は，安田リヨウ先生記念誌編集委員会編『柔しく剛く――安田リヨウ追想録』（広島：安田学園，1979年11月）と「安田リヨウ生誕130周年記念展記録」（広島：学校法人安田学園，2015年5月）および著者の執筆した論文3点と限られている。本章では安田リヨウ著『夜雨滴録』と『柔しく剛く――安田リヨウ追想録』の2点を参考にしてリヨウの生い立ちと業績について紹介する。

図1　安田リヨウ30歳の頃

安田リヨウは，1884（明治17）年9月30日，現在の広島市中区で廣瀬家の三女として誕生した。

地元の本川小学校，本川高等小学校を経て，17 歳のとき上京して東京女医学校（現在の東京女子医科大学）に入学するが，その頃コレラが流行していたため父親によって連れ戻される。翌年，私立広島高等女学校（現在の広島大学教育学部）へ編入学し，1905（明治 38）年同女学校を卒業すると，続いて日本女子大学英文予科（現在の日本女子大学）に入学した。

しかし，留学直前に再び父親が猛反対したため，英文予科を退学し改めて東京裁縫女学校師範科の第 1 期生に入学した。向学心に燃えるリヨウは「裁縫を身につける」という理由で東京で勉強することを父親から認めてもらった。当時衣服はすべて手作りであり，裁縫の技術は家事の中でも大きなウェイトを占めていた。同校は女性の職業教育の先駆者として著名な渡邉辰五郎が裁縫指導者を育てるために設立した。辰五郎は，様々な裁縫技術の考案者として知られており，辰五郎に出会い学んだことが，リヨウの道を決定した[1]。1907（明治 40）年同師範科を卒業すると，鹿児島県師範学校女子教場（現在の鹿児島大学）舎監となり，1908（明治 41）年 3 月退職する。広島に戻り，同年 4 月広島の名家，安田家の二男で早稲田大学商学部を卒業した銀行マンの五一と結婚する。

1911（明治 44）年，結婚して 4 年目にリヨウは文検（文部省師範学校中学校高等女学校教員検定試験）裁縫科東京本試験に合格する。同試験は合格率 10% 前後といわれる超難関試験であった。ついに，リヨウは高等女学校教員としての資格を取得した。1912（明治 45）年広島家政女学校の裁縫教師として働き始める。

夫の安田五一との間に 2 人の女の子と 5 人の男の子をもうけたが，子どもに恵まれたからといって，リヨウの向上心は衰えることはなかった。「女子に教育はいらん」という当時の世相と女子が直接大学に進学できないという当時のいびつな学校制度の狭間で，揺るぎない向学心に燃え，次々と巡り来る環境の変化に適応しながら，家事と育児をこなしながら専任教員としての道を着実に歩んでいった。共働き家庭の先駆けであった。

(2) 学園訓「柔しく剛く」の誕生

「先生」と呼ばれるようになってわずか 2 年後，広島家政女学校は，様々な事情から廃校となる。五一とリヨウは，突然に学ぶ場を失った生徒たちに心を痛め，学校を作ろうと決心した。元来，「リヨウは合理的な考えの持ち主であり……女性の役割分担が家庭の切り盛りであるならば，スピーディに効率よくできる知識と技術を学べば，生活にゆとりができるはずである[2]」と家事の技を教えることの大切さに着目した。その「教える」仕事を，学校経営のチャンスにまで拡げてくれたのが夫の五一であった。リヨウの「教えたい」という強い想いと五一の経営の才能とが結びつき，ついに新しい可能性を開いたのである。

こうして広島技芸女学校は1915（大正4）年1月21日開校した。同年4月リヨウ30歳の時校長に就任する。「生徒数30人余りの小さな裁縫学校でした[3]」と記録にある。これが今日，幼稚園から大学院までの学校を擁する総合学園のスタートであった。

中島町（現在の平和記念公園）の北端に開校した広島技芸女学校は開校当初，専用の校舎がないため，慈仙寺を借りてスタートした。2年後の1917（大正6）年10月1日に西白島町に校地を取得し，広島技芸女学校の新キャンパスが誕生した。白島キャンパスには校舎，寄宿舎，校主・校長の私邸が順次建設された。郡部から親元を離れて入学した生徒のために寄宿舎が用意され，リヨウは寄宿生たちの生活に細かく気を配り，わが子と同じように温かく，また厳しく指導し，寄宿生から「広島のお母さん」として卒業後も生涯慕われることとなる。

創設時に掲げられた学園訓は，「柔しく剛く」（やさしく　つよく）である。「柔しく」とは人間としての品格を意味する。「剛く」とは幸福を築きあげる知恵や技術を意味する[4]。30歳のリヨウがどこからこの学園訓を編み出したか，その出どころは不明であるが，家事を効率よく片付けて豊かな心を育む女性を育てたいという女性の生き方に対するリヨウの強い想いが込められていた。以来百年あまりの間，安田らしい教育を象徴する学園訓は，次に述べるようなリヨウの精力的な取り組みとともに広島の地に広く深く根を張ってきた。

1918（大正7）年広島の学校ではじめて制服をデザインした。制服は次第に洋服らしくなり，1926（大正15）年には自分たちで縫った夏服を着て伊勢まで修学旅行に出かけた。

1920（大正9）年12月11日に開催された関西婦人連合会広島支部の結成大会で，座長のリヨウは「内職同盟」を提唱し趣旨説明を行う。「女性が仕事をすること」が白い目で見られていたこの時代に，内職を奨励し「女性も働こう」と呼びかけた。この大会は，後に広島の婦人参政権運動の源流と呼ばれた。社会派リヨウの一面を象徴するエピソードである。

やがて，1921（大正10）年に念願の講堂が完成する。リヨウは同年に併設された安田高等女学校の校長に就任する。講堂では入学式・卒業式が挙行され，リヨウは女性の生き方について全生徒に語りかけた。

二女五男に恵まれたリヨウは，授業と校務，さらに子育てと精力的に働き続けた。リヨウの教えることへの熱意・意欲の確かさは，次のテキストの刊行によって証明される[(5)]。

① 1924（大正13）年『会席料理十二ヶ月』刊行。リヨウ39歳。
　味と栄養を考えながら手際よく作るリヨウの料理の紹介。
② 1926（大正15）年『裁ち縫いの志越里』刊行。リヨウ41歳。
　裁縫実技の要領をまとめた指導書。

女学校で厳しく指導しながら，思春期の少女たちの生活を豊かにするアイデアを次々と展開していった。夏にはみんなで電車に乗り郊外のプールに出かけたり，音楽好きのリヨウは生徒たちに本物の音楽を聴かせたいと山田耕筰をはじめ著名な音楽家を招聘して盛大な音楽会を開催したりした。厳しいけれど楽しい学園は，こうしたリヨウの個性的取り組みによって社会的評価を高めていき，さらに新しいステージに展開する。

それは，教育の安田の基盤を明確に打ち立てたことである。1930（昭和5）年「広島女子教員養成所」を開設し女子教員の養成に乗り出し，引き続き教員養成所の実地教育の場として幼稚園を開設した。1915（大正4）年に開講した広島技芸女学校は小さな裁縫塾であった。社会の学校制度が変わるのに対応して「広島実科高等女学校」「安田高等女学校」「広島高等家政女学校」「広島女子教員養成所」と次々と開設や解消を行ってきた。この間に，安田学園は生徒数1000人を超える学園へと成長を遂げた。

校主の安田五一は，幼稚園から大学までの教育を行う女子教育機関として安田学園を「社会の公器」に育てたいという夢を膨らませていた。

原爆により破壊された校舎の片付けにたずさわる中で，リヨウの脳裏には，次のような気概が生まれていたに違いない。戦争に負けたけれども戦後の日本の復興は間違いなく進められるであろう。そしてその復興の担い手は子どもたちである。この敗戦直後という不幸な時代に世の中に生まれてきた幼い命をなんとしても守り，一人前の人間として育てていく義務と責任が戦後の復興に関わるものの務めである。

敗戦と原爆による五一の死去と校舎の壊滅的破壊という不幸を乗り越えて，新たな「逆境」の中で，学校の再興に着手する。リヨウ60歳のときである。

1947（昭和22）年，新しい教育制度のもとで安田女子中学校が，翌年には安田女子高等学校が開校する。「幼稚園から大学までの女子教育を」という五一の夢は，1955（昭和30）年，白島校地に幼稚園，中・高等学校，短期大学保育科が揃うことで実現にこぎつけた。短期大学保育科の設置には，当時，厚生省厚生年金局長に就任していた長男巖の存在が大きく関わっていたことは間違いなかろう。巖氏から敗戦後の日本政府の基本的な考え方や政策の方向性などについての助言や示唆があったことは容易に想像がつく。五一とリヨウの二人の夢である総合学園としての姿は，安田リヨウと長男巖の二人三脚によって生まれたものであろう。ただし，今となっては確認する術はない。

(3)『夜雨滴録』目次から見たリヨウの教育観

安田学園の創立者とされる安田リヨウは，その教育理念を『夜雨滴録』と題して1958（昭和33）年5月11日に著した。安田リヨウ73歳のときである。同書は，現在まで継続して刷りを重ねている。年度のはじめに安田女子大学の全入学者と新任教職員に配布される。つまり，『夜雨滴録』は安田学園の「バイブル」といえよう。

昭和20年代から30年代初めにかけて新生日本の建設に向けて社会の仕組みや人々の意識が大きく移り変わっていく時期に，安田リヨウの将来を見据えた確かな教育理念を今日的観点から捉え直すことが大切である。『夜雨滴録』はそのための最適な資料である。

1958（昭和33）年は，戦後の復興がようやく一段落するとともに日本経済および社会の新しい発展に向けて展開しはじめた時期である。第一回学習指導要領の全面改定が実施され学校教育内容の国家管理が始まった年でもある。マスコミについてみれば，テレビ放送がようやく始まった（1953年NHK・日本テレビ，1955年現TBS，1957年現テレビ朝日，1958年東京タワーから放送開始）。安田リヨウの女子教育に関する観念，主義，主張の出どころは図書を中心と

序
第一章　身なり・身ごしらえ
第二章　就職
第三章　結婚
第四章　訪問と接待
第五章　作法と動作
第六章　言葉づかい
第七章　筆づかい
結びの言葉

図２『夜雨滴録』の目次

した読書であったと推測される。知識や社会情勢の中心となる伝達手段は図書，雑誌，新聞という旧来の印刷資料であった。現在と異なり，図書や雑誌の刊行部数は少なく，しかも地方でそれらを入手することは困難であった。戦後の混乱がようやく静まり，広島県選出の総理大臣池田勇人が「国民所得倍増計画」を打ち出したのは 1960（昭和 35）年である。時代は日本の高度経済成長に向けて，大きく様変わりしはじめようとしていた。

当時 73 歳であった著者が追究したのは，「身なり」「就職」「結婚」「訪問と接待」「作法と動作」「言葉づかい」「筆づかい」の七つの視点であった。それらを女子教育の基本的あり方として位置づけた。七つの視点は，やがて訪れる経済的・社会的に安定した豊かな社会の到来を見据えたうえで，時代や社会の移り変わりによって決して色褪せることのない普遍的な女子教育の本質であった。

『夜雨滴録』は，62 年前の出版である。ところが，目次を見る限り現代教育に求められる要素は色褪せていない。むしろ現代の教育関係者および学生に対して教育の「原点への回帰」を促していると受け取れる内容である。図２の『夜雨滴録』の目次は，

①女性特有の資質とされている章（第一章，第三章）
②女性特有ではないが，女性の特質を求められている章（第四章，第五章）
③普遍的な人間的資質を求められている章（第二章，第六章，第七章）

に区分することができる。そうすると，確かに女性のための人生指南書としての『夜雨滴録』ではあるが，『夜雨滴録』は同時に一般的社会人に向けた社会人向け教本でもあったという興味深い点が見出される。

2　安田リヨウの教育観
——70 年先の日本社会を見据えた女性教育者——

昭和 30 年代半ばから始まった日本の高度経済成長の結果，科学技術が高度に発達し，経済の高度・複雑化，国民生活の合理化・快適化などが大方の日本人の誰もが予想もしなかったほど画期的な変革を呈している。女性の社会的・政治的・意識的な差別が支配的な社会情勢の中で，また当時の道徳教育をめぐる論争が展開する中で，安田リヨウは女性の生き方や女子教育の実現を夢見ていた。

(1) ナショナル・アイデンティティの形成

『夜雨滴録』の内容項目の分析と考察からは安田リヨウの教育者としての卓越性（先見の明）を立証する成果に到達した。すなわち，『夜雨滴録』の各章・節の見出し語句，さらにキーワードなどを中心に詳細に考察してみると，女子教育の明確な方向性を見出せる。図２に示す『夜雨滴録』の内容項目は，表現を変えると，次のような今日的表現に解釈することができる。図２から，リヨウが『夜雨滴録』で主張したことは，2020 年代の日本社会を象徴する事項につながる内容であったと読み取れる。まさに 60 年 70 年先の未来社会をリヨウは予見していたと言える。

第一章　身なりと身ごしらえ　→自己認識・女らしさ　→人格形成・人間性
第二章　就職　→女性が働くこと　→キャリア教育
第三章　結婚　→良妻賢母への道　→生涯学習
第四章　訪問と接待　→おもてなし　→人間関係
第五章　作法と動作　→マナー・エチケット・挨拶　→社会常識
第六章　言葉づかい　→正しい日本語使用　→コミュニケーション能力
第七章　筆づかい　→実践知識・技術　→ICT（情報通信技術）

さらに，『夜雨滴録』に述べられる女子をめぐる様々な事項の説明や主張には，生徒としてのありかた⇒女子の生き方⇒日本人のあり方を説くというナショナル・アイデンティティ形成の過程を読み取ることができる。

第一章	第二章	第三章	第四章	第五章	第六章	第七章
身なりと身ごしらえ	就職　（まえ書き）	結婚	訪問と接待	作法と動作（まえ書き）	言葉づかい	筆づかい
一、身なり・身ごしらえの心得 （一）衣服　※01 （二 ）化粧　※02 二、女性の最も美しい姿 三、慢心をつつしむ　※03 ※　細目あり	一、就職者に望む事 （一）永続性のあること （二）身体、服装共に清潔であるこ※04 （三）柔順と敏捷 （四）柔順な人 （五）仕事は三段階に　※05 （六）返事　※06 （七）惜しまれる人　※07 二、雷同と硬骨　※08 三、感謝のつとめ　※09 四、風紀問題　※10 五、就退職時の注意	一、婚事は慎重に　※11 二、結婚の準備 （一）強健な身体 （二）教養を高める　※12 三、家庭経済 （一）家庭にいる間に経済の実習 （二）吝嗇でないこと （三）経済の本旨は無駄を狙え※13 （四）被服費のこと　※14 （五）家庭経済と国民経済 （六）家計簿 （七）妻の心得と家計 四、家庭の平和 （一）平和な家庭と不和な家庭 （二）平和を築くために　※15 （三）道徳教育について　※16	一、訪問の心得 （一）服装　※17 （二）玄関　※18 （三）お座敷　※19 （四）お土産　※20 二、接待の心得 （一）玄関取次　※21 （二）ご案内 （三）席の定め方　※22 （四）客をもてなす話題 三、供応の心得 （一）洋食　※23 （二）和食　※25 （三）中華料理　※26	一、礼と挨拶 （一）行き会いの礼 （二）礼のしかた 二、同行の心得 （一）歩行のとき （二）自動車のとき 三、列車中の心得 四、電車，バスでの心得 五、ごみの処置について	一、言葉の意義 二、他人の呼び方 （一）普通の場合 （二）相手を名ざす場合　※27 三、近親者の呼称 （一）「お父さん」という敬称と「子」 （二）「お父ちゃん」ということ （三）親戚、姻戚の呼称 （四）後輩、年少者に対して告げる 四、自分の事について （一）上長者に改まって言う時 （二）複数の時には 五、丁寧過ぎないこと （一）「お」の乱用 （二）「お」をつける一つの原則 六、ぞんざいな言い方 七、外国語使用の問題	一、筆の跡は永く残る 二、文字は人格を表現する 三、手紙の書き方 （一）文字の上手と下手 （二）様式 （三）巻紙の書き方 （四）宛名の書き方　※28 （五）口語体の注意 （六 ）差出人の姓名　※29 （七）誤字、抹消のないこと （八）紙の切り方 （九）封筒の書き方　※30 四、進物の表紙の書き方
【表現を変えると】						
自己認識　女らしさ	女性が働くこと	良妻賢母への道	おもてなし	マナー　エチケット　挨拶	正しい日本語使用	実践知識・技術　教養
【今日的表現では】⇩	⇩	⇩	⇩	⇩	⇩	⇩
人格形成	キャリア教育	生涯学習	人間関係	社会常識	コミュニケーション能力	ICT（情報通信技術）

図３　『夜雨滴録』の内容から見たナショナル・アイデンティティ

安田リヨウは，安田学園の生徒としてのアイデンティティに基づく生徒指導の徹底を図ること，愛校心に基づく教師教育，キャリア教育，国際理解教育の実現により，確固としたバックボーンのある生徒を育てることに着目した。現在注目を集める「国際理解教育」「グローバル教育」「多文化教育」「小学校英語教育の教科化」（2020年度実施）を安田リヨウの「国際理解」「国際関係」と照合させることができよう。もし今日，安田リヨウが生きていたら，教育へのICT導入を真っ先に推進していたであろう。

表１　全体での語句頻度

No.	品詞	語句	箇所
1	文末	あります。	614
2	名詞	自分	188
3	名詞	料理	185
4	副詞	よく	179
5	動詞	考え	160
6	名詞	家庭	133
7	文末	ありません。	126
8	文末	なりません。	106
9	接続詞	ですから，	102
10	名詞	場合	101

(2) 語句の種類と使い方から見るリヨウの教育観

それでは，安田リヨウは『夜雨滴録』にどのような女子の教育観を埋め込んだのであろうか。『夜雨滴録』を読み進めていくうちに，少なくとも著者の考えの基本的構想や枠組みは，使用されている語句の分析によって説明されるのではないかということに気づいた。

そこで，語句分析を行うために，まず一冊まるごと「眼」で読みながら「指」で入力してテキストファイルを作成した。次に，そのファイルを基にして，章，節，項目，本文のフィールドで構成されるデータベースを構築した。データベースの作成にはファイルメーカープロを使用した。62年前に安田リヨウが手書きで執筆した『夜雨滴録』を現代の情報科学でその内容を分析してみようという大胆な研究計画を立てた（図２の目次および図３の『夜雨滴録』の内容の今日的表記は，データベースの画面である）。

①　総語句数

序文と目次に223頁の本文を加えた全内容（全文字数1万2291文字，段落数893）を対象として，先頭から語句を一つずつ切り出した。その結果合計4649の語句を切り出した。

さらに，4649の語句索引を作成し，任意の語句索引から本文記述の一覧ができるように「あ行」から「わ行」までの選択項目を設定した。すでに，中島正明編『夜雨滴録総索引～安田リヨウの教育思想を読み解く～』（38頁）

表２　品詞別の上位 10 語句

No.	名詞	数	形容詞	数	形容動詞	数	副詞	数	動詞	数
1	自分	188	多い	69	普通	42	よく	179	考え	160
2	料理	185	悪い	35	非常に	31	常に	52	始め	22
3	家庭	133	若い	28	必要	31	必ず	48	わきまえ	19
4	場合	101	立派	24	十分	28	たくさん	45	わからない	18
5	皿	100	小さい	21	大切	28	実に	44	使用する	13
6	言葉	95	美しい	20	いろいろ	23	決して	37	間違え	11
7	紙	92	良い	19	特別	23	最も	36	忘れて	11
8	仕事	89	高い	17	立派な	20	すべて	35	いただく	10
9	客	88	大きく	14	失礼	18	はなはだ	32	食べ残	10
10	礼	88	大きい	13	きれいに	17	お互い	29	用いない	10

を刊行し，安田女子大学図書館に所蔵している。

②全体での語彙頻度

最も頻度の高いのは，文末の「～であります。」という表記である。614 回使用されている。続いて「自分」が第２位であるが，188 回にとどまる。

全体での語彙分析を通して，安田リヨウの知識の世界が計り知れないほど大きく広いことがわかる。しかも，「場合」が 101 回使用されていることから，事例を挙げて事項の説明が具体的に行われているので，文章が簡潔である。

文末の表現は，です・ます調であり，断定的，指示的な表現が多用されている。文末表現は，当時としてはまず女性に許されなかった「自己表現」を表す言葉である。しかも「あります。」は突出して多く，いかにリヨウが自分の考えをこの『夜雨滴録』で述べたかったかが理解できる。当時，日本女性ははっきりものをいうより曖昧に表現するほうが望ましいとされていた時代にあって，「ありません。」「なりません。」と否定する表現を用いたこと自体驚くべきことである。女性の自立を強く望んでいたリヨウならではの文末表現と言えよう。こうした説得力のある表記から，教育者としての自信と誇りを感じる。

③品詞別の語句頻度（上位 10 位まで表示）

名詞は，「自分」「料理」「家庭」「場合」「皿」が 100 回以上使用されている。家事に関わる女子の主体性を裏づけている。

上位 10 位以内に見られる動詞は，「考え」だけである。ただし動詞は，語尾変化するので，一つの表記形式のみ掲載した。実際には，例えば「考え」は，「考えだす」「考えている」「考えない」「考える力」など 173 通りの表記が本文中に認められる。

『夜雨滴録』を読んで，すぐ気がつくのは，副詞の使い方である。10 回以上使用される副詞は 47 語もある。意外に副詞が多く使用されていることがわかる。

表３　頻度２回以上の四字熟語

No.	語句表記	かなよみ	数
1	会席料理	かいせきりょうり	5
2	虚飾虚栄	きょしょくきょえい	4
3	懐石料理	かいせきりょうり	3
4	一定不変	いっていふへん	2
5	実践躬行	じっせんきゅうこう	2
6	真実不変	しんじつふへん	2
7	発明発見	はつめいはっけん	2
8	臨機応変	りんきおうへん	2
9	老若男女	ろうにゃくなんにょ	2

④頻度２回以上の四字熟語の上位９位

223 頁の本文中に 44 以上の四字熟語を使用している。およそ 5 頁に一度は四字熟語が出てくることになる。一般に，漢語調の表記は，次に示す格言等と並んで，その意味するところを理解するのに時間がかかる。四字熟語は意図することを簡潔に説明する方法として，著者にとっては身近で好都合なものであるが，その四字熟語の正確な読みを含めて，読書ばなれの激しい現代の大学生には難解な熟語として映るであろう。

さらに，紹介されている格言等の一覧（記載はすべて一回）をあげれば，次のとおりである。

あ行

「悪妻を娶らば百年の不作」「あの家は左まえ」「あの人の右に出る人はない」「一樹のかげに宿るも前世のちぎり浅からず，一河の流れをくむも他生の縁」「上見ればあれ星（欲し）これ星星だらけ笠きて暮せ己が心に」「お口の小さな赤ちゃんで，大きくおなりになったら，さぞお美しいことでしょう」「奢りは身を滅ぼす」「お多福」「恩を仇で返す」

か行

「鴨川の水で洗った京美人」「教育とは，習ったことを全部忘れて，残ったものが教育だ」「京の着だおれ」「きれいな方」「口はわざわいの門」「君子はこれを己に求め，小人はこれを人に求む」「結婚すれば教科書は離縁する」「勾欄のもとに，青きかめの大なるを構えて，桜のいみじくおもしろき枝の五尺ばかりなるを，いとおおくさしたる」「金剛石も磨かずば」

さ行

「最小の値で最大の効果を得る」「魚の懸るのは甘餌による」「三度たくめしさえこわし柔らかし，ままにならぬが世の中のならいかな」「親しき仲に礼儀あり」「女子の柳腰」「女性の最も美しいのは，顔を赤くした時の顔だ」「人格は容貌を補う」

た行

「茶禅一味」「妻は大事を為すの妨害物なり」「とうがらし婦人だ」「豚児」

な行

「泣き面を蜂がさす」「人間はパンのみにて生くるものにあらず」「人情亡国論」

は行

「美人薄命」「父母二孝二，兄弟二友二，夫婦相和シ，朋友相信シ，恭倹己ヲ持シ，博愛衆二及ホシ，学ヲ修メ業フ習ヒ，以テ智能ヲ啓発シ，徳器を成就シ，進ンテ公益ヲ広メ世務フ開キ」「文化人の台所には秤がなくてはいけない」

や行

「世渡りの道」

ら行

「老人は若い者をよく知ること若い人はよく老人を知ること」

わ行

「我を忘れる」

⑤語句使用での要点

安田リヨウが追究しようとしたのは，時代や社会の移り変わりによって決して色褪せることのない普遍的な女子教育の本質であったことを本書の語彙分析を通して感得した。執筆内容の今日的意義が高いだけに，107 箇所にのぼる語句表記のバラツキは残念なことといわざるを得ない。語句表記のバラツキは，時代の要請に応えるため，できる限り早急に女子教育のあり方を世に問うために大急ぎで執筆したものとうかがえる。少々の語句表記のバラッ

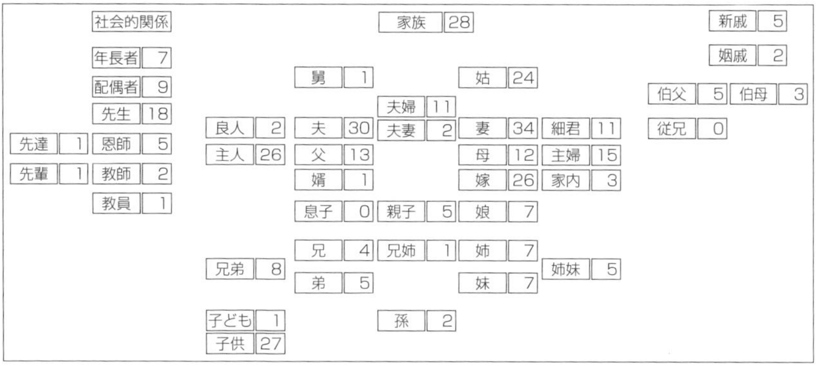

図４　人間関係に関わる語句の性別頻度

キなど意に介しない大らかな人柄であったのか今となっては確かめようがない。

(3)『夜雨滴録』に描かれる人間関係から見るリヨウの教育観

安田リヨウという一人の女性の人生を振り返り，その著書をつぶさに読んでみることから，安田リヨウの教育における功績を捉えてきた。次に，『夜雨滴録』に描かれている人間関係から見るリヨウの教育観について考えてみたい。

図４は，『夜雨滴録』の本文中に記述される人物についてその頻度を家族の構成組織に従って男性・女性に分けて示したものである。

家族だけでなく，親戚関係と社会的関係まで幅広い人物を取り上げている。親戚関係には伯父，伯母，従兄弟が含まれる。社会的関係には，先生（18），恩師（5），教師（2），教員（1）など学校教員に関わる語句が配偶者（9），年長者（7）とともに含まれている。家族では舅・姑から孫まで全年齢段階を取り上げ，夫婦を中心にして女子だけでなく男子についてもほぼ同等に取り上げている。「母」(38)，「妻」(37)，「夫」(37)，「家族」(33)，「父」(33)，「主人」(29)，「嫁」(27)，「姑」(24）と続く。娘（7）に対する息子（0）を除いて，男性・女性それぞれほぼ均等な配分となっていることがわかる。

伝統的な家制度から戦後の民主的な家族への変換を認めることができる。ただし，主人が第２位ということは，依然として世の中は男性中心であるべきだ，というこの時期の日本人の社会通念，常識を覆すことはできないというリヨウの判断だろうか。それでも，決して女性にばかり重点を置いていない。女権を振りかざすことなく，各自の役割について触れ，バランスの取れた人間関係の構図である。

さらに，『夜雨滴録』に描かれる人間関係からは，現代に通じる教育視点として，「人格教育」，ナショナル・アイデンティティにつながる「帰属意識育成」，「ジェンダーを意識しないキャリア教育」を見出すことができる。

女性らしさに主眼を置いた語彙が中心となるが，その中の「日本」（頻度62），「一家」（頻度36），「家族」（頻度33）に着目した。これらは人間としての居場所，つまり自分のアイデンティティをゆだねる場所である。この点を鑑みると，リヨウは女性独自の内容に触れながらも，大局的な見解を踏まえたうえでの「女性観」を展開している可能性がある。さらには，社会人心得を説いており，女性が働くことを念頭に置いた「労働」では男女問わず「一般就労者」を対象とした内容である。このユニセックス的コンセプトは「言葉」や「教育」においてはさらに顕著であり，日本文化と外国文化の対比にまで及んでいる。

3　夜雨滴録
――女子教育のありよう――

(1)『夜雨滴録』に示されるふさわしい教師の条件

データベース『夜雨滴録』で「先生」を検索すると20か所に記述が認められる。そのうち第七章（p.206）「恐らく現代の先生方の思想なり行動は一定しておりません。」以外は，固有名詞に先生という語句がくっついたものであり，先生の在り方や指導力について直接言及していない。

「教師」で検索すると次の2点がヒットする。①第二章（p.23）「研究準備なくして教壇に立つ教師は，不届き至極というべきです。」②第三章（p.59）「学園の女子の教師が，土曜に着ていた銘仙の袷［アワセ］を，翌日曜日の厳島の遠足に，洗濯して縫いかえして着てまいりました。」「教員」で検索すると次の1点がヒットする。第二章（p.23）「自分は教員だから教壇に立てばよいので，あとは雑務だと考える人があります。」

安田リヨウの考えるふさわしい教師の条件を直接表現したものとしては，「研究準備なくして教壇に立つ教師は，不届き至極というべきです。」だけである。

(2) 研究準備に関わる読書について

今日のようにコンピュータが社会のあらゆる分野・領域で活躍し，誰もがスマートフォンなどの携帯端末でいつでもどこででも自分の思うような情報を取り出せる環境のまったく存在しない世界で，しかも時代は予測もつかないほど急激に変化する曖昧模糊とした時代環境の中で，30年50年先に生きて働く人間の教育を構想し，何万人もの人生に影響を与えた人物の情報源は，読書であった。

そのように考える根拠は，『夜雨滴録』「結びの言葉」を含めて223頁の本文中にちりばめられた四字熟語，格言の記述の多様性と数量の多さである。

読書に関しては，「第三章　結婚　二，結婚の準備（二）教養を高める　2　卒業後の読書による勉強」において⊙良書を選ぶ⊙乱読するな⊙読書の時間という3点について述べている。いずれの内容も，現代における読書の指導方法の要点として指摘されている事柄である。すなわち，安田リヨウは，「読書は心の食物」「読書は心の糧」であり，読まないことは「心に物を食べさせないことになって文化人として生きられない。」「一家を経営するには，できるだけ知性教養を高めるものを熟読して，経済，交際から衣・食・住の知識，子女を養育するには幼児の心理，身体の発育，衛生生理，栄養学の研究と実習，病人の看護と手当等わきまえなければならない知識，常識がたくさんあります[6]。」と学校卒業後における良き妻，賢い母として読書することの大切さを力強く主張している。

(3) 女性の誇りの自覚と女性の任務の完遂

「結びの言葉」の最後は次の文で終わる。

「女性は女性の誇りを真に自覚して，この尊い重大な任務を立派になしとげねばならないと存じます。」私たちが，安田リヨウから学ぶとすれば，「女性としての誇りの自覚と女性の任務の完遂」と締めくくることができよう。

「安田リヨウ生誕130周年記念展記録」には次のように紹介されている[7]。

父の意見　従うけど諦めない。

十代のリヨウは自分の夢と父親の意見との間で揺れ動きます。「自力

（出所）安田学園提供。

図５　2020年夏のキャンパスの光景

で生活する力を身につけたい」と東京の学校に進学しながら父親の反対で広島に連れ戻される，という繰り返し。結局は父の考えに従うのですが，実際には，自分の夢を，決して諦めることはありませんでした。

医師になる。留学する。二つの大きな夢を諦めたリヨウ。しかし「自力で生活できる力」を模索することは諦めませんでした。父の意見に従い裁縫を学ぶあいだに「教える」という仕事を見つけだしたのです。従いながらも大きな目標は見失わない。それが，リヨウの剛さでした。

安田リヨウという一人の女性の人生を振り返り，その著書をつぶさに読んでみることから，安田リヨウの教育における功績を捉えたいという意図は，概ね達成されたと思う。

一人の人間が何万人という人間の人生に影響を与える現実を目の当たりにして，教師の持っている人間力・指導力の偉大さに感動すると同時に教育の持つ影響力の強さに今更ながら身の引き締まる緊張感を感じる。教師にとって何が相応しいのかという問いかけに，次々と現れる逆境にめげることなく自らの強い意志による目標の追求，目標に向かってひたすら努力する安田リヨウそのものの生き方が教師としての在り方を示している，という回答しか見出せない。

私学は，そもそも国立・公立大学にはない「独自性」を謳い文句に発展してきた。今問われているのは学校・大学の「教育の質」である。ゆるぎない建学の精神，教育方針を学校経営の中核に位置づけることが本質的な取り組みである。安田リヨウそのものの生き方が教師としての在り方を示すと結論づけるとすれば，創立者のことばに謙虚な気持ちで耳を傾けることが今求められている。（中島　正明）

〈注〉

（1）「安田リヨウ生誕 130 周年記念展記録」，p.31.
（2）同前，p.30.
（3）同前，p.34.
（4）同前，p.37.
（5）同前，p.30.
（6）安田リヨウ『夜雨滴録』（初版），安田学園，1958 年，p.53.
（7）「安田リヨウ生誕 130 周年記念展記録」p.28.

〈引用文献・参考文献〉

安田リヨウ（1958）『夜雨滴録』（初版），安田学園。

創立 100 周年記念事業推進企画委員会（2015）「安田リヨウ生誕 130 周年記念展記録」学校法人安田学園。

中島正明（2016）「『夜雨滴録』の語彙分析」『安田女子大学紀要』第 44 号，pp.171－180.

中島正明・大庭由子（2018）「『夜雨滴録』にみる安田リヨウの教育思想に関する研究～ナショナル・アイデンティティを軸にして～」『児童教育研究』第 27 号，安田女子大学児童教育学会，pp.1－10.

中島正明・大庭由子（2018）「安田リヨウの教育理念とナショナル・アイデンティティの構築～『夜雨滴録』内容分析を中心にして～」『日本学習社会学会年報』第 14 号，日本学習社会学会，pp.76－84.

おわりに

――グローバル化に対応した新教職論――

本書籍は，児童生徒にとってふさわしい教師とはいったいどのような教師なのか，児童生徒にとってふさわしい学校とはどのような学校なのかについて追究してきた。

また，本書は，主題として掲げた「グローバル化に対応した新教職論」からもわかるように，教職科目「教職論」の教科書を意図して作成したものでもある。教職を目指している学生や現職の教員（小・中学校，高等学校の教員）及び教職科目を担当している大学の教員にも活用していただけることを願っている。

なぜ「グローバル化に対応した新教職論」なのか。なぜ「児童生徒にふさわしい教師・学校」なのか。本書籍の主題について改めてまとめておきたい。

コロナ危機の中で政府が急に検討を始め，約1か月で見送る方向に転じた9月入学制度。世界中の留学生を集めてきた欧米の有力なグローバル大学は今，コロナ危機による留学生の激減で，深刻な財政難に直面しつつあるという。社会学者・英オックスフォード大学教授の苅谷剛彦氏は，朝日新聞の「オピニオン――新型コロナ9月入学賛否の前に」（2020年6月4日）でグローバル化について次のように述べている。

> 日本は本気で教育のグローバル化を求めてなどいないと思います。本当に「日本人はグローバル人材にならなければならない」というニーズがあるなら，日本社会はもっと変わっているはずです。また，そもそも本当のグローバル人材は，日本の経済だけに貢献する必要はないはずでしょう。人類に貢献すればいいのですから。

含蓄に富んだコメントである。このことは，朝日新聞が2020年6月5日の社説「9月入学断念　学びの正常化に全力を」で論じた「思いつきで動き，専門知に目を向けず，国民を振り回す。そんな今の政治の病が，ここでもあらわになった。」ことと軌を一にするものである。

苅谷剛彦氏はまた「オピニオン」の中で，「あいまいなイメージや固定的な政治的立場に基づく議論で教育改革が進んでしまい，それがどういう結果を招いたかも検証されない。」ことを挙げ，エビデンス不在の教育議論，政策議論に警鐘を鳴らしている。

本書にいう「グローバル化に対応した新教職論」はこのことと大きく関わっている。すなわち，本書は広く国内外において通用する教職論，児童生徒にとってふさわしい教師や学校のありようを追究しているということである。

本書の第16章「新島襄の「良心教育」に学ぶ」で論述したことをここに一部再掲することによって，なぜ「グローバル化に対応した新教職論」や「児童生徒にふさわしい教師・学校」が求められなければならないのかに迫る。

新島襄（1843－1890）は，21歳で幕末の日本から密出国して渡米した。新島は未知の国アメリカに人生を賭けて船出した青年であった。人々が奴隷扱いされ，息苦しい封建社会に束縛されることに我慢ができず，自由と人権を求めた冒険だったのである。

新島はアメリカ東部ニューイングランド地方での草の根のデモクラシーを体験し自由を満喫して10年振りに帰国した。新島の志，夢は，「良心」と「自由」に満たされた学園と社会の実現にあった。新島は，日本が自由で民主的な近代国家になるためには，一人ひとりの個性と人格が十分に尊重されることが大事であると考えたのである。

欧米の優れた文明や学問の背景にキリスト教主義が息づいていることに気づいた新島は，日本にとって必要なのは，技術や知識だけではなくキリスト教の精神であると考えるようになった。この間に学んだ「良心」と「自由」という考え方が，その後の学校づくり（同志社英学校，同志社大学）を支えていくことになる。

新島は近代国家の仕組みよりも近代国家を作り出した人間に強い関心を示し，とりわけアメリカの中・高等教育機関がキリスト教人格主義教育，全人教育（liberal education）を通して，知・徳・体の調和のとれたトータルな人間，木のみならず森も見ることができる立体思考の人間を教育し，彼らが地方や国家のリーダーとなって，アメリカの政治，経済，文化，教育をリードしていることに注目した。新島の願いは「良心を手腕に運用する人物の養成」にあった。信念と独立心を持ち，安易に人に左右されない学生を，型にはめずに大きく育てようと考えたのである。

新島がアメリカ滞在で気づいたことは，アメリカの文明の基には教育があり，教育が国の盛衰に深く関係しているということであった。アメリカ訪問中の岩倉使節団の要請を受け，団員として１年余アメリカ，ヨーロッパ８か国の教育制度の調査や視察の機会を得た新島は，田中不二麿との各地の調査や視察の結果，次のような考えに至った。

欧米文明を根底においてつくり，支えているものは，キリスト教信仰を持ちデモクラシーを体得した独立自尊の人間である。このような人間を日本で教育することができるならば，日本を近代化することが可能になる。

そこで新島は，日本の近代化は物質文明や産業技術ではなく，近代化をつくり出す人間を育成するというキリスト教主義の学校の設立を目指すようになったのである。

戦後半世紀が経過し，現在の日本には教育の病理現象が噴出している。憂うべき状況である。日本の教育は教師主導の注入主義教育，覚え込み教育からいまだに脱却できず，生徒，学生の個性や自発性の伸長を阻害している。いじめ，不登校，中途退学者の数が増え，生徒の生命軽視，容易に「キレる」状況は彼らの忍耐力のなさとともに，家庭，学校，社会からのストレスに耐えられなくなっていることを示している。戦後日本の教育は知育を重視しすぎ，児童生徒，学生の心の教育，超越者に対する畏敬の念，生きとし生けるものへの配慮，自分が日本人であることの自覚，日本文化への理解と誇りといった面を軽視してきたことを反省しなくてはならない。文部科学省は，近年，この事態を改革するべく，学習指導要領の改訂によって「主体的・対話的で深い学び」をその要とし，学校教育の充実を図ろうとしている。

朝日新聞の 2020 年 9 月 13 日の「声」（オピニオン＆フォーラム）に次のことが論述されている。

> ……現在のグローバル化の動きは，人を人間ではなくモノや情報として扱う流れを加速させ，その動き自体，まさに権力となって私たちの幸福を奪いつつある。……

グローバル化の動きが必ずしも知・徳・体の調和のとれたトータルな人間の教育に結びついていないことがわかる。一人ひとりの個性と人格が十分に尊重されることが大切なのである。新島のいう「良心を手腕に運用する人物の養成」こそがグローバル化に対応した教育とならなければならない。

グローバル化が進む21世紀は，ますます新島の人間観，教育観や，第13章「シュタイナー教育に学ぶ」で論述したシュタイナー教育の理論―人智学的認識論―，第15章「先哲の教育論に学ぶ」で論述したエラスムス，ルソー，カントの人間観，教育観，子ども観，教師観が重要性を増すことになるであろう。

本書の発刊に当たり，ナカニシヤ出版の石崎雄高様には，企画，運営，校正に至るまで多大なるご支援を賜った。ここに，衷心より厚く御礼申し上げる。

（竹田　敏彦）

【監修・編著者紹介】

竹田　敏彦　安田女子大学心理学部現代心理学科 教授〔はじめに，第 6 章，第 7 章，第 11 章，第 15 章，第 16 章，おわりに〕

【編著者紹介】

衛藤　吉則　広島大学大学院人間社会科学研究科人文社会科学専攻 教授〔第 13 章〕

【著者紹介】

森川　敦子　比治山大学現代文化学部子ども発達教育学科 教授〔第 1 章〕

角谷　昌則　東洋大学生命科学部生命科学科 教授〔第 2 章〕

蔵石　佳代　大阪桐蔭中学校高等学校 教諭〔第 3 章〕

小川　　潔　広島国際学院大学工学部生産工学科 教授〔第 4 章〕

堀江　信之　広島工業大学 非常勤講師，安田女子大学 特別講師〔第 5 章〕

船津　守久　安田女子大学心理学部現代心理学科 教授〔第 8 章〕

金綱　知征　香川大学大学院教育学研究科高度教職実践専攻（教職大学院）准教授〔第 9 章〕

植田　和也　香川大学大学院教育学研究科高度教職実践専攻（教職大学院）教授〔第 10 章〕

奥田　秀巳　富山国際大学子ども育成学部 講師〔第 12 章〕

山本　文枝　安田女子大学心理学部現代心理学科 准教授〔第 14 章〕

中島　正明　安田女子大学 名誉教授〔第 17 章〕

【監修者紹介】

竹田敏彦（たけだ・としひこ）

〈経歴〉　同志社大学法学部法律学科卒業〔法学士〕，兵庫教育大学大学院学校教育研究科（生徒指導コース）修士課程修了〔教育学修士〕，広島大学大学院文学研究科人文学専攻（思想文化学・倫理学分野）博士課程後期修了〔博士（文学）〕／広島県公立中学校教諭，広島大学附属三原中学校教諭，広島県立教育センター指導主事・企画部長・副所長，広島県教育委員会事務局教育事務所所長，広島県公立中学校校長，広島大学附属学校再編計画室室長，尾道市立大学非常勤講師，広島大学大学院教育学研究科非常勤講師，広島国際大学心理科学部教授・教職主任，安田女子大学教職センター教授，安田女子大学心理学部現代心理学科教授（現職）／日本道徳性発達実践学会常任理事，SAME（学校と道徳教育）研究会代表，日本道徳教育方法学会会員，日本倫理学会会員，日本教材学会会員，日本教師教育学会会員

〈著書〉『いじめはなぜなくならないのか』〔監修・編著〕（ナカニシヤ出版，2020），『道徳科を要とする道徳教育の理論と実践』〔監修・編著〕（ナカニシヤ出版，2019），『なぜ学校での体罰はなくならないのか―教育倫理学的アプローチで体罰概念を質す』〔編著〕（ミネルヴァ書房，2016），『「私たちの道徳」教材別ワークシート集　中学校編』〔共著〕（明治図書，2015），他多数

〈論文〉「いじめ防止のための道徳教育の創造―総合単元的な道徳学習によって」〔単著〕（安田女子大学紀要 No.48，2020），「教師や親の体罰はなぜなくならないのか」〔単著〕（日本子ども虐待防止学会『子どもの虐待とネグレクト』Vol.22 No.1，2020），「体罰といじめの深層を考える」〔単著〕（安田女子大学紀要 No.47，2019），「道徳科の指導と評価の在り方―「特別の教科　道徳」の趣旨を生かして」〔単著〕（安田女子大学紀要 No.46，2018），「魅力的な道徳科授業のために必要な理論と実践―大学の道徳教育カリキュラムを検討する」〔単著〕（日本道徳性発達実践学会『道徳性発達研究』第 10 巻　第 1 号，2016），他多数

グローバル化に対応した新教職論
——児童生徒にふさわしい教師・学校とは——

2021年3月28日　初版第1刷発行

監　修　竹 田 敏 彦
編著者　竹 田 敏 彦
　　　　衛 藤 吉 則
発行者　中 西 　 良

発行所　株式会社　ナカニシヤ出版
〒606-8161　京都市左京区一乗寺木ノ本町15
TEL　(075)723-0111
FAX　(075)723-0095
http://www.nakanishiya.co.jp/

装丁／白沢 正　印刷・製本／亜細亜印刷
＊落丁本・乱丁本はお取り替え致します。
Printed in Japan. ISBN978-4-7795-1544-6